播种核心素养的语文课堂

黄厚江 著

大夏书系·语文之道

华东师范大学出版社
·上海·

目 录
Contents

序 —————— 好的课堂就是播种 /1

第 01 节 —————— 教学实录 /1 —————— 热点应答 /20
《桥》 在具体的语文实践活动中立德树人

第 02 节 —————— 教学实录 /29 —————— 热点应答 /40
《皇帝的新装》 核心素养的前世今生

第 03 节 —————— 教学实录 /53 —————— 热点应答 /64
《短诗五首》 在语言运用过程中实现思维的发展与提升

第 04 节 —————— 教学实录 /71 —————— 热点应答 /81
《蒹葭》 以美启美：追求语文教学审美诸元的共生

第 05 节 —————— 教学实录 /95 —————— 热点应答 /114
《春江花月夜》 有"文化"的语文和有"语文"的文化

第 06 节 —————— 教学实录 /121 —————— 热点应答 /135
《跳水》 如何理解和设置"真实的语言运用情境"

第 07 节	教学实录 / 145	热点应答 / 156
《昆明的雨》		让任务群教学走进"真实课堂"

第 08 节	教学实录 / 165	热点应答 / 177
《装在套子里的人》		阅读教学的小任务驱动

第 09 节	教学实录 / 183	热点应答 / 193
《挑妈妈》		作文教学的情境设置

第 10 节	教学实录 / 203	热点应答 / 211
"李白送别诗"		如何开发大单元教学的多种课型

第 11 节	教学实录 / 217	热点应答 / 226
《谏太宗十思疏》		大单元教学的三个支撑点

第 12 节	教学实录 / 235	热点应答 / 247
《乡土中国》		基于整本书阅读教学的教师阅读

第 13 节	教学实录 / 253	热点应答 / 263
《红楼梦》		整本书阅读教学的基本策略

序　　好的课堂就是播种

教育是农业，似乎是一个得到不少人认同的比喻。如果把这个比喻具体到课堂里来，那么，好的课堂，好的教师，应该善于播种。

于漪老师说，要把课教到学生心中去。什么是教到学生心中去呢？我的理解就是在学生的心中播下做人的种子，播下语文的种子。学生的心田就是一片待耕耘的土地，我们教师就是农夫。种瓜得瓜，种豆得豆，课堂的样子就是学生未来的样子。

教育就是培养人，就是教人做人。因此，首先要在课堂里播下做人的种子。孟子说："恻隐之心，人皆有之；羞恶之心，人皆有之；恭敬之心，人皆有之；是非之心，人皆有之。"在他看来，恻隐之心，羞恶之心，恭敬之心，是非之心，就是做人的种子。我们今天的做人教育，内涵肯定要比孟子说的更加丰富，责任也比古人更大。但知是非，辨善恶，识正邪，懂得敬畏，懂得同情，懂得羞耻，这些都是要在学生心中播下的种子。

语文教师，语文课堂，最本职的还是要播下语文的种子。什么是语文的种子呢？就是让学生发自内心地喜欢语文，热爱我们自己的语言文字。毫无疑问，在学生心中播下语文的种子，核心素养是必然包含其中的，但播种核心素养也是融合在每一节课中的。比如，义务教育课程标准提出的核心素养第一个是"文化自信"。怎么培养一个小学生、初中生的文化自信呢？总不能天天和孩子说我们的文化好，说我们的文化如何源远流长、博大精深。这或许有用，或许有害，但肯定用处不大。只有通过一节节课让学生感受到我们文字的魅力，深深爱上我们的语言文字，才能真正确立他们的文化自信。这是语文教学和语文教师义不容辞的责任。

"播种"是一个多音词，读作 bō zhǒng，含义就是播撒种子；读作 bō zhòng，含义就是种庄稼的"种"。播种（bō zhǒng）是播种（bō zhòng）的一个环节。作为种庄稼的第一个阶段，播种自然也非常讲究：既要挑选好的种子，又要抓住合适的时机，还要使用适当的方式。印象中，冬闲时节，下雨不能下地的日子，父亲和母亲总会在家里拣种子，说是一粒粒地挑一点都不为过。至于播撒种子的时机则更是讲究：雨前还是雨后，土地要干一点还是湿一点，种子入土深一点还是浅一点，都很有学问。播种的方式也有讲究，有的是撒，有的是一颗一颗地种，有的是一行一行地播。我至今记得父亲撒种时的潇洒样子。而稻种入土前是要焐（这个字或许不对）种的。那可是一项非常非常专业的农活，不是每个人做得了的。父亲是生产队里焐种的高手，一直是我的骄傲，晚上陪着父亲睡在生产队的焐种棚子里的情景是我非常美好的记忆。一位优秀的教师，一定是播种的高手，拣种、焐种、撒种，他都应该非常在行，他会把那些经过精选的、充满生命力和生长力的种子带进课堂，在适当的时机用适当的方式播进学生的心田。所以我们共生教学的基本课堂结构是：精选一粒种子，长成一根主干，伸开根根枝条，萌发片片绿叶。一粒粒种子，就会是一片庄稼了。

播种（bō zhòng）是一个过程，而且是一个漫长的、复杂的过程，除了"播种"（bō zhǒng），还要洒水，还要除草，还要间苗，还要打枝，还要捉虫子，有时候还要打药。这些环节都很重要，都很有讲究。就说间苗和打枝吧，苗太疏不行，太密了也不行，苗太瘦弱不行，太"壮"也不好，农作物绝不是长势旺盛就好的，农民把这叫疯长。疯长的庄稼十有八九低产，长出的谷物常常干瘪。打枝，就是修剪掉不合适的枝，要让枝叶均匀地四处张开，获得充分的阳光、空气和生长空间。再如打药，现在大家都喜欢不用农药的农作物，作为一种健康理念非常有道理。不管是人，还是植物，少用药、不用药都是好事。但事实上多数人和作物还是免不了要用一点药的。需要讲究的是，怎么用药和用什么药，当然包括要不要用药。这对医生、对农民都是考验，对一位教师的课堂也是考验。我们今天的课堂，问题常常就出在种子选得不好，教师不能及时地洒水、除草、间苗、打枝、捉虫子，或者是苗太弱了，太疏了，或者看起来很旺盛，其实是疯长；常常是该用药时不用药，不该用药时滥用药，甚至常常用错药。

一位好的教师，还应该让自己成为一粒优良的种子。很多学生就因为喜欢一位教师的课堂，而爱上了一门学科；就因为喜欢一位教师，而决定了一生的方向。学生爱不爱语文，学生有没有文化自信，学生有什么样的素养，语文教师是非常重要的。

听说，现代农业已经到了设计好程序不用再管的境界。这样的农业，其实已经不是农业而是工业了。我们说教育是农业，语文是农业，课堂是农业，就只能是指传统的农业。

新一轮课程改革，从立德树人出发，以核心素养为主题，提出了一系列新的课程理念和教学理念。这对语文教学提出了新的要求，也给一线教师带来了许多困惑。如何在教学中落实核心素养，体现这样的新的课程理念，成为一线教师最为关注的问题。帮助一线教师消除这些困惑，解决这样的问题，便是我们出版这本著作的初心。

全书覆盖了小学、初中、高中三个学段，涵盖小说、散文、现代诗、古代诗、文言文和写作多种体式的教学，呈现了单篇教学、小群文教学、大单元教学和整本书阅读等丰富的教学形式和课型；对当前备受关注的立德树人、核心素养、任务驱动、大单元教学、整本书阅读、学习任务群教学、真实的语言运用情境设置等热点问题一一作出应答，用贴近一线教师的"真实课堂"体现语文教学的最新理念，用家常化的表达解读课程改革核心概念，为课程改革现身说法，为一线教师疏解困惑。

但我们的初衷能否得到很好的体现，是否能让亲爱的读者有所收获，还有待各位读者的评判。我们盼望能得到您坦诚的反馈和批评。

黄厚江　　2023 年 4 月 24 日

第 01 节

教学实录

《桥》

师：我们今天来学习一篇小说。小说是一种文学体裁，凡是小说一定有故事。哪位同学能把我们今天学的这篇小说的故事跟大家讲一讲？——注意讲故事和读课文是不一样的。（走上前）这位同学是第一个举手的，来！你跟大家讲讲这个故事。

生：这篇小说讲的是一个村庄里，发生了水灾，然后他们的党支部书记和他的儿子带着村民们逃跑的故事。

师：哦——逃离洪水。好的，很概括，应该更具体一些。这位同学首先告诉我们这个故事发生在什么地点呢？

生：村庄。

师：讲故事一般要交代好时间。大家一起想一想，这个故事发生的时间是——

生：黎明。

师：什么叫黎明啊？

生：天快要亮了。

师：天快要亮，但还没有亮的时候，对吧？那故事中的人物是谁？

生：党支部书记和他的儿子。

师：带着一帮人干什么？（生：逃跑）在逃跑过程中又发生了什么事情呢？我觉得逃跑过程中发生的事情才是这个故事中最紧要的地方。这位同学一直都很坚决地举着手，你能不能把这个故事最紧要的地方、最感人的地方讲一讲？（生点头）那你来试试。

生：我印象最感人的地方……

师：哦，不是叫你分析最感人的地方，是要你讲故事。在什么地方？

生：在一个村庄里。

师：某一天的——

生：某一天的黎明，雨突然下大了，引发了洪水，然后他们村的党支部书记让党员全部排到后面去，让民众先走。他组织人，让党员排到后面，让那些无辜的民众先逃跑。最终他和他的儿子英勇牺牲了。

师：好，这位同学把故事中最感人的地方讲出来了。就是什么地方？老党员和——

生：老党员和小党员最后英勇牺牲了。

师：这是最感人的地方。但是故事中最紧张的气氛，最重要的情节还可以讲得再具体一点。我们大家可以一起来讲，这个故事发生在什么地方？在某一个——

生：村庄里。

师：某一天的——

生：黎明。

师：黎明时刻，忽然一场——

生：暴雨降临。

师：引发了一场——

生：山洪。

师：非常大的山洪，对不对？村庄差一点点就——

生：淹没了。

师：这时候全村人就怎么样？乱哄哄地，你拥我挤地向哪里跑？

生：向村外跑去。

师：向南边跑，没路可走，对不对？只能往北边走，因为北边有一座——

生：桥。

师：什么样的桥？

生：窄窄的木桥。

师：人多不多？唉，人很多，桥很窄，要挤过去很艰难，所以就出现了什么场景？

生：非常非常乱。

师：这个时候出现了一个人，谁？

生：党支部书记。

师：一个老党员，对不对？他叫大家怎么走？排着队有序地走。什么人先走？

生：民众。

师：什么样的民众？

生：老百姓。

师：什么样的老百姓？老人还是孩子，还是小伙子？啊，小伙子在前面先冲，是不是这样子？

生：不是的。

师：让谁先走？老人和孩子先走。什么人在后面？

生：党员。

师：有的党员不同意，发出了不同的声音，对不对？他们说了什么？

生：党员也是人。

师：有一个人往前面挤，于是老党员就把他——课文中用了什么词？

生：揪。

师：看，这就是读书的功力呀！关注最关键的词，不是"拎"，是"揪"出来："排到后面去！"山洪不断加大，洪水越来越凶猛，对吧？最后，用你们刚刚总结出来的话，群众都已经安全地——不用"逃离"，用"撤离"，但是老党员却因为——

生：桥断了……

师：因为桥塌了，最后老党员和小党员没来得及撤离，所以牺牲了。有机会大家要多练练讲故事。

师：那么理解小说仅仅把故事讲出来行不行呢？当然不行，我们还要深层次地了解小说的人物、小说的环境、小说要表现的主题。而要理解故事、人物、主题，一定要抓住关键的词语。那我们刚刚就抓住一个关键词语"揪"，对吧？

生：对！

师：好，现在我们一起抓关键词语，我们采用这种办法——听写。我想请两位同学到黑板上去写，其他同学在自己的作业本上听写。哪位同学有胆量到黑板上去写？我要求很高的哦！这两位同学，就请你们俩吧。（生笑）

师：我已经说过我的普通话不行，如果我说得不清楚该怎么办？

生：问您。

师：是的，问一问，叫我重读一遍。（对着讲台上的两位同学）对你们两位的要求要稍微高些。这位男同学，你专门写和暴雨、洪水有关的词。好不好？

男生：好的。

师：（对女生）这位同学你要听写的是什么词语？

女生：动词。

师：对，太聪明了！但不一定是动词啊，反正写人物的词，就请你写下来。（对其他学生）大家分栏目写，左边写有关洪水的词，右边写有关人物的词。看看你们听的能力、理解的能力怎么样，也考验我普通话怎么样。

第一个词，咆哮。

（一生举手。）

生：是咆哮（xiào）吗？

师：哎哟，就是说读第四声是吗？咆哮（xiào），这位同学纠正我了，后面我读错了你们还要纠正哦！

第二个词，惊慌。（提示一生）不许偷看，写不出来画圆圈。

第三个词，势不可当。第四个词，狞笑。第五个词，跌跌撞撞。第六个词，拥戴。第七个词，沙哑。第八个词，乱哄哄。第九个词，蹿——蹿上来，水渐渐蹿上来。第十个词，放肆——放肆地舔着人们的腰。第十一个词，舔——舔着人们的腰。第十二个词，吼。第十三个词，瞪——瞪了老汉一眼。最后一个，呻吟。

好的，在黑板上写的两位同学自己复查一下，复查了没有问题就回到座位上去。（生进行检查）

师:（对其他学生）你们先来做小老师，有没有同学发现黑板上有写错的字啊？前排的这位同学，你刚刚说哪个词少写了对吧？你去帮她写一下。（对讲台上三位学生）好的，有错别字，你们告诉我，我用红笔圈一圈。哦，你也不会写呀。（对台下另一位学生）那再请你帮助一下。（生检查并修改）

师：看来要把字写对也不容易，我看你们纸上画的圈也不少。好的，我们大家一起来看。

【左黑板】（圈出"舔"）刚刚这边谁来纠正的？非常了不起——大家注意到了吧，这个"舔"字怎么写？原本右边下面写成了一个"水"，很多人都是这样错的，你们看看自己有没有写成"水"。这个"舔"是舌字旁，跟舌头有关系，右半边是"忝"，这个字挺难的，有"厚颜"的意思。上边是"天"，下边大家要注意，是"心情"的"心"的一个变形，所以它一边是一点，一边是两点，把下面的卧钩扳过来，把它扳直了，不能错啊。

师：（圈出"肆"）这位同学把"放肆"的"肆"写出来了，可不容易，很多同学没写出来呢。

师：（圈出"当"）这个字呢，有没有提手旁？大家想一想。

生：没有。

师：能不能有？

生：可以有。

师：对，你看我们这位同学肯定查过字典，课本上是没有的，对不对？所以我们就读作"势不可当"。有提手旁的应该怎么读？势不可挡，读三声。按照这个词语最早的出处，应该有提手旁的，后来从简，意思也一样，就没有提手旁了。两个都对，大家要注意字形和读音。

师：（肆）这个字怎么读的？

生：放肆（sì）。

师：平舌音啊。（狞）这个字呢？

生：狞（níng）。

师：对，后鼻音，狞笑，坏笑。（哮）这个字刚刚黄老师读错了，应该怎么读？

生：咆哮（xiào）。

师：这个"呻"和"吟"啊，应该读——

生：呻吟（shēn yín）。

师：对，两个都是前鼻音，不要弄错了啊。

【右黑板】再看看这位同学有没有写错的。（圈出"拥戴"）哎呀，这个词是后补出来的，很不容易。（圈出"瞪"）这个字怎么读？

生：瞪（dèng）。

师：嗯，瞪（dèng）了人一眼。应该是狠狠地——

生：瞪（dèng）了他一眼。

师：（圈出"哄"）这个字怎么读？

生：哄（hōng）。

师：有没有同学知道这个字有几个读音？

生：三个。

师：哪三个？

生：哄（hōng）。

师：嗯，乱哄哄。

生：哄（hòng）。

师：对，起哄，黄老师说错了，你们一起"哦哦哦"，就是起哄。

生：还有哄（hǒng）。

师：宝宝不要哭哦，下一次就会考好的，对不对？（生笑）现在我们来看看有没有同学把词的位置写错的。我们是怎么要求的？左边要听写的是——

生：洪水。

师：对了，是关于洪水的词。大家看看这些词是不是都是写洪水、写暴雨的。

生：不是。

师：哪个词不是？

生：呻吟。

师："呻吟"写的是什么？

生：小桥。

师：听写的同学，来解释一下，为什么把写桥的写在这里啊？

生：不写在这里，那写在哪里呢？

师：好孩子！就应该这么问老师，你们听到他刚刚怎么问的吗？他说"不写在这里，那写在哪里呢？"他坚决不上当。能不能写在右边？

生：不能。

师：课文里是不是人呻吟啊？

生：不是。

师：那是什么在呻吟？

生：桥。

师：（拍拍之前反问的那位同学的肩膀）所以这位同学，我对你表达深深的敬意。（指左边黑板）我认为写在这里是可以的，其他的"狞笑""咆哮""势不可当""蹿""放肆""舔""吼"都是很直接地写洪水，那桥为什么会"呻吟"呀？桥在那边嘎吱嘎吱地响，想一想什么原因。

生：因为桥在晃，怕。

师：怕什么？

生：因为洪水来了。

师：对，它是间接地在写洪水，对不对？有道理吧。

生：嗯！

师：而且这个桥"呻吟"很重要，它告诉我们很多人在走这个桥，后面这座桥必定要——

生：塌。

师：（放低音量）这叫小说的伏笔，前面先铺垫一下，桥嘎吱嘎吱响了，洪水这样冲，后边就塌了。——再来看右边同学写的，这边我们要求写的是人物，有没有写错的？

生：没有。

师：嗯，我们这位同学很严谨，就这个"拥戴"没写出来。大家可不简单啊，课前学习就要这样学习。

师：好的，现在我们大家一起来想一想：从这些词语中能看出洪水有什么特点？人物有什么特点？分别用一个词概括一下。什么样的洪水？

生：汹涌。

师：对，汹涌。（板书"凶"）是这个"凶"吗？

生：不是。

师：要不要三点水？

生：要。

师："涌"呢？哦，也是三点水。三点水加一个什么？

生：加一个"诵读"的"诵"右边的部分。

师：对了，这个字也是很容易错的。（板书"涌"）汹涌的洪水，我可不可以说"凶猛的洪水"？

生：可以。

师：两个"xiōng"可以混淆吗？

生：不可以。

师："凶猛"的"凶"是水凶，"汹涌"的"汹"是水大。好的，现在大家再来看，人物有什么特点？

生：慌乱。

师：很好，惊慌，慌乱。我们也可以用一个成语，叫惊慌——

生：惊慌失措。

师：什么叫"失措"啊？就是找不到办法。非常好，如果我们在这个基础上再深入想一想，小说是用什么方法写出洪水的凶猛的？

生：拟人。

师：哪里是拟人？

生："咆哮""蹿出"等。

师：哦！还有吗？

生：还有"放肆""舔"。

师：好的，请坐。这位同学说用了拟人的手法。举了几个例子，"咆哮""蹿出"，还有"舔""放肆"，你们同意吗？

生：（点头）同意。

师：有没有人不同意？我就喜欢听不同意的。（生沉默）都同意啊？那黄老师不同意。什么叫拟人啊？（一生举手）哎，你不同意吗？

生：我觉得不仅是拟人，还用了动词。

师：哦哦，你也是同意的，除了拟人之外，还用了很多动词来写洪水的汹涌对吧？这个我也同意。写作文时使用动词非常重要，尤其是写人，一定要找一个最好的动词，比如刚刚我们说的把他儿子"揪"出来，这个"揪"就很重要。

什么叫拟人呢？就是把不是人的对象当作人来描写。那么大家想想，"咆哮"这个词是不是原来就是写人的？有没有同学查过"咆哮"这个词啊？（生摇头）

生：是写人的。

师：你查过吗？

（生迟疑。）

师：我原本也以为是写人的。

生：是描写动物的吧。

师：对，如果原本是描写动物的，那这怎么能叫拟人呢？你们回去再查一下，黄老师以前也认为是拟人，因为我们经常用这个词来描写人，但黄老师查过以后发现"咆哮"原本就是形容动物的声音和吼叫，所以这个就不叫拟人了，这个叫什么呢？叫"拟物"，把这个当作另一种物来写。

师：这里大概有好多词都是拟物，但有个特别典型的词，我觉得是拟人。大家一起回过头看一下课文，有没有哪位同学注意到了，哪个词的描写是最典型的拟人？

生：狞笑。

师："狞笑"是用来写人的，我同意。你认为呢？

生：我认为是"跳舞"。

师：非常好，在第3自然段。大家觉得他说的有道理吧？是的，动物会不会跳舞啊？不会。跳舞是一种很高级的艺术形式，只有人会。（指一生）你还有补充吗？

生：我觉得第14自然段的"蹿"，还有"舔""放肆"也是。

师：嗯，我觉得"放肆"的拟人最典型，"放肆"一般都是说人。"舔"是不是只有人会呢？不是，动物也会"舔"，所以有时候对于一些概念，我们不必过分地去区分，但这位同学的观点我总体是同意的。所以用了拟人和拟物来写洪水。有没有用比喻啊？

生：有。

师：哪个句子？

生：山洪咆哮着，像一群受惊的野马。

师：这句话是比喻，非常好。大体上说作者运用拟人、拟物和比喻来写洪水的汹涌。再回过头来看看，写人物主要用了什么方法呢？

生：主要以人物之间的对话来写。

师：写人物的对话，非常好。大家还记得那个老党员说了哪几句话吗？老党员说的第一句话是什么？（生交流）"桥窄！排成一队，不要挤！党员排在后边！"有人说："党员也是人。"他又从队伍里揪出一个小伙子，吼道："你还算是个党员吗？排到后面去！"吼了几次啊？我记得不只吼了一次。后面还有吗？

生：有。

师：还有一次是怎么吼的？

生：少废话，快走。

师：这些都是写人物语言、写对话，还用了什么方法写人？

生：我发现作者写人还写了一些动作，比如"人们又疯了似的折回来"。

师：嗯，往回走，还有呢？

生："人们翻身下床，却一脚踩进水里。是谁惊慌地喊了一嗓子，一百多号人你拥我挤地往南跑"，基本上写人的都会有动词。

师：非常好。大家把这些动词圈一圈，因为我们从这些动作中能充分感受到当时的人们有多么慌乱。（指一生）你还要发言吗？来。

生：我觉得他还用了拟人的手法。

师：写人还用拟人呀？

生：比喻的手法。

师：好的，哪里呢？

生：老汉凶得像只豹子。

师：非常好。大家也可以画一画，老汉就像豹子那么凶。还有几位同学举手的，不着急，下面的任务很多，而且会越来越难。我们刚刚都是着眼于单个的人，如果大家能从人和人的关系，从人和洪水的关系，从全篇的角度来思考，除了写人的语言、动作以外，还使用了一种很重要的表现手法来写人，有没有同学想到啊？

生：对比衬托。

师：哦，对比。怎么对比？

生：拿洪水的凶猛衬托出老汉的镇定。

师：非常好，这就叫联系起来，整体地去读作品。我们五年级的同学学习六年级的课文，能够这样去理解，这位同学非常了不起。汹涌的洪水愈加显出人群的慌乱。（指右黑板）那我们看这里头所有的词都是写人群的吗？哪些词不是写人群的？

生：吼。

师："吼"是写谁的？

生：老汉。

师：还有哪个词？

生：瞪。

师："瞪"是谁瞪的？

生：小伙子。

师：从这个"吼"和"瞪"中，你又发现了什么？发现洪水不仅能对比烘托出人们的慌乱，老党员的"吼"和小党员的"瞪"（dēng）——错了，应该怎么读？

生：瞪（dèng）。

师：瞪（dèng）。可以发现除了环境和人物之间可以对比，人物和人物之间有没有对比？

生：有。

师：对吧，也有对比。首先，一群人的慌乱和老党员的什么特点对比？

生：镇定。

师：对，老党员很镇定。他们之间有对比。除了老党员的镇定和人群的慌乱对比，还和谁对比？

生：和小伙子。

师：对，和小党员。那小党员有什么特点吗？人群慌乱，老党员镇定无畏，小党员呢？

生：我们从"老汉突然冲上前，从队伍里揪出一个小伙子"中可以看出在凶猛的洪水面前，小党员也是非常想逃走的。

师：想保命，是的。那我们概括一下：洪水来了，作为一名党员，想抢在前面找一条生路，这是一名不合格的党员。他身上有个什么特点？

生：贪生怕死。

师：至少是贪生的，自私的。老百姓你不顾了，孩子们不顾了，老人们也不顾了，就这么一座桥，你自己要先过，自私！假如我说这篇小说写了一名镇定的、无私的、无畏的老党员和一名自私的小党员，你们觉得对不对？

生：对。

师：哦？那觉得对的举手。（一些学生举手）那有没有觉得不对的？（指一生）你觉得不对，为什么？

生：因为我觉得如果小党员很自私，他就不会乖乖到后面去，他还会自己先跑。

师：非常好——他后面有没有跑？没有，我们看一个人物，理解一个人物，也要从整体来看，用发展的眼光来看。有的同学现在学习落后一点，吃力一点，说不定将来上了高三，他最厉害。——从写小说的角度讲，小党员的形象塑造得尤其成功。人在这种情况下有点小自私正常不正常？

生：正常。

师：正常啊，但是在老党员的感召之下，他顿时能够认识到自己的角色。最后他也是富有牺牲精神的，同样值得我们尊敬。所以，刚才那位同学说得很好，除了用语言写人，用动作写人，还用了什么方法写人啊？

生：对比。

师：有哪些对比？太多了，人物的对比，环境和人的对比，小桥和洪水的对比，人物前后表现的对比，对不对？小桥晃啊晃的，洪水气势凶猛。——当然，这也可以说是衬托。

师：好的，我们把小说基本内容读完了，用了什么样的方法我们也学习了。会读小说的人，作文写得好的人，一定要在读小说的过程中参与创作。因为写小说，一定要留一点空白，读小说的过程，要在脑子里想象创作，你想得多，你将来才会写小说。现在我想让同学们参与想象，完成两个任务。请大家看小说最后一部分。

师：（朗读）木桥开始发抖，开始痛苦地呻吟。水，爬上了老汉的胸膛。最后，只剩下了他和小伙子。小伙子推了老汉一把，说："你先走。"老汉吼道："少废话，快走。"他用力把小伙子推上木桥。突然，那木桥轰的一声塌了。小伙子被洪水吞没了。老汉似乎要喊什么，猛然间，一个浪头也吞没了他。

师：现在我们大家参与创作，大家想一想："老汉似乎要喊什么"，你觉得他会喊什么呢？

生：啊，我的儿子！

师：哦，很伤心是吧？

（生点头。）

师：哪位女同学来试试看？（返回问前一位学生）唉，不对，你怎么知道这是他的儿子啊？他也没说这是他儿子啊。

生：后面说"一个老太太，被人搀扶着，来这里祭奠。她来祭奠两个人。她丈夫和她儿子"。

师：噢，你们觉得他说得有道理吗？牺牲的是不是老党员和他的儿子？

生：是。

师：是，人物关系没有搞错。那这篇小说，为什么这样写呢？换作我，我在前面就写了，我写什么呢？——老汉突然冲上前，从队伍里揪出他儿子，吼道："你还算是个党员吗？排到后面去！"为什么这里不写是他儿子呢？揪出他儿子不好吗？

（生犹豫。）

师：那大家觉得在前面就写出是他儿子好不好？

生：不好。

师：为什么不好？

生：因为这样子的话就不能对他……

师：不说是他儿子就可以骂他，说了是他儿子就不能骂他吗？

生：不是。

师：我知道你心里全懂，但你还没想好怎么说。小说强调故事要吸引人。是早一点就说是他儿子吸引人，还是最后再说是他儿子吸引人呢？

生：最后说。

师：这就是悬念。

生：还更加体现出这个老汉的无私奉献和关爱群众。

师：你理解得很深刻。不揪别人就揪了他儿子，说明当时想要跑的是不是只有他儿子一个人？不一定，但是先揪谁呢？先揪儿子。这显得老汉愈加伟大、无私，对吧？非常非常好。回过头来，生命的最后关头，桥摇摇晃晃地要塌了，老汉除了喊"我的儿子"之外，还可能喊什么？我们再请位女同学，有没有愿意说的？小说中的人物，那个时候的心理，看到儿子要被洪水冲走了，可能会说什么？

生：他可能会说："对不起，儿子。"因为是他把儿子揪了出来。所以感觉他会对儿子有点愧疚。

师：嗯，好的。刚刚这位同学主要是说老党员看到孩子被洪水吞没很难过、伤心，如果孩子不被揪出来，就不会被洪水吞没了，主要是愧疚。但是他会不会愧疚呢？我们还是要从一名老共产党员的角度看。在他的心中，一名共产党员为群众而牺牲是不是应该的？

生：是。

师：是的，肯定是的。（对一直举手的一学生）好，你能不能来说说？

生：我觉得他会说："快跑！"因为洪水来得太快了，他不可能立刻反应过来有所愧疚。

师：来不及愧疚，在这个情景中真的很危险。他想的和我有点像。如果我是个父亲，看到儿子被洪水吞没了，在这千钧一发之际，情势这么紧急，我就喊："孩子，当心！"他有没有来得及喊？没有，洪水吞没了他。我也没来得及讲，洪水也吞没了我。是吧？

生：是的。

师：所以这是最聪明的写作方法，不好写就不写，让我们去想。我们接着看结尾。（继续朗读）"一片白茫茫的世界。五天以后，洪水退了。一个老太太，被人搀扶着，来这里祭奠。她来祭奠两个人。她丈夫和她儿子。"你们觉得后面这五句要不要写？

生：要。

师：一句话一段，有点凑字数。（指一生）你到现在还没有发言呢，来！要不要写呢？

生：要，不然就不知道小党员是老党员的儿子了。

师：很好。这个不写，情节就不完整了。还有吗？

生：我感觉最后几句话让党支部书记从一名正义的党员转变为一位严厉的父亲。

师：哦！老汉不但是一名合格的、了不起的党员，还是一位合格的、了不起的父亲，这是形象的多重性。太厉害了，请坐。这位同学还有补充？

生：我觉得不写的话，很多人以为没有人会去祭奠他们俩。

师：你觉得这样可以表明会有人去祭奠他们。那我觉得"一片白茫茫的世界"好像也不需要写。直接写"老汉似乎要喊什么，猛然间，一个浪头也吞没了他。五天以后，洪水退了"，不好吗？感觉这是句废话。你觉得需要吗？

生：要的。这句话更加渲染出了悲剧色彩。

师：非常好！另外还有一点，说了你们应该不太懂，要不要我来说？

生：要。

师：你举了手是想要说说吗？来。

生：最后五句都是独立成段的。讲到"祭奠"说明两个人牺牲了；老太太需要搀扶，说明她已经很老了；老汉也很老了，他儿子很年轻，这也衬托出了老汉心中只有群众和村民。

师：你说得很好，但和我刚刚的问题不太接近。我认为"一片白茫茫的世界"可以不要，你说了其他三段。

生："一片白茫茫的世界"说明洪水很大。

师：你们觉得两位同学说的原因哪个更好？那位同学说用"一片白茫茫的世界"可以渲染悲剧的色彩；这位同学认为其说明洪水很大。

生：第一位。

师：刚刚那个，是吧？因为小说已经结束了。前面渲染洪水很大，我觉得更重要。（对第二位学生）不过你的答案也有道理。我们还有一个任务，老太太被人搀扶着来这里祭奠，刚刚这位同学说"被人搀扶着"说明老太太年纪大了，哪位同学能想到除了年纪大，还有没有更重要的原因？

生：因为她太悲伤了。

师：对，悲伤，比年纪大更重要。丈夫牺牲了，儿子也牺牲了，这对一位妻子，一位母亲来说，是难以承受的打击。那大家想一想，她来祭奠，在丈夫和儿子的墓前会说什么呢？——哪位同学来告诉我？

生：我觉得她可能会有点责怪丈夫，因为他把自己的儿子揪出来的。

师：不该啊，如果不是他，儿子不会牺牲呀，对吧？有道理，人之常情。你呢？没想好没关系，想好了再说。我们来想想，把这个人物放到特定的环境中，特定的家庭中……你来说。

生：因为这里说的是木桥塌了，老汉和小伙子死了，那里应该是一条河，洪水退了也是一条河，她可能……直接跳下去了。

师：你是不是有点偏题了？我的情景设定就是对着丈夫和儿子的墓说两句，你这个不说，干脆跳下去了。不过我觉得也有道理，太伤心了。（生：对啊）不过伤心归伤心，同学们想一想，丈夫和儿子希不希望她跳呢？更重要的是，如果小说这样写，她跳下去了，说某某村庄发大水了，老党员死了，小党员死了，后来这个老党员的夫人、小党员的妈妈也跳河死了，你觉得这个故事好吗？

生：不好。

师：因为我前面说了小说要引导我们认识生活，对不对？这样的结尾对读者来说是个好结尾吗？要考虑读者，考虑看小说的人读后会怎么想。（指一生）你来说。

生：为人民而牺牲，我会一直记住你们的。

师：说得好不好？

生：好。

师：说得好，但不大像老夫人说的话，感觉像县委书记说的：你们为人民的利益而牺牲了，我们会永远记住你们的！

师：哪位同学能像个老夫人一样说给我听听吗？

生：我为你们感到光荣，因为你们都是英雄。

师：也不像老夫人的口吻。

生：有两种情况。第一种是她怀念两个人："啊！我的丈夫，你怎么就这样去世了啊！……"

师：非常伤心，对吧？

生：第二种就是老年痴呆了。

师：现场就老年痴呆了？

生：面对这样的情况，一下没反应过来……

师：大家觉得老夫人面对这样的情况会不会痴呆？

（生意见不一致。）

师：我觉得，一点可能都没有！首先她是自己来祭奠的，对不对？这是个很理性的行为。她不是说摇摇晃晃、疯疯癫癫地来，她很清醒地安排时间去祭奠丈夫和儿子。虽然这个任务对大家来说有点难，但是我们的理解还是加深了。最后一次发言，你来吧！

生：她想说："你们两个牺牲自己，拯救全村人，我为你们感到骄傲！"

师：我觉得这位同学说得非常切合人物和环境。我想的一句话是："你啊，总是这样。"我觉得这更像是老夫人，她不会去说他是英雄，说了不起，他就是个普通的党支部书记。而且这样说我觉得还蛮好的，更重要的是把这个形象丰满了一下，告诉我们老汉这一天的行为是不是突如其来的？

生：不是。

师：他平时就为别人着想，他一贯总是牺牲自己为别人带来利益，是不是？所以说："老头子，你总是这样，不顾自己，只顾别人。"我们这样理解，课文里有根据吗？

生：有。

师：在哪里？

生：前面说他受到全村人的拥戴。

师：这位同学非常会读小说，能前后联系起来理解人物。——老妇人会对儿子说什么呢？一个母亲看到这么年轻的儿子死了，肯定有很多想法。黄老师想了好几个，你们觉得哪一个更好一点？"儿子，你没给你爹丢脸！"这是一个。"儿子，你是娘的好儿子！"这是第二个。"儿子，妈为你骄傲！"这是第三个。"儿子，你死得值！"这是第四个。

生：第一个。

师：有没有不同意见啊？这位同学，你觉得哪个更好，还是你有更好的？

生：我觉得是第二个。

师：一个是"你没给你爹丢脸"，还有一个是"你是娘的好儿子"，这两个有什么区别？

生：第一个是针对儿子和父亲的，第二个强调儿子和她自己。

师：对的，你们觉得就从小说的关系讲，应该把哪个关系联系起来更好啊？

生：儿子和父亲。

师：从整篇小说来说，它精心塑造的形象是——父亲。这样就可以把儿子的形象和父亲的形象互相映照：前面是对比，父亲无私、儿子自私；这里是照应，互相衬托。我也觉得可能是这样比较好。当然同学们肯定能想出更好的。

师：最后一个任务是，洪水退去了，村里人想要把这座桥重修一下，想要给这座桥取一个名字，就把这个任务交给了我，大家说："黄老师，你给这座桥想一个名字吧！"那叫什么桥呢？（前排一学生举手）你等一下，我请其他没有发言的同学说说。请你来，你还没发过言呢。

生：给这座桥取名……

师：还没有想好吗？好，再想想。

生：父子桥。

师：好的，父子桥，大家记住哦！

生：我觉得叫生死桥。

师：生死桥，非常好。

生：党员桥。

师：好，党员桥。还有同学想到什么桥？我看看哪个名字高票当选。

生：奈何桥。

师：是这个"奈何桥"吗？

生：是的。

师：大家想想，这四个名字，各有文化，各有道理。我们先否定一个，是哪个？

生：奈何桥。

师：我也觉得是，我们要根据小说的情境来起名字。（指一生）请你来。

生：不倒桥。不仅象征着这座桥不倒，也象征着党员精神不倒。

师：我们班同学政治觉悟很高，非常有高度。（指一生）你来。

生：我觉得是敬党桥，我感觉给桥起名字总要有点实用意义吧，这个名字可以引导更多人加入中国共产党。

师：好的。你想要叫什么桥？

生：我想叫它洪桥。

师：哪个"hóng"？

生：洪水的"洪"。

师：哦，我以为是红色的"红"呢。为什么叫洪桥？洪水的桥？

生：因为我觉得这座桥如果未来成为一个景点的话，那它著名的事件肯定就是这场洪水。

师：洪水引起的，哦。但是大家觉得要记住的是那场洪水，还是和洪水相关的人？

生：人。

师：好的，还有吗？

生：我想叫洪爱桥，因为这个故事吧。

师：好的，父亲对孩子的一种特殊的爱，一种大爱。你想叫什么桥？

生：连心桥。把心连起来。

师：把谁的心和谁的心连起来？

生：党员和群众。

师：好的，党员和群众的心。相信这座桥的名字有很多种方案，那黄老师也来取一个——初心桥。（一生举手）你是想要补充一个吗？

生：不是，我是对"初心桥"这个名字表示很赞成，路边标语就是"不忘初心，牢记使命"。（生笑）

师：那你告诉我这个"初心"到底是什么？

生：建设新中国的使命。

师：哦，请坐。共产党员的初心是什么呢？就是为老百姓谋幸福，就是在危难面前把生的希望都留给老百姓。当然同学们起的名字也很不错，不一定是黄老师起的名字最好。哪个更好，同学们选好后，可以写一篇"记"说明桥的名字的含义和背景，到时候我们刻在桥头上。一定注意，要从小说出发。

谢谢同学们！下课！

热点应答

在具体的语文实践活动中立德树人

一位老师跟我说了一个让他很苦恼的案例：

他让同学们以"妈妈的爱"为题写一篇作文。一名女生却写了一种加引号的"爱"——列数了妈妈的种种不是：好吃懒做，成天打麻将，不关心自己，也不照顾爸爸，经常和老实巴交的爸爸吵架。

这位老师想不通，一个女孩子怎么会这样看自己的妈妈呢？于是，他苦口婆心地引导这名女生，说："你为什么这样写妈妈呢？你就不能想一想妈妈好的地方吗？比如她很早起来为你做早饭，比如你放学回家后她给你炒了一碗蛋炒饭，比如给你买了一件新衣服，比如陪你做作业……"没想到这位同学越听越生气：她要是这样就好了！于是老师又找来很多写母爱的诗文给这名学生读，试图唤起她对妈妈的爱，可是该女生冷冷地说："我不想看这些东西。"

《普通高中语文课程标准（2017年版）》在"课程理念"部分明确提出要"坚持立德树人，充分发挥语文课程的育人功能"。这位老师关注培养学生对父母的感情，引领学生的精神成长，无疑是值得肯定的。但他的做法却值得讨论。无论是新课程改革之初强调"情感态度与价值观"还是现在强调"立德树人"，不少老师采取的方法就是简单说教。教学《有的人》，就是让学生说说要做什么样的人；教学《热爱生命》，就让学生说说如何热爱生命；课文写友谊就讨论友谊的重要；课文写青春，就讨论青春多美好……有时候看上去气氛很热闹，学生的发言也不失精彩，但效果让人怀疑。因为这些热烈的讨论，本质上还是说教式的教育，只停留在言辞，实际效果并不理想。相比之下，这位老师做得已经不错了，他能够和学生好好交流，通过阅读来娓娓引导。可他为什么也没有取得学科育人的预想效果呢？"普通高中语文课程标准"修订组负责人王宁老师说："要坚持工具性和人文性的统一，要用恰当的方法立德树人。"笔者以为，这位老师的方法是生硬的也是"不恰当的"，一是脱离了学生实际，二是脱离了语文学科的实际。所以，我们提倡共生教学，主张在具体的语文学习活动中引领学生的精神成长，体现语文学科的育人功能。

既然是作文课，我们就应该在作文中解决问题。我们不妨这样和这名学生交流："看来你觉得你的妈妈和许多妈妈不一样，她有许多你不喜欢的缺点。但所有的妈妈都是有缺点的，你能发现你妈妈身上的优点吗？如果能，那你就以'妈妈的优点'为题写一篇作文。"

如果这个孩子真的不能从她妈妈身上发现优点，我们当然不能强势逼迫或者简单强加，那么可以这样交流："既然你没发现你妈妈的优点，那么你就写妈妈的缺点，请你以'妈妈，你能改掉你的这个缺点吗？'为题写一篇作文。"

如果这名学生说"我不敢这么写"，那么，我们不妨这样交流："既然你不愿意直接写妈妈的缺点，那我们换一个角度，你不喜欢妈妈现在的样子，那么，你心目中的妈妈应该是什么样子的呢？请你以'我心中的妈妈是这样的'为题写一篇作文，或许你妈妈看了这篇文章会改掉她的缺点，成为你喜欢的样子。"

或许这名学生还是不愿意，我们还可以转换一个角度："你不喜欢你妈妈现在的样子，那么将来你自己如果做了妈妈，会是什么样的呢？请你以'我会做这样的妈妈'为题写一篇作文。"

当然，可以采取的方案不只这些，我们只想说，写作课就要在具体的写作活动中引领学生的精神成长，培养学生的丰富情感。简单说，语文课只有实现语文学习和立德树人"情感态度与价值观"的共生，才能实现学科育人的目标。

《普通高中语文课程标准（2017年版）》在"学科素养"部分指出："学科核心素养是学科育人价值的集中体现"，"语文学科核心素养是学生在积极的语言实践活动中积累与构建起来，并在真实语言运用情境中表现出来的语言能力及其品质"。语文共生教学强调"在具体的语文活动中引领精神的成长"，就是追求"在积极的语言实践活动中"和"在真实语言运用情境中"体现语文学科的育人价值，就是追求语文学习活动和立德树人两者的融合共生，就是追求让学生的精神成长和语文核心素养的提高共生共长。

在具体的语文实践活动中引领学生的精神成长，有着很丰富的内涵和多种方式。我们通常的做法如下：

一、在语文实践活动中培养学生丰富美好的情感

我一直觉得，很多初中老师教学《背影》这篇课文，和小学老师教学《背影》没有什么差别，都只是抓住父亲买橘这个片段理解父子之间的亲情。这样的教学，一方面对文本的处理比较肤浅简单；另一方面对学生亲情的培养也很简单，似乎父亲很艰难地为"我"买橘子才可见父亲对我的爱。

我教学这篇课文时，不仅和同学们细致品读这个片段，还带着同学们抓住具体的语句读出父亲和"我"之间的距离，读出父亲为了消除和"我"的距离所付出的种种努力，读出我如何渐渐理解了父亲的"不容易"，读出父子如何消除了以前的矛盾。最后让同学们完成"父爱如山一样_____"这样一个补写句子的活动。

当同学们写出"父爱如山一样厚重""父爱如山一样沉重""父爱如山一样内敛""父爱如山一样坚硬"这样的题目之后，我对同学们说："黄老师补写的句子

是'父爱如山一样坚硬而柔软'。因为世界上有一种爱叫父爱，它如山一样坚硬，也和所有爱一样柔软。中国式的传统父爱就是这样的爱，我们生活中的爱有时就是这样的。"在这样的活动中，学生对父爱、对人与人之间的感情有了更为深刻的理解，不会再简单地认为谁对我温柔谁就是爱我，我要什么就给我什么就是爱。——这或许就是长大。

在几次作文课中，讨论到作文的选材时，都有同学说不能写爸爸妈妈和老师的缺点，因为他们担心这样写就不能表现对爸爸妈妈和老师的爱了。我说："发现爸爸妈妈的缺点，说明你长大了。人都是有缺点的，但是爸爸妈妈有缺点，我们还是应该爱他们，这才是更真实更深刻的爱。"我想，这也是在具体学习活动中培养他们对亲情的深刻认识。

二、在语文实践活动中铸造学生健全的人格和健康的精神世界

培养学生健全的人格和健康的精神世界，这个育人目标如何内化到具体的语文学习活动中？

我教学《我们家的男子汉》这篇课文，所有的教学活动都在力求语文素养培养和男子汉精神培养的相融共生。其中，最主要的活动有三个：

一是选择文章中人物的语言作为小标题替换文章原来的小标题，理解人物身上的男子汉精神。

二是让学生说说自己理解的男子汉精神是什么。

三是根据课文内容补充完成小诗《男子汉宣言》："我是一个男子汉，自己的事情自己干。我是一个男子汉，男儿有泪不轻弹。我是一个男子汉，男子汉不怕有困难。我是一个男子汉，生活的挑战敢面对。我是一个男子汉，生活的责任我承担。"

没有一句说教，但我相信，学生一定能深深感受到男子汉精神的真谛。

教学《葡萄月令》这篇散文，在充分理解了文章说明文的内容、散文的意

境、诗一样的语言这样的特点之后,我让同学们讨论一个问题:什么样的人才能写出这样的文章呢?有同学说"熟悉种葡萄的人",有同学说"有文学才华的人",有同学说"热爱生活的人",有同学说"热爱劳动的人"。我在肯定了同学们的发言后,读了作者女儿写的关于这篇文章的一段话:

> 不管别人怎么评价,我们知道,父亲自己对于《葡萄月令》的偏爱是不言而喻的。当年因为当了"右派",他被下放到张家口地区的那个农科所劳动改造。在别人看来繁重单调的活计竟被他干得有滋有味、有形有款。一切草木在他眼里都充满了生命的颜色,让他在浪漫的感受中独享精神的满足。以至于在后来的文章中,他常常会用诗样的语句和画样的笔触来描绘这段平实、朴素、洁净的人生景色。果园是父亲干农活时最喜爱的地方,葡萄是长在他心里最柔软处的果子,甚至那件为葡萄喷"波尔多液"而染成了淡蓝色的衬衫在文章中都有了艺术意味,而父亲的纯真温情和对生命的感动也像"波尔多液"一样盈盈地附着在葡萄上。

当同学了解到写作的背景是"文化大革命",作者被打为"右派"下放到农场种葡萄,仍能写出这样美的文字,仍能把种葡萄写得像诗像散文,便对作者有了更为深刻的理解:这是一个能够坦然面对生活的打击和不幸的人。

三、在语文实践活动中提高学生认识社会、认识生活的能力

很多作品常常内含非常深刻的主题,理解这些作品的主题是阅读教学绕不开的使命;最为常见的做法还是教师讲解或用 PPT 直接呈现。这样生硬的灌输,效果很不理想。在我的阅读教学中,都是通过具体的语文学习活动让学生理解这样的主题。

以教学《守财奴》为例。巴尔扎克是著名的批判现实主义作家,《欧也妮·葛朗台》是他的代表作之一,深刻揭露了资本主义世界里金钱对人性的扭

曲，批判资产阶级金钱至上的人生观。但如果把这些主题直接讲出来，那几乎就成了生硬的灌输。

我的做法是：先在黑板上画一个失衡的天平，低下去的一边托盘里有一个方框，另一边高上去的托盘里有四个方框。我要求同学们先根据课文的内容在五个方框中填写适当的内容。经过讨论，大家基本一致地填出了有关内容：低下去的一边托盘里的方框中填的是"金钱"，另一边高上去的托盘里的四个方框里填的是"女儿的生命""妻子的生命""女儿的爱情""夫妻之情"。再让同学们根据这个图示连词成句写一句话，他们写道：在葛朗台心目中，女儿的生命、妻子的生命、女儿的爱情、夫妻之情，都没有金钱重要。学生在填词写句的具体活动中理解了小说的深刻主题。

再比如，教学鲁迅的小说《孔乙己》。就孔乙己的悲惨命运和结局告诉学生科举制度对读书人的毒害和扭曲这个主题，不是不可以，但总觉得这种共鸣缺乏从内而外自觉生发的过程。于是，我设计了一个写碑文的活动。先让同学们根据课文内容写一个竖式的碑文：××××之墓。同学们很快根据课文内容写出了"孔乙己之墓"。在问了这个名字的出处之后，我提醒大家：碑文中，在人的名字之前一般还会注明人物的身份，请大家在"孔乙己"之前再加一个身份。于是，有的同学加上了"读书人"，有的同学加上了"上大人"。我再让同学们写一个横式的碑文：这里躺着一个_____的人。这一次写法就很丰富了："这里躺着一个追求功名的人""这里躺着一个被科举制度害死的人""这里躺着一个被社会抛弃的人"。

这表明，同学们对主题的理解已经非常深刻了。当然，也有学生写的是"这里躺着一个热爱读书的人"，还有学生写的是"这里躺着一个喜欢喝酒的人"。我再引导同学们讨论：小说是写的孔乙己如何爱读书吗？如果写他爱读书，需要写他爱喝酒，需要写他自命清高吗？需要写他在孩子面前卖弄茴字的写法吗？需要强调他"是站着喝酒而穿长衫的唯一的人"吗？在这个写碑文的活动中，所有主题的理解都在其中深化了。

四、在语文实践活动中引导学生对美好人性的认识

语文教材中，有时会涉及人性、生死等内涵深刻而复杂的问题。遇到这样的作品，教师进行必要的讲解是无可厚非的，但常常很难讲清楚，且效果也不好。如果能设计适当的语文学习活动，则可以收到化难为简、变复杂为简单的效果。

对于《我的叔叔于勒》这篇课文，有不少老师在教学中对主题的理解仍然仅仅定位在"认识资本主义社会人与人之间的金钱关系"上。这固然不能说错，但如果从作品的全貌和对学生更为深刻的思想引领来看，这样做并不能说非常理想。我教学这篇小说时，先是引导学生认识到人和人之间的金钱关系，后问：在这样的金钱社会里，有没有人没被金钱扭曲呢？同学们异口同声地说"有"。谁呢？若瑟夫。我问：在这样的社会里，若瑟夫长大后会不会变成像他爸爸妈妈一样的人呢？这时候矛盾出现了。有人认为会，有人说不会。在引导大家充分说出各自的理由之后，我出示了被教材编者删去的小说原文的结尾，让同学们根据这个结尾补写小说被删去的开头，再根据这个开头和结尾讨论：长大后的若瑟夫有没有变成他爸爸妈妈那样的人呢？这样的活动，拓展了小说的阅读空间，对学生学会在阅读中加深对文本的理解，都起到了很好的启发作用；让学生们对人性的复杂和美好也有了更为深刻的理解。

建立学生对生和死的理解，是教学《我与地坛》时必须面对的问题。很多老师的做法是引入大量资料，与学生讨论如何看待生和死。我的做法是：先让同学们找出课文的三个关键词"地坛""我""母亲"，再根据课文内容，用三个词写一个句子。有的同学写道：让我悟到"死是一个必然降临的节日"的地坛和赋予我生命、陪我走过人生低谷的母亲，是我生命的两个精神支柱。有的同学说：让我看到了生的乐趣和死的自然的地坛，让我感到生的责任和意义的母亲，教给我向死而生的坦然。有的说：让我对生和死有了新认识的地坛，是我生命再生的另一个母亲。有的说：给我生命，又让我感受到活着的意义和责任的母亲，是我精神中的另一座地坛。我不敢说，学生对文本、对生死这样的复杂命题，都理解

了，但我相信他们一定认真思考了，并有了自己的感悟。

毫无疑问，立德树人、引领学生的精神成长，是语文学科必须承担的责任。但如果脱离具体语文学习活动，立德树人和"情感态度与价值观"的培养就会成为空洞的说教。

第 02 节

《皇帝的新装》

师：今天我们一起来学习一篇童话故事。大家以前读过哪些童话？请这位同学说说，你还记得读过什么童话吗？

生：《卖火柴的小女孩》。

师：还有吗？

生：《海的女儿》。

师：我相信同学们都能回忆出很多读过的童话。现在我们要求更高一点，哪位同学能概括说一说童话最主要的特征是什么？

生：想象丰富。

师：对，童话想象特别丰富，而且想象出来的故事大多数都是很美好的。我们今天来读一篇童话《皇帝的新装》，看看我们在理解这篇课文的同时，能不能对童话有更丰富、更深入的理解。

师：我刚才看到有的同学在课文上圈圈画画，非常好。现在大家凭印象说说课文中那件新装是什么样的新装呢。用一个词概括一下特点。

生：神奇的。

师：神奇在哪里呢？

生：因为这件新装根本不存在。

师：对，很好。根本不存在的新装。还有哪位同学能说出不同的理解吗？

生：神奇的。

师：也是神奇的。它有什么样的神奇功能啊？

生：它有一种特别的功能——只有聪明人才能看到。

师：非常好。这是一件"神奇"的新装。老师觉得，这个神奇要加个标点符号才好，你们觉得加个什么符号？

生：加个引号。

师：为什么要加个引号？

生：因为跟我们平时说的"神奇"不一样。

师：对，如果我们换一个词，可以把"神奇"换成什么词？

生：荒唐。

生：荒谬。

生：滑稽。

生：我觉得是"虚伪"。

师：非常好。就是说，加上了引号的"神奇"，又有了很多丰富的内涵。当然，它的神奇之处主要在于一般人看不到。刚才那位同学说是什么样的人可以看到？聪明人可以看到，那我们班同学能看到吗？（生：看不到）我也看不到，我们大家都看不到。你们这么聪明也看不到，但是有人能看到。那么，谁能看到呢？为什么能看到呢？大家浏览一下课文，说说课文里一共写了哪些人去看新装，而且还看到了那样一件神奇的新装。第一个去看的是谁？

生：老大臣。

师：第二个呢？

生：诚实的官员。

师：第三个去看的是谁？

生：皇帝自己。

师：皇帝去看过几次？

生：两次。

师：皇帝去看过两次。第一次看是从课文哪一自然段开始的？"当布料还在织布机上的时候……"今后养成一个习惯，老师读课文的时候，你们一定要跟着读。"当布料还在织布机上的时候，皇帝很想亲自去看它一次……"这是第一次去看。第二次去从课文哪一部分开始的？

生：皇帝亲自带着他的一群最高贵的骑士来了……

师：有没有发现这一次除了看，皇帝还干了什么？

生：皇帝去，第一次以看为主，第二次是以穿为主。

师：第二次主要是试穿，对吧？还有哪些人看？

生：平民百姓。

师：那些平民百姓看的时候，官员看不看？（生：看）那我们说得更全面一些，是全城人看新装。老的，小的，男的，女的，当官的，老百姓，都在看，对不对？

师：我们梳理一下，课文写了四次看新装。一看，是老大臣去看；二看，是诚实的官员去看；三看，是皇帝自己去看；四看，是全城人去看。说是五次也可以，皇帝看了一次，试穿了一次。

大家注意，这在文学作品里是一种常见的结构方式和表现手法，也是同学们将来写作可以采用的一种结构方式，叫场景叠加。黄老师有一次指导高三的同学写作文，就是写"考试"，第一段写考试，第二段写考试，第三段写考试，第四段还写考试。——其实这种手法不是外国特有的，中国的作品里也常见。

师：同学们看过《水浒传》吗？《水浒传》里打祝家庄打了几次？（生：三次）一打，二打，三打。有没有同学看过《三国演义》？有一个人，诸葛亮抓了七次，是谁？（生：孟获）《红楼梦》有人看过吗？（生：看过）有一个老太太叫刘姥姥，三进大观园。——似乎写作文并没有很难呀。就第一段写考试，第二段写考试，第三段写考试，就行了。但问题不是这么简单。你们想一想，这样的场景叠加，能不能每次都写得一样？

生：不能，要有变化。

师：对，场景叠加，一定要在相同中写出变化。现在大家看一下这几个场景，相同点在哪里，在哪里有变化？

生：都是去看新装。

师：对，内容一样。还有谁能看到什么一样呢？

生：每个人都没看到新装，但是都装作自己看到了。

师：好的。都被骗子骗了，又都回去骗人。我们还能找到很多相同点。除了内容，表现手法有没有相同的？主要是从哪方面写人物？

生：细节描写。

师：有哪些细节？

生：用很多细节表现骗子的骗术很高超，比如，"点起十六支以上的蜡烛"，"用两把大剪刀在空中裁了一阵子"。

生：写皇帝也有很多细节描写，比如"每一点钟都要换一套衣服"，试穿时在镜子前面扭了扭腰肢，还把身子转动了一下。

师：这些细节都很传神，对理解情节和人物也都很重要。在几个场景中还有哪些共同的描写？

生：心理描写。

生：语言描写。

师：是的。既写语言，也写心理，主要是写语言还是写心理？大家来看看，皇帝看的时候说："这是怎么一回事呢？"这是写语言还是写心理？

生：（齐声）语言。

师：这是和别人对话吗？

生：不是。

师：对呀，这是用语言的方式写心理。写心理的方法很多，"他在想""他还在想"，是写心理，通过人物自言自语也是写心理。大家能不能发现几个场景的不同？这位同学，你看到什么不同？

生：越往后去看新装的人数越多。

师：人数变多了。一开始老大臣去看的时候就是一个人，皇帝去看带了几个人，最后全城人去看。

生：我发现前面四次，他们都是虚伪地说出了赞美新装的话，但是在第五次的时候有个人诚实地说皇帝什么也没有穿。

师：是的。这是一次非常重要的变化：一个孩子说出了真相，这个新装是不存在的。还有什么不同？

生：前两次都是皇帝派人去看的，只是听了别人说看到的东西，皇帝自己并没有亲自去看。后面几次皇帝自己都参与了。

师：是的。就是看的人在变化。如果我们深入细读，还会发现很多不同。现在我们来圈画一下每一个场景中的关键词句，请同学们说说对这些词句的理解。先看第一个场景，你们圈画了哪些词句呢？

生：老大臣去看的时候说"愿上帝可怜我"，为什么要上帝可怜他？

师：为什么呢？

生：因为他觉得自己什么也看不见，那么自己就是一个愚蠢的人。

师：这会有什么严重的后果？

生：他担心皇帝知道后，可能就做不成官了吧。

师：第一，他发现自己看不见，自己竟然是个愚蠢的、不称职的人；第二，他想到了严重的后果。他很害怕，所以乞求上帝可怜他。其他同学呢？

生：我圈了两个"难道"的句子。这表明他不敢相信自己看不到，也表明他的担忧。

师：很好。还有吗？

生：我圈了"老大臣注意地听着，以便回到皇帝那儿去的时候，可以照样背出来。事实上他也就这样做了"这个句子中的"注意"和"照样"两个词，因为它们说明"诚实的"老大臣也不诚实，已经准备要骗皇帝。

师：非常好。从不同角度关注老大臣的心理。第二个场景，那个诚实的官员来看的时候，你们会圈哪一个关键词？

生：滑稽。"这也真够滑稽"。

师：他为什么觉得滑稽？

生：明明没有什么衣服，皇帝还让他来看，这很滑稽。

师：大家觉得还有什么事滑稽？

生：因为看不到这件衣服的人，就是个不称职的人。皇帝居然也欺骗自己，真是滑稽。

师：是的。滑稽而且荒唐。皇帝看的时候有一个词，我觉得应该特别注意，你们觉得哪个词？（学生回答：骇人听闻）对，这个"骇"字很容易读错，大家都读对了。你们还应该注意这个"骇"是什么意思,这位女同学举手了。(学生回答:令人害怕)对,是令人害怕的意思。

师:皇帝简直无法接受,实在无法理解。"我"怎么看不到呢,这要让全城的人知道了,那岂不成了天大的笑话。哇,简直是骇人听闻!

师:通过刚才对关键词句的品读,我们欣赏了这篇童话很重要的一个特点,就是用相似的场景、相似的内容来构成情节,同时又在相似的场景中写出丰富的变化,而这个变化最丰富的就是不同人的心理。大家觉得谁的心理变化最丰富、最复杂?

生:皇帝。

师:是的。现在,我们要完成一个有点难度的任务,请同学们以皇帝的口吻写一段独白。看看谁最能写出皇帝复杂的心理变化,既要依据课文,又要发挥想象。能完成任务吗?(学生迟疑)看来难度有点大。现在我们从这样几个小任务中选择一个来完成:(1)课文第5自然段写道:"(皇帝)想起凡是愚蠢或不称职的人就看不见这布的时候,他心里的确感到有些不大自然。"请具体描写出皇帝这时候的心理。(2)课文第19自然段写道:"皇帝很想亲自去看它一次。他选了一群特别圈定的随员——其中包括已经去看过的那两位诚实的大臣。"请具体描写出皇帝"圈定的随员"的心理。(3)课文最后一个自然段写道:"皇帝有点儿发抖,因为他似乎觉得老百姓们所讲的话是真的。不过他自己心里却这样想:'我必须把这游行大典举行完毕。'"请描写出皇帝听到百姓的话之后的心理。请每位同学选择一个任务完成。

(学生分组想象描述。)

师:现在交流一下,大家回去再合成。

生:在骗子们忙着织布的时候,想到这布的神奇功能,我的心里非常忐忑,要是我自己也看不到这衣服怎么办呢?岂不是我也不配做这皇帝?那些觊觎我皇位的人一旦知道了这个真相,我的皇位就保不住了。我简直不敢多想,差一点我就想让他们停止织布了。可是,从来也没有人发现我不称职啊,那就是说,我是一个称职的皇帝。这样一想,我的心里又变得踏实了,我迫切地等待这新装早日做好。

师:大家觉得怎么样?

生:好!

师:是不错,紧扣原文,又有自己的想象,而且写出了内心的矛盾纠结。但那时候皇帝知道那两个人是骗子吗？

生：不知道。

师：就改为"那两个家伙"吧。第二个任务哪位交流一下？

生：前面派去的两个诚实可靠的官员回来，都说这布料美丽得不得了，看来我自己要去看看了。但我心里一点底也没有，看来还是要带几个人一起去，先看看他们的反应再说。可是带哪些人一起去呢？要不要带几个可能不称职的家伙去试试他们？想来想去，真拿不定主意。万一我自己什么都看不到岂不露馅了？算了，稳妥起见，还是带上几个可靠的人。那两个诚实的大臣自然是一定要去的，到时候我先看看他们的态度再说。

师：一个词语，展开这么多想象，很不容易。但是"圈定"的内容还是没有写出来。一般说，圈定应该是对着名单，一个一个地确定。回去还可以再具体化。下面是第三个任务。

生："他实在没穿什么衣服呀！"我似乎听到所有人都这么说。难道我真的什么也没有穿？我的头脑顿时一片空白，大滴的汗珠从我额头上滚下来，我觉得自己的脚步有点乱，我偷偷用手摸一摸自己的屁股，似乎汗湿湿的什么也没有，我觉得自己浑身都在发抖。这该是一个多大的笑话，一个皇帝居然赤身裸体地在街上游行。我相信，这个丑闻很快会在各个国家传开。某一个瞬间，我真想停下脚步。不！我决不能停止游行，我一旦放弃游行，这丑闻就是新闻！我必须让所有人相信，我是穿着一件漂亮的新装在游行。他们看不到，只能说明他们愚蠢。明天，不，游行一结束，我就要召集所有大臣，问问他们有没有看到我漂亮的新装，那些没有看到的……哼！

师：请一位同学评点一下。

生：非常好。比作者写得还好。

师：你很会唱赞歌。不过，写得真不错。尤其是最后一句。好的，"一个皇帝的内心独白"这个大任务，就留着同学们回家完成吧。

通过刚才这几个任务的完成，通过转换视角的透视，我们欣赏了作品荒诞离奇而又非常合理的奇特想象，也一起深入走进了皇帝的内心世界。大家觉得这是一个什么样的皇帝？

生：狡猾。

生：虚伪。

生：虚荣。

生：阴险。

生：不诚实。

生：自欺欺人。

生：愚蠢。

生：昏庸。

生：不自信。

师：同学们的概括都非常有道理，尽管有的是重复的。这些特点，似乎都不是优点。大家告诉我，让你们最讨厌的一点是什么？

生：自欺欺人。

师：是的，我也觉得最不能原谅、最不能接受的是自欺欺人。其实，这不仅仅是这个皇帝的特征，而是一类人的共同性格特征。是哪一类人的共同特征呢？童话里的人物形象常常是可以分类的。你们觉得这篇童话中的人物可以分为几类？

生：骗子，官员，皇帝，还有老百姓。

生：我觉得还有孩子，孩子和他们不一样。

生：大人也不一样，先分为虚伪的大人和诚实的小孩，大人再分成被动骗人的和主动骗人的。

生：我觉得，一类是两个骗子，一类是被骗的人。然后是孩子。

师：挺清晰的。有没有同学还有不同的分类？

生：分为两类，一类是骗人的，一类是不骗人的。

师：好的。是不是还有不同的分类？我们再听一听不同的意见。

生：分成三种，有一种是自欺欺人的，就像皇帝，还有城市里的那些人；另一种是骗人的，像那个老大臣，还有官员，他们不仅骗了自己，还骗了皇帝；还有一种，就是那个小孩子，是诚实的，一直没有骗人。

师：好的。同学们说得比较全了。现在我们来梳理一下，大家的分类有这么几种。

（板书）

（1）骗子—官员—皇帝—老百姓。

（2）骗子—官员—皇帝—老百姓—孩子。

（3）虚伪的大人（被动骗人与主动骗人）—诚实的小孩。

（4）骗人—被骗—孩子。

（5）诚实的—不诚实。

（6）骗自己—骗人—被骗。

大家的分类都聚焦在一个点，就是"骗"，我觉得非常好。如果用一个字概括这篇童话故事，就是——

生：骗。

师：这篇童话就是写了一个骗和被骗的故事。我想请同学们思考这样一个问题：这篇童话里一共有几个骗子？

生：我觉得课文里的人物，除了那个说出真相的孩子都是骗子，尽管有的人是骗别人，有的人是骗自己，有的人是既骗别人，又骗自己。

师：这位同学概括得非常好。所以，课文里的人物，最简单、最严谨的分类就是分为哪两类？

生：骗人，不骗人。

生：诚实和撒谎。

生：大人和小孩。

师：大家想一想，这三种分类有区别吗？

生：没有。

生：有。

师：大人骗人，大人撒谎，小孩诚实。至少在这篇作品中是这样的。当然进行更细的分类也是可以的。我问你们一个敏感的问题，你们可以坦诚地告诉我，也可以不回答。你们的老师、你们的爸爸妈妈，有没有教育你们不撒谎？

生：有。

师：我再问你们，你们的老师、你们的爸爸妈妈有没有撒过谎？

生：肯定撒过。

师：是的。这就是作者要揭示的一个社会问题。因此，作者说他的童话是"写给成年人的故事"。你们觉得，回去应该把这个童话推荐给谁读？

生：爸爸妈妈。

师：当然，也可以推荐给老师看，推荐给他们读的时候，如果和他们说一句话，你们会怎么说？现在我代表大人，你们是孩子，你要和我说一句什么样的话？

生：可以撒善良的谎。

师：很好。这位同学你会怎么说？

生：不要再互相骗下去了。

生：其实，你们骗不了我们。

师：是的。其实，孩子的眼睛什么都能看得很清楚。但是，我们要长大是不可避免的，人要坚守童心是不容易的，人要说真话，说出真相，是需要勇气的。所以，我们应该一起向童话中那个小男孩学习，应该向他致敬。大家想一想，这个孩子长大以后会不会变成虚伪、虚荣的骗子呢？

生：不会！

师：为什么？有什么根据吗？当然，如果有同学认为肯定会变成骗子的，请举手。

生：我觉得他长大后会变成骗子，因为小孩也是大人教育出来的。

师：还有没有不同的声音，说他不会变成骗子的？

生：我认为不会变。

师：有根据吗？

生：当这个孩子说皇帝没有穿衣服的时候，其他人认同了他的观点。

师：当这个孩子说出真相时，其他人认同了吗？我们一起看课文最后三个自然段。大家一起读一读。

（学生齐读课文最后三个自然段。）

师：大人们认同这个孩子的观点了吗？（生：认同了）从哪里看出来的？

生：当这个小孩说皇帝没有穿衣服以后，他爸爸说"上帝哟，你听这个天真的声音。""天真"说明爸爸并没有否定他，更没有训斥他。

生："于是大家把这孩子讲的话私下里低声地传播开来"，"'他实在没有穿什么衣服啊！'最后所有的老百姓都说"。这些说明大家都觉得孩子说的是对的。

师：看来同学们都非常会读书，善于用文本解读文本。大家如果前后联系起来就更容易理解了。你们还记得全城人一开始看新装的时候，是什么心理吗？你能找到前后呼应的句子吗？

生：乖乖！皇上的新装真是漂亮！他上衣下面的后裙是多么美丽！这件衣服真合他的身材！

生："上帝，这衣服多么合身啊！裁得多么好看啊！"大家都说，"多么美的花纹！多么美的色彩！这真是一套贵重的衣服！"

师：大家注意一下这里的标点会有更好的理解，是什么标点？

生：感叹号。

师：数一数几个感叹号。

生：九个。

师：可见，一个孩子的一句真话，改变了全城人的看法。因此，在真相被蒙蔽的时候，我们应该大胆地说出真话，会有意想不到的效果。当然并不是每个大人都是能够改变的，比如童话中有一个人始终不愿意面对真相。谁？

生：皇帝。

师：是的。不仅是这位皇帝很难改变，其实每一个大人要坦诚面对孩子的真话都不容易。但生活中总会有人永远葆有一颗童心面对生活，比如童话中那位说出真相的孩子。大家知道他叫什么名字吗？

生：安徒生。

师：真聪明。安徒生一生都致力于童话创作，用他的作品呼唤童心，就像作品中的那个孩子，把真相告诉人们。其实，不仅是安徒生，很多成人阅读安徒生的作品，也会被童心唤醒。最后黄老师和大家分享一个被童心唤醒的故事：

很多年前，我的一个同事家有个三四岁的男孩，胖乎乎的，特别聪明可爱。他爸爸忙的时候，就让他到我办公室和我下棋。一开始，我当然很有优势。他回去跟他爸爸说要学下棋，他爸爸就专门找了一个老师指导他。过了一年，我就没有优势了，慢慢地，他就占了上风。他就不把我放在眼里了，走一步，就离开座位去兜一圈，哼着小曲翻翻我的书，喝几口饮料。我这成年人的心理受到了严重伤害。有一次,趁他离开了,我就拿掉了他一个马,很快他就输了。在我也得意地哼着小曲的时候,他把那个胖胖的小脸凑到我脸上,问:"你这有意思吗?"

这件事,让我深有感触:我们成年人总喜欢在孩子面前自作聪明,自欺欺人,其实孩子把我们看得很透。

师:大家回头想一想,通过今天这节课,你对这篇作品的阅读和理解,对童话的特点,对童话的阅读,有没有新的认识?同时,我希望同学们能够记住安徒生的话:童话不仅是写给孩子看的,还是写给成人看的。一个一辈子都读童话的人,他的内心,他的生活,一定会更加美好。

热点应答

核心素养的前世今生

前世今生,这是一种很口语化的表达,把它改成比较书面化和学理性的表达,就是对语文核心素养的基本认识及落实的基本策略。下面从三个方面来说这个话题。

一、语文核心素养是怎么来的

很多老师在面对这个问题时都会有一个困惑:前一轮课程改革强调的是三维目标,现在这轮课程改革强调的是四个核心素养,两者之间是什么关系呢?如果再往前说,在三维目标之前还有一个概念叫"双基"。那么它们之间又是什么关系呢?有人认为核心素养的形成和知识能力之间没有必然的内在联系,素养好的人未必知识能力就好,知识能力好的人核心素养也未必好,甚至有人明确说培养核心素养并不依赖于知识的掌握。比如开车,有人从来没有经过驾校培训，车照样开得很好；很多人参加了驾校的培训，经过了系统的学习，考试考得很好，但始终不敢开车。我的观点是中庸的，我们不能说知识是素养形成的必备条件，但掌握一定的知识对于素养提升肯定是有帮助的。大多数专家的看法是：四个核心素养是由三维目标升级而来的，三维目标是由"双基"升级而来的。有人用比喻来形容核心素养、三维目标、"双基"之间的关系，说核心素养是5G，三维目标是4G，"双基"就是2G。也有人用飞机来作比，"双基"是一代机，三维目标是二代机，核心素养是三代机，都很有道理。但我认为这两个比喻还有点单薄，不足以表现它们的关系，至少表现得还不够具体和透彻。

我更喜欢用早餐来比喻。"双基"就像我们这代人当年的早餐，就相当于两碗稀饭加上一个馒头，有了它就饿不死。"双基"就是基础知识和基本能力。对语文学科而言，基础知识有个形象的说法，叫八字方针：字、词、句、章、语、修、逻、文，就是字词、句子、篇章结构、语法、修辞、逻辑、文学常识；基本能力就是听、说、读、写。就是说，语文课不管怎么教，教好了这八个字，训练了这四种能力，就是好的语文课。这就是当时的课程内容，让语文老师知道了语文课应该教什么。毫无疑问，"双基"的提出，对课程发展是一大贡献。

但是，任何好的课标，好的课程理念，都会"过时"。可以肯定地说，再过十年二十年还会有新课标，还会有新教材。事物发展到一定程度之后，它就会走向另一面。"双基"在当年非常好，但是一年一年教下来，就出现了问题——很多老师的教学就是知识为本，以知识为中心，而且是一种很狭隘的知识观。这个问题影响很大。时至今日，有很多老师还是教知识，仍然停留在字、词、句、章。随着课程的发展，人们知道：掌握知识，培养四个能力当然有一定的价值，但这并不是语文课程的全部内容，更不是最主要的教学内容。所以课程专家们提出了知识与能力、过程与方法、情感态度与价值观的"三维目标"，使教学内容更立体、更丰富、更全面。如果还用早餐来比喻，这就像我女儿小时候的早餐，有鸡蛋、牛奶和面包，可能还有苹果、核桃之类的东西。这个年代追求的是营养全面。三维目标就是让语文教学"营养"更加全面。

现在，人们的物质生活水平又提升了，要求饮食更加健康，更加科学。语文教学也是这样，前一轮课程改革之后，语文教学有了一定的发展，但也出现了很多问题，其中一个很重要的问题就是三维目标的割裂。提出核心素养的目的之一就是解决三维目标割裂的问题。很多老师的教学目标常常是：第一条是知识与能力，第二条是过程与方法，第三条是情感与价值观。这是教案书写形式的割裂，更重要的是课堂教学过程中的割裂，比如这个环节就是知识，那个环节就是情感与价值观。很多老师在教学过程中倒数第二个环节就是用 5～10 分钟进行做人的教育，这是一种典型的三维目标割裂。所以新的课程改革针对这种互相剥离的、割裂的三维目标，提出了语文四个核心素养。如果仍然用早餐来比喻，语文核心素养就是喝糊糊。我们家楼上很多家庭都已经这样做了，买一个破壁机，放几个核桃，加几个红枣，还有红豆、绿豆等各种杂粮，有条件的还加几根虫草。第一天晚上泡好，早上起来开关一按，楼上楼下就听到机器呼噜呼噜的响声。核心素养的早餐就是喝糊糊，就是把所有东西都倒进去，倒在一起搅。倒进去的东西越多，糊糊的营养价值越好，而且好吸收。当然有老师会说我们还没有这样做。没有这样做，大多是条件不允许：一是经济问题，二是时间问题。当然也可能跟习惯、认识有关。

由此，我们可以明确这样三点：

（1）"双基"、三维目标和四个核心素养都是特定时代的产物，各有各的价值，不存在谁对谁错，也不存在谁优谁劣。

饥饿年代只能求生存，先把肚子吃饱；有条件就追求营养全面，营养丰富；条件允许，就追求科学健康。"双基"、三维目标和四个核心素养都是应运而生的，时代发展是核心素养的催生婆。一个是科技的发展，一个是教育的发展。教育的发展和科技的发展关系非常紧密，特定的世界，就需要特定的教育。我们今天是一个什么样的世界呢？知识飞速发展，科技高度融合，于是要求教育也必须追求融合和创新。从知识学习的角度看，我们早就进入了一个后喻时代。什么是后喻时代呢？美国社会学家玛格丽特·米德在《文化与承诺》一书中，将时代划分为前喻文化时代、并喻文化时代、后喻文化时代。所谓的后喻文化，就是年轻人因为对新观念、新科技良好的接受能力而在许多方面都要胜过他们的前辈，年长者反而要向他们的晚辈学习。联系到学校教育来看，后喻时代，学生的知识学习和能力培养并不依赖教师甚至超越教师。于是，新的课程改革，核心素养的培养，追求以学习为中心，让学生在特定情境任务的完成中获得知识，学会学习，形成素养。

（2）在教学中如何处理"双基"、三维目标和四个核心素养的关系要因人因地而宜。

我们刚才说到了喝糊糊的问题。有人没有时间，有人经济条件不够，能用虫草打糊糊的人更不多。就是说，培养四个核心素养非常好，但是，很多地方、很多学生、很多老师目前可能还是喝不起这个"糊糊"的。我们要培养学生的核心素养，前提是老师自己要有良好的四个核心素养。如果自己都不具备良好的核心素养，怎样去培养学生的核心素养呢？我们当然不是批评老师，只是说，如果一概而论地用最高标准和最理想的课程标准去要求一线老师的教学，是脱离实际的，既脱离老师的实际，也脱离学生的实际。如果牛奶和面包还吃不起，就先两碗稀饭加一个馒头把"双基"落实好；如果学生基础还不错，你自己素养也不错，能把三维目标体现到位也很了不起。事实上，我知道很多老师连三维目标都没有好好落实到位。当然，如果有条件有能力按照新课标要求去追求核心素养的培养自然最好。

（3）"双基"、三维目标和四个核心素养在教学中的体现不是互相排斥的。

我们前面说过，的确有少数人以为，知识和能力对于核心素养的培养是没有多少价值的，并不是必需的；新课程标准提倡的是以学为中心、任务驱动，三维目标已经过时了，"双基"更是落后了。但我们并不这样认为。我们的观点是，必备的知识和基本能力是培养核心素养的基础，培养核心素养，探索大概念、大单元教学，并不能无视学科核心知识的学习和基本能力的培养。正确的做法是，要协调处理好"双基"、三维目标和四个核心素养之间的关系，使之互相促进，融合共生。语文课有很多课型，或许有的课就是以"双基"为主，有的课更追求核心素养的培养，这应该是不冲突的。

二、四个核心素养之间的关系

首先强调的是：它们不是简单的一加一的关系。老师们备课时确定教学目标千万不要写成："一、语言建构与运用；二、思维发展与提升；三、审美鉴赏与创造；四、文化传承与理解。"前面我们说到核心素养就如喝糊糊，打完糊糊之后你找不出哪个是核桃，哪个是红枣了。它们之间也不是简单的交叉组合关系，这个包含那个，那个又包含那个；当然也不是简单的主次关系，谁第一谁第二。高中语文的核心素养第一个是语言积累和运用，义务教育阶段核心素养的第一个是文化自信，为什么把文化自信放第一，这里我们不做探讨。但肯定不是哪个排第一个就是哪个最重要，哪个排在第四就不重要。那到底是什么关系呢？我们的看法是：四个核心素养是以语言建构与运用为基础的共生关系。

为什么这么说呢？

《普通高中语文课程标准（2017年版2020年修订）》里明确说："语文学科核心素养的四个方面是一个整体。语言是重要的交际工具，也是重要的思维工具；语言的发展与思维的发展相互依存，相辅相成。语言文字是文化的载体，又是文化的重要组成部分；学习语言文字的过程也是文化获得的过程。语言文字作品是人类重要的审美对象，语文学习也是学生审美能力和审美品质发展的重要途径。"这几句话明确告诉我们四个素养之间是融合共生的关系。它还指出："语言建构与运用是语文核心素养的基础；在语文课程中，学生的思维发展与提升、审美鉴赏与创造、文化传承与理解，都是以语言建构与运用为基础的。"什么叫"基础"？基础就是平台，基础就是依托，基础就是凭借。这告诉我们：四个核心素养中，语言建构与运用的地位相对是最突出的，另外三个都是在它的基础上发展形成的。我们可以说，脱离语言建构与运用的思维发展与提升，脱离语言建构与运用的审美鉴赏与创造，脱离语言建构与运用的文化传承与理解都是非语文的。比如说，审美是很多学科都强调的素养，绘画是线条和色彩的审美，舞蹈是形体的审美；而语文的审美是语言文字的审美，是通过语言文字去发现美，表现美。思维也是如此，数学有数学思维，物理有物理思维，它和语文的思维截然不同。语文的思维是借助语言文字来形成和表现的一种思维能力。文化更是如此。夸大一点说，什么都是文化，人类文明进程留下的一切痕迹都是文化。而语文的文化是语言文字的文化。

概而言之，四个核心素养，语文是基础，审美是语文的审美，思维是语文的思维，文化是语文的文化。从教学实践的角度看，"语言建构与运用"为"思维发展与提升"提供了一种工具，而"思维发展与提升"使"语言建构与运用"更有品质；"语言建构与运用"为"文化传承与理解"提供了一种载体，"文化传承与理解"使"语言建构与运用"更有厚度；"语言建构与运用"为"审美鉴赏与创造"提供了一种途径，"审美鉴赏与创造"使"语言建构与运用"更有品位。

三、如何在教学中落实核心素养

这个问题很大，这里非常简略地说一点我们的思考和做法。

1. 丰富的语言积累和扎实的语言运用基本训练，是形成核心素养的基础和关键

语言运用能力是语文课程最主要的核心价值。以前的课程标准始终没有明确回答语文的核心价值是什么，也就是语文是什么这个问题。一直到2011年版的语文课程标准才正面回答："语文课程是一门学习语言文字运用的综合性、实践性课程。"什么是语文呢？我经常会和老师们说，语文就是玩语言。什么是玩语言呢？最主要的就是积累语言、运用语言。当然规范一点、学术一点说，就是语言建构与运用。建构语言，首先要积累语言。我甚至有点偏激地说，一位语文老师，不管你怎么上课，只要你始终在进行语言的积累和语言的运用，你学生的语文素养就不会差，你学生的考试成绩也不会差。备课时你就想两件事，要么就是让学生积累语言，要么就是让学生运用语言。当然，这是带一点极端的说法，理想一点当然是培养四个核心素养。

我们现在强调的是：要培养学生的核心素养，必须有丰富的积累，要有多样的语言活动。

新课标无论是义务教育课程标准还是高中语文课程标准，都强调要积累语言经验。这非常有道理，阅读、写作、说话等都依靠语言经验。从某种意义上说，一个人语文素养好就是语言经验丰富。那么，丰富的语言经验从哪里来呢？唯一的途径就是积累。

一是语料的积累。造房子需要材料，语文素养好，先要积累语料。语料有很丰富的内涵，字词句篇都要积累，包含名家经典，也包含日常的生活语言。一个人善于表达，善于写作，丰富的语料积累是基础。描述一个对象，表达一种感受，说明一个观点，语料丰富的人，有很多词语可以选择，可以用多种句式来表达，这就丰富了表现形式，这就有了表现力。

二是语感的积累。语感的积累主要依赖于习得。就是说，语感主要不是老师教出来的。但并不是说老师就没有作用。一位好的语文老师一定能通过自己的教学引导学生多读书，多分享，多参加各种语文实践活动，培养学生有意识地形成良好的语感。比如阅读教学，要引导学生去感受文本。而普遍的问题是老师常常把时间用在分析文本上。我们很多老师善于教技巧，改病句、写作文都有很多套路。其实改病句主要靠感觉，阅读写作也都如此。感觉是初级阶段也是高级阶段，文字的感觉是最重要的语文素养。感觉是什么，就是语言经验。所以课堂教学要尽量控制分析，让学生去感受，要顺着学生阅读的原初感受，带着学生往前走；而不是把你读到的参考书上的东西和标准答案塞给学生。

三是语理的积累。语理也是这次语文课程标准强调的新概念。这个概念以前也有，但强调得不多。什么是语理？就是语言运用的规律。对语理以前似乎也是重视的，但基本是讲规律，讲方法，而不是让学生自己在语言实践中梳理构建。语言经验的形成，就是语料、语感和语理不断融合的过程。如果我们强化了这三者的积累，那么语言的积累与运用就有了基础，培养核心素养也就有了基础。

语言运用训练的形式非常丰富，其基本形式还是听说读写训练。

不管语文教学怎么改革，不管推行什么样的新理念，听说读写训练总是语文教学的基本活动。有些课堂教学对学生用处不大，一个重要的原因就是听说读写活动的缺失。

从某种意义上说，我们的语文课堂似乎不缺少"听"，但大多是一种以记笔记为目的的认真"听讲"，而不是扎扎实实的听的活动。我们提倡的听，是基于任务完成、以信息筛选、问题解决为目的的听。教学小说《台阶》，学生对小说主题的理解很难深入，我们就让他们听老师读一段作者谈这篇小说创作的话，从中找到能帮助深化小说主题理解的句子；教学《葡萄月令》，学生对作者这个人的理解比较肤浅，我们就让他们听老师读一段作者女儿写的关于父亲的一段话，记下三个关键词，再抓住这些关键词谈谈对作者的理解；教学《白雪歌送武判官归京》，我们让学生听老师描述诗句的意境为老师打分。这都是让学生带着问题听，在听的过程中思考，在听的过程中解决问题。

我们今天的语文课堂常见的现象是：或者禁止学生随便说话，或者学生想怎么说就怎么说，更多的是千方百计让学生说出教师想要学生说的话。我们以为这都不可取，我们倡导的是要训练学生基于具体情境、按照规定要求说。这个要求，一是内容的要求，就是应该说什么；一是形式的要求，就是说的方式，就是应该怎么说。我们常常看到让学生说说感受的活动，说什么感受，怎么说感受，全无要求，说了半天，为什么要说，学生不清楚，说得如何，老师也不知道。也有时候，看上去是有要求的，但到底怎么说，老师自己也不清楚。比如，有老师让学生"概括性地复述课文"，学生说得概括点，他就认为不具体，不是复述；学生说得比较具体，他就认为不是概括。也有时候，要求是明确的，但老师却没有按照要求和标准进行教学评价，要求得不到落实，说的效果和价值也不大。

应该说，语文教学似乎是不缺少读的，但常常把找答案作为读的主要目的，真正能让学生从从容容地读文本的并不多，能让学生读进文本，读透文本，读出发现的就更少。我们提倡的读，是把形成丰富的阅读体验、在文本阅读中有所发现、形成自己的审美判断作为读的主要目的。我们一直认为，学生好好读文本是阅读教学的基础，学生的阅读初步感受是阅读教学的逻辑起点。这就要给予学生比较充裕的阅读时间，但现在学生没有时间好好读书、没有时间好好读课文是一个很严重的问题。当然，更高的要求，是要引导学生在阅读中有所发现。这个发现不是找答案，而是在文本阅读中形成属于学生自己的感受和体验、问题和疑惑、认识和判断。这就要求教师能设计适当的任务引导学生读进文本，在文本中进进出出，不断有发现。

写是非常重要的语文能力，但语文课上却常常看不到写；不仅阅读课不写，作文课也没有写。我们特别倡导语文课要采用多种多样的写的活动，促进学生的思维提升与发展，培养和提高学生表达交流的能力。前面说的"听写"，既是听的能力训练，也是写的训练。造句、改写、扩写、缩写、仿写都是非常好的方式。一个词造句，两个词造句，用规定的句式造句，用规定的内容造句，长句改短句，短句改长句，比喻句改为非比喻句，不是排比的句子改为排比的句子，一段话改为一句话，一句话改为一段话，根据具体的教学内容，运用适当的方式进行写的活动，都能起到非常好的效果，对阅读教学，对写作教学，对语言能力培养，都非常有意义。我们教学《台阶》，让学生根据小说内容用"台阶"和"父亲"这两个词造句，先把"父亲"放在前面，再把"台阶"放在前面。全班几十位同学，每位同学都把这两个句子造成了，这篇小说，某种意义上就不用再教了。我们教学一篇很长的散文《我与地坛》，一个很重要的活动就是让学生用"我""地坛""母亲"三个词造句。这篇散文的主题比较复杂，只要学生把这个句子造好了，散文就理解了。

要强调的是，这样的听说读写训练不能是互相割裂的，而应该是在贯穿思维训练的基础上融为一体的。

2. 把思维、文化与审美融入语言的建构与运用的过程中，提升语文学习活动的品质

洪宗礼先生强调：听说读写，思维是一个总开关。语文教学的基本活动形式是语言运用的活动。但缺少思维发展与提升、审美鉴赏与创造、文化传承与理解的"单纯"的语言运用活动是低品质的。基于培养核心素养的语言运用活动，必须融进思维、审美与文化来提升语言运用的活动品质。

要确定一个认识：没有思维训练的语言运用活动几乎是没有意义的。一个语言学习活动和任务，不仅要有语用价值，还要能培养学生的思维品质。不把这两者融合在一起，意义就不大。怎么融合呢？我们主张，小学和初中低年级要以直觉思维训练为重点，同时要有培养学生逻辑思维的意识；初中高年级和高中以逻辑思维训练为重点，同时要有培养辩证思维和创新思维的意识。什么是直觉思维呢？就是联想想象，就是感觉。比如我教《孔乙己》，第一个活动是：说说孔乙己和黄老师有什么不同。这是联想和比较，也是直觉思维训练。有一个学习活动，就是大家合作写孔乙己死的场景：你觉得孔乙己会死在什么地方，死的时候手是什么样子，手里是什么东西。这就要想象，想象就是直觉思维。但仅仅靠想象这种直觉思维行不行呢？不行。逻辑思维也很重要。要判断孔乙己有没有死，为什么死在这里不是死在那里，这都是逻辑思维。鲁迅说"他大约的确是死了"。首先凭借语感、凭借感觉判断他有没有死，然后要依靠逻辑思维判断他死的原因。可见，培养直觉思维和培养逻辑思维，这两者是不能截然分开的。而想象描述孔乙己死的场景，这是语言的运用，也是一种审美活动。想象是否合理，是否切合原作品，是否符合人物身份，这里对原作品的深化理解，也是一种包含审美元素的创写活动。还有一个活动是写碑文，不仅写中西两种碑文是一种"文化"，更重要的是碑文题写的内容无不包含着文化。

把思维、文化与审美融入语言的建构与运用的过程中，提升语文学习活动的品质，必须强化语文教学的基本实践活动。

《义务教育语文课程标准（2022年版）》在"学业质量内涵"中明确指出：

学业质量"是按照日常生活、文学体验、跨学科学习三类语言文字运用情境,整合识字与写字、阅读与鉴赏、表达与交流、梳理与探究等语文实践活动,描述学生语文学业成就的关键表现,体现学段结束时学生核心素养应达到的水平"。《普通高中语文课程标准(2017年版2020年修订)》在"基本理念"第三条中也说:"语文课程作为一门实践性课程,应着力在语文实践中培养学生的语言文字运用能力。学习运用祖国语言文字的资源和实践机会无处不在,应增强学生学语文、用语文的自觉意识,积极利用信息技术以及身边的各种资源和机会,通过阅读与鉴赏、表达与交流、梳理与探究等语文实践,积累言语经验,把握语文运用的规律,学会语文运用的方法,有效地提高语文能力,并在学习语言文字运用的过程中促进方法、习惯及情感、态度与价值观的综合发展。"

可见,识字与写字、阅读与鉴赏、表达与交流、梳理与探究是语文学习的基本实践活动。其中"识字与写字"主要是对小学的要求,阅读与鉴赏、表达与交流、梳理与探究则是整个语文教学的基本实践活动方式。

我们以为,这四个基本实践活动都是四个核心素养的高度融合。识字写字,既是语言运用能力的基础,也是文化理解、文化传承,同时也是培养审美素养和思维能力的过程。阅读与鉴赏,强调在阅读中思考,在阅读中理解,在阅读中发现。在阅读中体验生活,思考生活,思考问题;在阅读中理解文化,积淀文化,传承文化;在阅读中感受语言文字的美,发现生活的美。表达和交流也是如此。不管是书面表达还是口头表达,都要通过语言文字感受别人的情感和思想,判断、筛选、吸收对自己有意义的信息;运用适当的方式表达自己的思想感情。这个过程首先是语言运用,又必然包含着思维活动与审美活动。梳理与探究,也是一个综合性的语文实践。不管梳理与探究的内容是什么,梳理的过程,探究的过程,都是语文核心素养的体现,同时也是培养核心素养的过程。

因此,把思维、文化与审美融入语言的建构与运用的过程中,提升语文学习活动的品质,应该着力进行这四个基本的实践活动。

3. 要通过有意义、有逻辑、有价值的任务驱动促进四个核心素养的融合提高

就像听说读写四个基本训练和三维目标的六个要素不能割裂开进行训练，四个核心素养更不能割裂开来理解和落实。既要通过思维发展与提升、审美鉴赏与创造、文化传承与理解提升语言建构与运用的水平，又要在语言建构与运用的过程中培养思维发展与提升、审美鉴赏与创造、文化传承与理解这样的素养，实现四个核心素养的融合提高。有效的办法就是通过有意义、有逻辑、有价值的任务组织教学。所谓有意义，就是切近学生的生活、切近现实生活，就是学习内容、学习主体、生活实际三者之间建立了紧密的内在关联；所谓有逻辑，就是任务之间有内在联系，遵循学习规律，而不是随意拼凑；所谓有价值，就是有真正的学习过程发生，学习主体发生了积极变化，或者说得到学习成长。具体的路径主要有三个：

一是把教学内容变成学习任务。

任务群是这一轮课程改革呈现课程内容的基本方式。比如说义务教育课程标准是 6 个任务群，高中是 18 个任务群。任务群的另一个内涵指的是任务群教学，是指在教学过程中通过一系列的任务组织学习，推进教学，实现教学目标。关于任务化的学习，很多人强调的是大任务和大概念，而我们更主张小任务，通过一连串小任务组建课堂，把四个核心素养的培养融合在这些小任务之中。我多年的教学都是如此。比如，要理解《我的叔叔于勒》的主题思想，我没有采用告知式的方法，而是让学生根据文本情境猜想若瑟夫长大后会不会变成他父母那样的人，在学生交流讨论之后，我提供结尾让学生补出开头，再概括作者的写作意图。学生在完成这样的任务时，主题的理解就包含在其中了。传统的备课，就是选择教学内容、组织教学内容，而基于核心素养的教学，要求我们在此基础上，或者在此过程中必须把"教学内容"变成学习任务，或者说通过学习任务来呈现教学内容。

二是通过功能性学习任务来实现目标性学习任务。

我们认为，以在课程中的位置，任务可以分为两类：一类是目标性任务，一

类是功能性任务。比如"认识李白送别诗的特点""感受李白诗歌浪漫主义风格",这都是目标性任务。应该说,课程标准中"学习任务群"的任务都是目标性任务,而目标性任务必须通过一连串的功能性任务去实现和达成。这也是一种"任务群",是教学过程中的任务群,或者叫集群化的任务。

所谓集群化,从横向看,是一组围绕一个学习主题展开的、紧密关联、互相促进的一组任务;从纵向看,是一个体现了学习规律、指向目标性任务完成的逻辑链条。而且这样的任务群也应该是多种学习形式的组合,是知识与能力、过程与方法、情感态度与价值观等多种学习内涵的整合。例如我教学《孔乙己》就由很多个小任务构成:比较我和孔乙己的"形象",选择一只手分析性格,联系两处手的描写分析人物命运,想象孔乙己死的场景,为孔乙己写碑文等。这些任务有着紧密的内在联系,又有着清晰的内在逻辑,更融合了四个核心素养的培养,比如"写碑文"这个小任务,有语言运用,有思维发展,也有审美和文化。

三是在学习内容、学习主体和生活实际三元融合的情境中促进任务的完成。

任务和情境常常紧密联系在一起。情境也可以分为大情境和小情境。很多专家强调要有大情境,而我更提倡借助文本和课堂构建小情境。不管大情境、小情境,有一点是一样的,都要把学习内容、学习主体和生活实际三者紧密结合在一起,或者说是将知识逻辑、学习逻辑和生活逻辑融合在一起。例如我教小学课文《桥》,有一个很重要的任务是:洪水过后这个村庄还要造一座桥,请你给这座桥取一个名字。这个任务的情境主要是文本情境,可以称之为小情境。当然也可以是中情境或者是大情境。教学契诃夫的短篇小说《装在套子里的人》,我选择了小说《变色龙》《小公务员之死》进行联读。有一个"穿越"性的活动:别里科夫如果在广场上遇到将军家的狗,奥楚蔑洛夫不小心把唾沫吐在了将军的脸上,切尔维亚科夫遇到华连卡,会发生什么样的故事。这可以称之为中情境。教学《乡土中国》整本书阅读,我布置的一个学习任务是:书中讲了中国乡土社会的几种权力形式,调查一个村庄或社区,分析它的权力结构。这可以称之为大情境。

第 03 节

《短诗五首》

师：今天我们一起来学习一篇课文，这篇课文有五首诗，所以这篇课文题目叫什么？

生：（齐）《短诗五首》。

师：大家课前把这五首短诗都看了吗？

生：（齐）看了。

师：我想了解一下，看过这五首诗以后，同学们最喜欢哪一首？最喜欢第一首的举手。（个别同学举手）诗歌的欣赏，特别有个性。不同的同学喜欢不同的诗歌，不同的诗歌得到不同人的欣赏，是诗歌欣赏中常见的现象。那么最喜欢第二首的呢？（个别同学举手）也不太多。最喜欢第三首的？（大部分同学举手）看来喜欢第三首的最多，第三首是哪一首？

生：（齐）《断章》。

师：最喜欢第四首的有没有？（个别同学举手）好的。那么我们今天这节课就以大多数同学最喜欢的《断章》作为主要的学习内容。好的诗歌常常令人过目难忘。《断章》非常短，现在我们一起来回顾一下，你们说我写，第一行是？

生：（齐）你站在桥上看风景。

师:"你站在桥上看风景"。第二行是什么?

生:(齐)看风景的人在楼上看你。

师:第三行呢?

生:(齐)明月装饰了你的窗子。

师:最后一句是?

生:(齐)你装饰了别人的梦。

师:同学们回顾了这首诗,在一定程度上已经能够感受到、体验到这首诗形式上的特点,对吧?它非常对称,是吧?"你站在桥上看风景,看风景的人在楼上看你。明月装饰你的窗子,你装饰了别人的梦。"黄老师写的时候有没有丢字?

生:少了"了",明月装饰"了"。

师:少了"了",是吧?我觉得"了"字确实不能少。少了一字,节奏和意味都不一样。现在我们一起把这首诗读一读,好不好?来,《断章》,一二——

生:(齐)《断章》——卞之琳。"你站在桥上看风景,看风景的人在楼上看你。明月装饰了你的窗子,你装饰了别人的梦。"

师:读得挺好。读诗,当然要去读、去体会。读诗还有很重要的一个方法是联想。由这首诗你们想到了什么样的生活场景呢?哪位同学说一说?

生:我想到了我们马上就要过年了,过年肯定有人放烟花,那么肯定有人在这种古巷间的桥上看着天上的烟花,而又有一些住在古巷旁边的人在楼上看着看烟花的人,然后就想到这种场景之间的转化非常有趣,还有这种看与被看,意境十分美好。

师:我觉得非常好,有自己的联想,有人在看着璀璨的烟花,还有人在看着看烟花的人,是这样的吧?而且他还有自己的感受,这种看与被看的情景非常非常美好,确实是对生活的一种细致体会。其他同学有没有要说的?

生:我联想到这可能是个爱情故事,就是我站在桥上看风景,然后这个时候看风景的人发现了我,然后被我吸引,在他眼里我就是最美的风景。

师:非常好,这位同学的理解,非常有想象力,非常有道理。有人认为这首诗就是一首记游的诗歌。就是你在看海,我在看你;你在拍风景,别人又在拍你。但刚才这位同学还表达了另外一种意思,他从这里面居然读出了爱情故事。同意这种理解的同学，请举手给我看一下。看来很多同学都能从这首诗里读出爱情故事来。好，请放下，这确实是很多读者的理解。

师：诗呢，一般都会有隐喻；有隐喻，它的背后就会藏着一个故事。现在请同学们展开想象，这背后是一个什么样的爱情故事，然后用自己的语言把这样一个故事描述一下。"你站在桥上看风景，看风景的人在楼上看你。明月装饰了你的窗子，你装饰了别人的梦。"这是个什么样的爱情故事呢？不长，但是很美，对吧？有同学不自觉地在点头，那你来描述一下这个故事。

生：我觉得这应该是年轻人比较甜美的一段爱情故事，因为年轻人的爱意展现得比较多一点……

师：我要打断你了，大家觉得他说到现在像故事吗？是不是故事？什么叫故事你知道吗？

生：我知道。

师：不要分析，你就讲故事，紧扣着诗歌去想象它隐藏了一个什么样的故事。

生：一个小女孩在桥上游玩，然后她的男朋友在……

师：已经是她男朋友了？有点快了吧？

生：暗恋她的人在他的家中看着她在桥上，心中很美好。

师：看到这个小女孩，是吧？

生：对。

师：好的，请坐。这位同学第一个尝试着来讲述这首小诗背后的故事，能讲成这样很不错了。好的，还有哪位同学？这位同学举手了，你说说这个爱情故事吧。

生：首先就是女孩子在桥上看着天上的烟花，然后暗恋她的男孩子躲在某个不知名的楼上，默默地看着女孩子看烟花的背影，然后夜色已深，女孩子和男孩子都进入了各自的梦乡。男孩子的梦乡里出现了女孩子的身影。

师：好的，这样故事就丰富多了。你怎么肯定她就是在看烟花呢？

生：联想的。

师：你的想象，主要是受到前面同学的影响，是吧？他刚才说了巷子里看烟花的情景。这位女同学，你也讲讲这个故事。

生：有可能就是一个失恋的女孩，希望通过看风景来疗愈情伤。然后有一个不认识的男孩就正好也在看风景，看到了这个女孩的背影，然后就对她产生了喜欢。

师：产生了喜欢，然后呢？后面还有一节，到了夜晚，梦里都是……

生：梦里有她的身影。

师：这又是一个版本。你怎么想到站在桥上的这个女孩子失恋了？

生：因为她在看风景。

师：看风景就失恋了？我们也经常看风景的，是吧？好，请坐。大家的想象力非常丰富。好的，可能很多同学还有不同版本的爱情故事。

师：刚才几位同学讲的故事中这个"你"都是一个女孩。认为这个"你"是女孩的举手给我看看，更多的同学认为是女孩。好的，我们请一位同学说说，根据什么来判断她是女孩。

生：首先我觉得她一个人站在桥上看风景，这件事情可能是比较浪漫的、优雅的一件事情，我就觉得更符合女孩子的心理。然后后面又写"明月装饰了你的窗子"，那我觉得"装饰"这个词更适合用于女孩子。

师：这位同学说得挺好的。先从生活情景去看，像这样陶醉在桥上看风景的人，女孩子可能性更大。另外从作者的用词来看，后面的"装饰"好像更切合女孩子的身份。其他同学认为是女孩子的有没有补充理由？怎么看出是个女孩子呢？这位同学好像不太同意，你认为是个男孩？

生：对，我认为是男孩。

师：从哪里看出是男孩呢？

生：就是我觉得这个作者的名字像是女生的名字。

师：作者像是个女生，所以她看见这个人，是吧？

生：对，可能是作者她自己的爱情故事。

师：非常好，请坐，这是一个非常有意思的角度。首先，我非常赞同我们大部分同学的这样一种诗歌阅读理解的敏感。这个"你"理解成女孩，从整个诗的意境、感受来说更有道理，简单说更美，对吧？女孩站在桥上看风景。而且那位同学讲得非常有道理，从诗歌的意象来看、用词来看，这个"你"就是很唯美的。"楼"，你们读古诗多一点就知道，古诗里经常写到楼，楼上的主角大多数是女性，对吧？就是古诗写楼和明月的时候，几乎没有写男人的。这就是读诗的修养，非常好。

但是我们刚才讲到我们今天学的这首短诗是现代诗,对于现代诗意象的理解,往往具有多元性。什么是多元性呢?就是不一定是固定的,就是不确定。简单来说,她可以理解成女的,也不妨碍他理解成男的。如果我们把整个故事理解成一个男孩在那边看,有一个女孩在后面爱慕着这个男孩,这在生活里有没有可能?

生:有。

师:也有可能。你看,现代诗理解的空间就特别大。但是这位男同学的表达我觉得非常有意义,他觉得从作者去看,对的,读诗肯定要从作者去看的。我们都知道读诗要知人论世,根据作者去理解这首诗。但是他说这个作者是女的,其他同学知道卞之琳是男的还是女的?(学生没有反应)看来不知道,的确很多人把卞之琳当作女的,其实他是和你一样的性别,知道吗?

(生齐笑。)

师:但是这位同学的话又很有道理,这首诗里就有作者爱情的故事作为背景。他爱上了当时我们苏州非常著名的,也是民国时期非常著名的才女。他们的故事有很多纠结,一直延续到他们80岁的时候。有兴趣的同学可以自己去看一看。

师:刚才我们把它作为一首爱情诗作了解读,黄老师告诉你们,这首诗的确是作者爱情经历中的一次表白。但是当有人问作者,这是不是爱情诗的时候,作者不予回答。大家想一想,他是什么意思呢?你认为作者这个不予回答对我们的解读有什么样的帮助?

生:我觉得作者可能是说每个人都有各自的看法。

师:就是这首诗可以有各种不同的理解,对吧?那么他告诉我们能不能理解成爱情诗呢?

生:可以。

师:但是不是一定理解成爱情诗呢?

生:也不一定。

师:请坐,确实如此。因为作者卞之琳,非常冷静,非常理性。他追的那个女孩,北大的才女,活泼开朗、热情洋溢。但作者一直强调他从来不把自己的私人生活通过诗歌来表达。所以,这首诗有爱情故事,有爱情的背景,理解成爱情诗是可以的。但是正如我们刚才那位同学讲的,也可以跳出爱情诗,各人有各人不同的理解，对不对？

师：现在我想告诉同学们，诗歌里有一个类型叫哲理诗，原来有人把它称为智性诗。所谓智性诗就是哲理诗，就是我们刚才那位同学讲的，面对同一首诗，各人有各人不同的理解，每个人都可以从诗歌里读出自己的生活理解、生活智慧。那现在请同学们跳出爱情故事，看看能从这首诗里读出什么样的哲理。好，这位同学说说。

生：万物之间都是互相联系的。

师：万物之间都是互相联系的，非常好，这是马克思主义的基本观点，特别强调万事万物都是有联系的。其他同学呢？我们贴近这个诗歌说说自己的理解。

生：我觉得你不必一直去仰慕别人，一直去羡慕别人，因为在你羡慕别人的同时，可能你也是别人羡慕的对象，也就是说，每个人都有自己的价值，都要找到自己的闪光点。

师：我觉得这位同学的发言隐含了一句富有哲理的话——当你羡慕别人的时候，其实也有人在羡慕你。好的。我们这位女同学举手了，你是什么样的一种解读？

生：当你孤独的时候，总会有一个人默默地关注你。

师：你看她也跳出了爱情故事，有道理。黄老师让同学们以前写过一篇作文，我自己也写过这样一篇文章，叫《身后的目光》。好的，同学们刚才都从诗中读出了自己的理解，我觉得非常好。但是我们仍然要强调，读诗要从诗歌出发，怎么从诗歌出发呢？当然从诗歌的意象出发。现在大家看看这首诗的主要意象是什么？

生：风景，明月。

师：还有呢？

生：窗子。

师：还有窗子，有没有同学能发现其他同学没发现的意象呢？

生：梦。

师：还有梦，这里的梦也是诗歌的意象，其他同学还有补充吗？

生：桥。

师：还有桥，还有吗？

生：楼。

师：还有同学发现了楼，已经圈过了。有没有新的意象呢？

生：你。

师：你。首先我们来看看诗歌里有几个"你"？

生：四个。

师：四个"你"。你们觉得这首诗里的"你"是不是意象呢？

生：是。

师：是的。为什么说诗歌里的"你"也是意象呢？好的，这位同学说说。

生：因为它的第一个"你"在看风景；第二个"你"就是对于我来说，可能你就是我的风景；第三个"你"是跟明月相关；第四个"你"的话，可能对我来说你就是我的明月。所以这个"你"可能对我来说，是明月也是风景。

师：请坐。我觉得这位同学非常会读诗，对诗歌的理解非常细腻，也非常独到。她告诉我们这首诗中的四个"你"内涵不同。"你站在桥上看风景""你装饰了别人的窗子"，这两个"你"，是审美的主体，也是诗中的形象。但同时那位同学告诉我们，后面的两个"你"，其实已经是别人眼中的风景。第四个"你"已经是别人眼中的明月，我觉得这位同学的理解非常细腻。

大家再想一想，从哲理的角度讲，对这首诗、对生活有没有新的思考？——这位同学你是举手接着说吗？

生：我和那个看风景的人因为"风景"联系到一起，后两句我和那个人因为"装饰"这两个字联系在了一起，所有事物之间都是互相依存的。

师：非常有道理。你是我的风景，我是你的风景，我们是彼此的风景。其他同学能就这首诗的意象去发现生活的哲理吗？

生：我想说的是，生活中的美是无处不在的，而你我却又是组成这美的一部分。

师：非常好。当你去追寻美的时候，你自己就是美的一部分。有没有同学从中还能看到其他哲理？大家想想，这首诗的意象除了"桥""风景""明月""窗子""梦""你"，还有别的意象吗？

生："别人""看风景的人"。

师：其实也可以看作是"你"。大家想一想，一个人在看风景，有人在看这看风景的人，会不会还有人在看"看这看风景的人"呢？

生：可能会。

师：我觉得一定会。有位同学一开始就说，这首诗写的是一种看和被看的关系。我觉得很有哲理。而这种看和被看并不是一种对称的、单向的关系，而是一种复杂的多向关系。大家还记得我的那首短诗吗？"月色阑珊，我从你的窗前走过，你梦中的人或许是我，或许并不是我。"大家可以把"看"这个动词换成不同的动词吗？

生：装饰和被装饰。

生：爱和被爱。

师：你爱别人的时候，其实你也是被爱的。这位同学换了个"爱"，其他同学能换吗？

生：学与被学。

师：从学习的角度讲。你呢？

生：思念与被思念。

师：对，当你思念别人的时候，也被人思念。有一句名言，当你仰视别人的同时，别人也在仰视你。当你同情别人的时候，你也会被别人同情。当你欣赏别人的时候，你也被别人欣赏。当你羡慕别人的时候，你也在被别人羡慕。我觉得看与被看中间有着非常丰富的内涵，有着非常丰富的哲理。

好的，刚才我们从《断章》里读出了爱情之外的很多哲理。其实这个单元的其他诗篇里，也能读出许多哲理。大家看一下，你能从哪首诗中读到生活的哲理呢？这位同学有什么发现？

生：《风雨吟》里最后一句，"我有年轻舵手的心，在大地风雨的海上"。

师：从中发现了什么样的哲理呢？

生：就是"年轻舵手的心"可能是比较有激情的，然后"大地风雨的海上"可能就是，我认为是社会吧。

师：哲理就是用概括的话表达一种生活的道理。你从这句诗里能概括出一个什么样的生活道理呢？

生：就是要时刻保持……

师：就是不管生活的风雨多么猛烈，我们都应该保持一颗——

生：一颗对生活充满希望，永葆青春的心。

师：这里有个舵手，这个舵手告诉我们，不管大海上的风雨多么猛烈，我们都应该把握好人生的方向。是这个意思吧？

生：对。

师：挺好的。其他同学呢？

生：我和他看出的不一样，我是觉得诗人的青春已经逝去了，我觉得他想说，虽然容颜老了，但是我们的心是不会变老的。

师：你从哪里看出他年老了呢？

生：我有年轻舵手的心。

生：（小声）他1912年出生。

师：对呀，这位同学说了，他什么时候出生？

生：1912年。

师：这位同学读注释很细，非常好。"我有年轻舵手的心"，我们既可以从写作者实际的年龄解读，也可以跳出这样的年龄限制去读，不管什么时候，不管生活的风雨怎么样，不管生活的大海怎么样，我们都应该有一颗年轻的心，把握生命的舵，把握生命的航向。来，这位同学很主动，说说吧。

生：我想说的是第一首诗《月夜》，首先它的前两行为我们营造出一种比较萧瑟、寒冷的氛围和环境。但是我们看后面两行，"我和一株顶高的树并排立着"，这里的"顶高"可以看出这棵树的高大和挺立，但是相对来说"我"是如此弱小。所以正常来说应该是弱小去依附高大的事物，但是最后一行却是"我"并没有靠着它，就是弱小并没有依附着强大的东西，这里可以看出"我"的一种独立的形象，然后我悟出来的哲理是：尽管生活中有很多艰苦，但是我们都应该坚强独立。有的时候我们只能依靠自己，不能借助外力。

师：非常好，还可以更概括一点。这位女同学说说，你从哪首诗里读出哲理来了？

生：最后一首《统一》，"繁多是个谎言"，就是说这世间所有的东西都是统一的，就像人一样，人都是平等而且凝聚在一起的。

师：这位同学眼光蛮独到的，现在基本每首诗中大家都读出了哲理。非常好。但有一首诗大家好像都没有注意到。

生：（齐）《萧红墓畔口占》。

师：这首诗里就没有哲理吗？

生：（齐）有。

师：我觉得这是和《断章》最为接近的一种哲理。《断章》说的是看和被看，这里说的是？

生：听和被听。

师：是的。非常好。从某种意义上说，诗都是含有哲理的。但从诗的分类来看，有些诗是哲理诗，有些不是哲理诗。大家想想，如果这单元的五首诗中除了《断章》，另外再选一首哲理诗，你们觉得哪一首可以入选？

生：（齐）《统一》。

师：对，从标题就可以看出来，一般诗的标题往往是形象的意象，"树"或者是"明月"，但"统一"本身就是高度概括的、理性的、富有理性的词。这首诗的哪一个句子最有哲理？

生：（齐）繁多是个谎言。

师："繁多是个谎言"，告诉我们世界的本质都是统一的，同是世界的本质，异是世界的表相。每个人都有每个人的风采，但人和人本质上又是一样的。好的，现在给大家一个任务。这篇课文的标题是"短诗五首"，如果另外想个题目，你们想起个什么题目呢？

生：悟哲感情。

师：挺好，这是他自己想的。如果用比较取巧的办法，就是从一首诗里提取一个句子，或者就用其中某一首诗的题目。如果从五首诗里提取一个句子作为我们这个单元的标题，你们觉得可以用哪一个诗句？

生：（齐）统一。

师："统一"，可以吧？可以的。这是诗的题目，用诗里的一句诗呢？

生：（齐）繁多是个谎言。

师：我觉得很好。除"统一"，除了"繁多是个谎言"，还有哪一句诗也可以？

生：你装饰了别人的梦。

师："你装饰了别人的梦"，我觉得也不错，用"断章"行不行？

生：行。

师：对呀，这是古人经常用的办法，编一个散文集，题目就是中间最有代表性的一个题目，像莫泊桑的小说集《羊脂球》，就是把代表作《羊脂球》作为这本书的主标题。除了用"统一"以外，用"断章"也行，大家知道什么叫"断章"吗？

生：长诗中的选段。

师：是的，卞之琳写了一首长诗，看看只有中间几行满意，所以从中间把它截取出来叫"断章"，"断章"就相当于我们古诗中的绝句，什么叫绝句？律诗八行，任意选四行叫绝句，头尾、中间的都可以，"断章"也这样。这五首诗用"断章"做题目，既概括了形式，告诉我们都是很短的诗，也很有寓意，又有哲理。

师：但最精彩的题目往往是从作品中找一些诗句适当地加工一下。如果给这五首诗取一个标题，可以用"断章"，可以用"统一"，可以用"繁多是个谎言"，可以用"你装饰了别人的梦"，能不能抓住一些诗句加工一个标题呢？

生：我想把"你装饰了别人的梦"改一下，改成：诗歌装饰了我们的梦。

师：挺好的。其他同学呢？这位同学——

生：你的风景，风景的你。

师：很有味道。真好。

生：我想的是"你装饰了别人的梦"，可以把"你"和"梦"稍微调换一下，"装饰梦的你"。

师：很简洁，很美。黄老师也想到一个标题，就是"看和被看"，是这样的吧？当你在看别人的时候，你也在被人看，当你看风景的时候，你也是别人眼中的风景。如果让你们选一个，你们会选哪一个呢？

生：（齐）看和被看。

师：如果我选一个，会选"你的风景，风景的你"。

师：今天我们一起欣赏了现代诗《断章》，同时把《短诗五首》的几首诗一起欣赏了。

下课。谢谢同学们，谢谢大家。

生：（齐）老师，再见。

师：同学们，再见。

在语言运用过程中实现思维的发展与提升

一、基于思维基本品质培养高阶思维能力

我们以为：直觉思维和逻辑思维应该是思维的基本品质，而辩证思维和创造性思维则是高阶思维，而"深刻性、敏捷性、灵活性、批判性和创造性等思维品质"则主要是高阶思维的品质特征。

开车首先要熟悉交通规则，遵守交通规则。发展学生思维，首先就是让学生思维清晰，思维要合乎逻辑规律；要把话说得有道理，表达要有逻辑。无论是直觉思维还是逻辑思维都有一定的规定性，都一定要合乎思维的规范。事实上，我们的学生在这方面是存在严重问题的。无厘头的联想，不知所云的想象，自己也不知所以的象征，毫无关联的因果，标准混乱的分类，常常在我们学生的表达中出现。书上的就是对的，教参就是对的，参考答案就是对的，作者就是对的，看到的就是对的，是很多学生的逻辑。因为我这样想，所以我这样想就是对的，也是不少同学的"因果"。我教学《阿房宫赋》，重写了一个段落替换了文章的最后一段，让同学们讨论哪一个结尾好。学生几乎异口同声地说原文好。问他们是什么道理，他们的理由就是这是原来的结尾。我说古人的文章也不一定就好啊，他们反问我：原文不好还会选进教材吗？你写得好为什么不用你的文章做教材呢？大家很容易发现这里面逻辑上有不止一个问题：选进教材的文章就没有问题吗？没有选进教材的文章就都不好吗？教学《白雪歌送武判官归京》，我让同学们选一句自己能读出画面的诗句进行描述。他们不愿意描述，我说，我来描述，他们评点。"愁云惨淡万里凝"，我的描述是：灰色的、沉重的云在空中翻

滚，让人心生愁绪。让他们评点，都说好。问他们为什么好，理由就是这是老师描述的。这些问题的答案都可以讨论，但同学们的逻辑肯定是有问题的，因果是不能成立的。教学郑振铎的《猫》，我问：小说中写了好几个人，哪一个人在小说中最重要呢？不少同学的回答是"我"。问他们为什么，他们的回答是：因为他是家里的主人。应该说答案并不错，可是家里的主人就一定是小说的主要人物吗？这个因果显然也是不成立的。很多时候，其实对问题理解的答案和表达不是很重要，而思考问题的方式和表达的方式才最重要。我在某大学担任硕士生导师，审读学生的论文，发现逻辑混乱的情况十分严重。这主要不是大学的问题，而是中学的问题。现在有些高中生的发言和文章，夸夸其谈，语出惊人，但逻辑混乱、强词夺理、不知所云。

所以说，有思考、会思考，能按照思维的基本规律思考，是批判思维和创新思维的基础；让学生能够按照思维规律思考问题和表达思想是思维发展和提升的最迫切的问题。

二、基于聚合思维培养发散思维能力

在语文学习过程中，通过语言运用达成思维的发展与提升，一个最基本的任务是在聚合思维的基础上培养学生发散思维的能力。

毫无疑问，多元思维能力，对于学生高阶思维能力的培养是非常重要的。只有能够从不同角度思维，才可能具有辩证思维的品质；只有具备了辩证思维的品质，才有可能进行批判思维。我们强调思维发展和提升要加强思维逻辑性和规范性训练，绝不是主张一个问题一个答案的简单一元化思维。所以，我们在阅读教学和写作教学中常常致力于学生思维的打开。比如教学《孔乙己》，我让同学们选择一个角度比较孔乙己和我的不同点：脸色，身材，手，说话……这就是培养学生多角度的直觉思维；教学《背影》，让学生说说自己感动的句子；教学《百合花》，让学生交流自己觉得写得优美的句子，都是如此。而在议论文写作的教学中，则更多的是训练学生的逻辑思维。比如我执教"议论性材料的审题和立意"，出示材料"如果一个人走可以走得快但不可以走得远，只有一群人才可以走得更远"，并让学生选择是一个人走还是一群人之后，让他们为自己的选择寻找理由，以充分说明一个人走或一群人走的好处，然后再寻找理由否定不同观点。目的就是打开学生的思路，让学生能从不同的角度去认识同一个问题。

但是，强调发散思维能力的培养，必须以聚合思维为基础、为前提。发散思维必须围绕同一个核心问题展开，那种没有问题焦点、没有思维原点的发散思维是毫无价值的。因此，我们在强调发散思维能力培养的同时，特别强调聚合思维能力的培养。但我们常常在一些课堂上发现老师指向不明的要求、没有思维含量的提问，以及学生脱离中心、不知所云、不合逻辑的回答。有时候所谓的讨论和辩论双方说的并不是一回事。一位老师教学《师说》，一位同学质疑韩愈"古之学者必有师"这一观点，并且列举苏秦、鲁班等古人的例子进行论证，得到了部分同学的支持，但另一部分同学则不同意他的观点。于是老师就放弃原来的教学计划，组织双方进行辩论。这个教学案例得到不少专家好评。但只要把课文好好读懂，就会发现这位同学的"师"和韩愈之"古之学者必有师"的"师"、"三人行必有我师"的"师"不是一个概念。明确了这一点，就知道这样的讨论，不仅伤害了对文本的阅读和理解，而且对学生的思维培养有着很严重的破坏。学生不懂俄语，教师也不懂俄语，却在那里讨论不同译文优劣的做法也是如此。宁鸿彬先生可以说是在语文学习中通过语言运用促进学生思维发展和提升的大家。在这方面，他为我们积累了许多极为成功的教学案例。他教学《皇帝的新装》，其中有一个环节是让同学们用一个字概括这篇童话的故事情节，同学们经过一番思考之后，分别用蠢、骗、伪、假、傻、装、新、心八个字概括这篇课文。那么，这八个字哪个是正确的呢？或者说哪一个更好呢？宁老师先教同学们使用"排除法"，把不切题的答案排除掉，也就是找出并不是概括"故事情节"的字，否定了蠢、伪、假、傻四个字；再教同学们使用"检验法"把适用于文中所有人物的字留下，又去掉了"新"和"装"，只剩下"骗"和"心"这两个字；接着使用"比较法"进行筛选,看哪个字更准确;最后明确在这个故事中,所有的人物都和"骗"字有关系。我一直把这个片段作为基于聚合思维培养学生发散思维能力的经典案例。在这个教学片段中,学生在读在思考,在理解在概括,有方法有过程,同时又在接受严格的思维训练。先是打开学生思维,然后将学生的思维聚焦。有放有收,放得开,收得拢,紧紧扣住"概括故事情节"这个焦点问题和核心话题。放不开,学生的思维就单一僵化;收不拢,学生的思维就无序混乱。

三、基于思维的独立性培养创造性思维能力

陈寅恪先生在王国维的墓碑上写道:独立之精神,自由之思想。这是对观堂先生的高度评价,也是对后来人的期许。我们经常说,有思考,有想法,是一切思维能力培养的起点。有思考,有想法,就是思维的独立性。思维的独立性,是思维的批判性和创造性的基础。没有思考,没有想法,思维的发展和提升便是一句空话。所谓创造性思维,最基本的特征,就是要有自己的想法。因此,我们要努力给学生提供创意诞生的空间和放飞思想的机会。教学《孔乙己》,我安排了两次写"手"的活动:一是每个同学在文本中找一处可以写手的语境写手,大家交流分享;二是全班同学一起合作写孔乙己死的场景:死在什么季节,死在什么地方,死的时候两个手里会抓着什么,手会是什么样的。教学《装在套子里的人》,一个很重要的活动是大家进行情节的重新设计:如果别里科夫在华连卡的笑声中从楼梯上滚下来没有死,接下来的情节会是什么样的呢?会结婚吗?是怎么结婚的呢?不结婚又会怎么样?性格有改变吗?从常情看别里科夫从楼梯上滚下来会死吗?是摔死的吗?死因到底是什么呢?如果说一般不会死,作者为什么要安排他死呢?我想,这样的教学活动是在培养学生创造性的直觉思维,也是在培养他们创造性的逻辑思维。

写作教学更是如此。在"议论性材料的审题和立意"的教学中,我们先是让学生选择是一个人走还是一群人走,然后为自己的选择找理由,并寻找理由否定

对方的观点，再对自己的观点进行反思，找理由否定自己的观点；接着引导同学走出"一个人走"和"一群人走"简单的二元对立，并逐层分析两者之间的辩证关系；最后引导大家从材料这句话中发现新的矛盾关系和它隐含的错误判断。整节课是在和同学们一起讨论"议论性材料的审题和立意"的问题，同时也在引导大家不断质疑，不断发现问题，不断提出新的观点。

毫无疑问，深刻性是高阶思维最基本也最重要的特点，也是创造性思维的一个主要特征。真正有创造性的思维，不仅仅是敢想，而且要想得深刻。因此，我们还要训练学生的"想"如何更有质量，问题的思考如何站得更高、想得更深。

无论是高中教学还是初中教学，无论是阅读教学还是写作教学，我们都努力在语文学习中通过语言运用活动进行有质量的思维训练，让学生的思考不断深入，逐渐具有深刻性的思维品质。教学《孔乙己》，在"手"的品析中，我们先是让学生自由选择一个写手的动词品读人物的性格，然后引导他们找两个互相照应的动词，既要品读出人物的性格，还要品读出人物的命运，大家再一起品读一个最能看出性格和命运的动词；通过写碑文让同学们理解小说主题，在大家理解了"科举制度害人""社会冷漠"之后，我们组织同学们讨论孔乙己的悲剧他本人有没有责任，有什么样的责任。教学《黔之驴》，我们在引领同学们读了"驴"的悲剧故事之后，又引领大家读了虎的故事，最后又引领大家思考了"好事者"的故事。教学《出师表》，我们读了作者和刘禅之间的君臣关系，还读了他们的师生关系和父子关系，读了诸葛亮对汉室的忠心耿耿，还读了刘禅的蠢笨无能。在这一个个案例中，我们在一步步引领学生的思维不断走向深刻。

在议论文写作中，我们要更加注重思维的独立性和深刻性的训练。在高三作文教学中，有一节课就是训练学生如何借助名人名言不断深化自己的思想，实现语言品质提升与思维深刻性和独创性培养的同步。其中有两个最主要的环节，就是借助格言名言和事件提炼自己的"格言和名言"。比如，《论语》中说："己所不欲，勿施于人。"我先让同学们说说对这句话的理解，然后讨论：自己不需要的不要强加给别人，那么自己需要的就可以强加给别人吗？请同学们模仿原句表达自己的观点。有同学很快就可以提炼出"己之所欲，勿施于人"。接着，我让大家再转换角度进行思考，结果提炼出"人所勿欲，勿施于人""人之所欲，勿施于人"等一组格言名句。再比如"爱拼才会赢"是同学们都熟悉的一句话，也是同学们经常用来作为观点的句子。我说：这句话是对的，用它来励志当然也很好，但人云亦云则缺少思维的独创性，对问题的认识也缺少深刻性。经过讨论，同学们便提出来"爱赢才会拼""爱拼不为赢""不赢也要拼"等一连串的格言名句，同时也提出了一连串具有一定独创性、深刻性的观点，甚至有人提出了"不拼也能赢"的观点。我知道学生提出的观点未必完全正确，但我们必须承认这样的训练对于培养思维的独创性和深刻性是非常有意义的。

第 04 节

> 教学实录

《蒹葭》

师：同学们，今天我们一起学习《诗经》里的一首诗。《诗经》里面的诗大多是四言诗，所以我们读的时候要把四言诗的特点读出来。现在请同学们一起读一读，把四言诗的节奏好好地读出来。

（生齐读。）

师：四言诗的两两节奏读得还是不错的。要把诗读得更有韵味，押韵的那个字可以读得更饱满一点，这样可以把一首诗的回环的节奏体现得比较好。我们再重读一次，注意押韵的字再读得饱满一点，音发得到位一点，亮一点。

（生再读，押韵的字朗读有变化。）

师：这一遍读得蛮好，而且有几个字音比较偏比较难，我们班同学读得比较准，比我读得还好。我相信我们班同学有很多喜欢听流行歌曲，唱流行歌曲的。其实有很多流行歌曲，它的意蕴、主要形象都来自古诗。如果我们善于借用这样一些流行歌曲去读古人的诗，非常有利于提高我们对古诗的欣赏能力。那么读了《蒹葭》之后，有没有同学想到你听过的一首歌？

生：《在水一方》。

师：知道《在水一方》是谁创作的吗？

生：邓丽君。

师：是邓丽君唱的，知道吧？原创不是邓丽君，是台湾一个非常著名的女作家，言情小说写得特别好，我们当年看得非常入迷。你们有没有看过琼瑶的言情小说？她写过很多令少男少女们痴迷的爱情小说。琼瑶的古代文化修养非常好，她根据《蒹葭》这首古诗写了一首新诗，叫《在水一方》。《在水一方》有两个人唱过，一个就是这位同学说的邓丽君唱的，还有一个是男歌星唱的，这个人唱歌头部一般是45度仰望（师做动作）。

生：费玉清。

师：对的。他们两个人唱的《在水一方》还是稍有不同，黄老师选择的是邓丽君的版本。

（PPT出示《在水一方》歌词。）

在水一方
琼　瑶

绿草苍苍	白雾茫茫	有位佳人	在水一方
我愿逆流而上	依偎在她身旁	无奈前有险滩	道路又远又长
我愿顺流而下	找寻她的方向	却见依稀仿佛	她在水的中央
绿草萋萋	白雾迷离	有位佳人	靠水而居
我愿逆流而上	与她轻言细语	无奈前有险滩	道路曲折无已
我愿顺流而下	找寻她的踪迹	却见仿佛依稀	她在水中伫立

师：这就是琼瑶根据《蒹葭》改写的《在水一方》。大家通过这样两首诗的比较朗读，就知道读古诗应该怎么读，读新诗应该怎么读。我们刚才讲的读古诗，尤其是《诗经》里面的诗，一般是几个字？

生：四个字。

师：当然也有五个字的，以四个字为主，两两就是"蒹葭——苍苍，在水——一方"。新诗一般句式变化就更多，哪位同学来把新诗读一读？就是你，好吧？听这位同学读一下琼瑶版的《在水一方》。

（生读《在水一方》。）

师：好，请坐。这位同学读得不错，对琼瑶要表达的情绪感受得蛮好的。下面黄老师再读一遍，你们完成一个任务：你由这首新诗想到《蒹葭》里哪些相关的词句，哪些相关的意象？想得越多的同学，说明你的古诗修养就越好。（师读）

师：黄老师读了一遍，有没有同学由这首诗想到了《蒹葭》里有关的诗句和意象？这位同学想到了，但是他刚刚读了课文，不让他发言，我就喜欢找不举手的，（指一生）你有没有想到？

生：蒹葭苍苍，白露为霜。所谓伊人，在水一方。溯洄——

师：我没有叫你读课文，你说说自己由PPT上的哪些内容（指PPT呈现的新诗）想到了课文里的哪些内容、哪些具体的意象。有没有想到？

（生翻译诗句。）

师：我也没有叫你翻译诗句，我就叫你找具体的对应关系，能不能完成这个任务？

（生摇头。）

师：没关系，请坐。我知道你心里有点儿感觉，但还不够明确，对吧？下面黄老师帮帮你。我们从这首新诗中抽取了几个非常关键的句子，大家能不能从课文里找到所对应的内容和句子？

（出示PPT。）

> 逆流而上——
> 道路曲折不已——
> 绿草萋萋——
> 白雾迷离——
> 靠水而居——

生："逆流而上"就是《蒹葭》中的"溯洄从之"。

师：你看，这个就是对应，知道了吧？其他有没有？

生：还有"道路曲折不已"就是"道阻且跻"。

师：你看，"道阻且跻"。同学们能说得出来"道阻"的"阻"是什么意思吗？

生：艰辛。

师:"且跻"呢?

生:高、陡。

师:其实也是险的表现。好,这位同学你继续带着他们学习,你在书中还有新的发现吗?

生:"绿草萋萋"就是"蒹葭萋萋"。

师:非常好,还有没有?

生:还有"白雾迷离"对应"白露未晞"。

师:大家来说说"白露未晞"的"晞"是什么意思?

生:干。

师:它这里更强调白雾迷离,在空中飘忽,对吧?好的,你肯定还有很多发现,但我请你先坐下。其他同学也说说你们的发现吧?"逆流而上"是不是就对应我们课文"溯洄从之"这一个句子?还对应哪个句子?

生:很多。

师:那你说一个看看?

生:"溯游从之"。

师:嗯,不错。还有同学有发现吗?

生:"靠水而居"对应"在水之涘"。

师:"在水之涘"这个"涘"是什么意思?

生:水边。

师:水边,非常好。学习既要有感受性的表达,更重要的是要落实,对吧?落到实处才能够提高。其实这些新诗中的句子、意象在我们的课文《蒹葭》里,有很多句子对应。

(出示 PPT。)

逆流而上——溯洄从之　溯游从之

绿草萋萋——蒹葭苍苍　蒹葭萋萋　蒹葭采采

白雾迷离——白露为霜　白露未晞　白露未已

道路曲折不已——道阻且长　道阻且跻　道阻且右

靠水而居——在水一方　　在水之湄　　在水之涘

　　她在水中伫立——宛在水中央　　宛在水中坻　　宛在水中沚

师：比如"绿草萋萋"，我们课文里对应三个句子，"白雾迷离"也对应三个句子，"道路曲折不已"也有三个句子。大家应该能够感受到我们诗歌的特点。现在我们从整体上来把握一下，古诗《蒹葭》用这么多句子去写同一首新诗中的意象，你觉得有什么好处？比如，"靠水而居"，他说"在水一方、在水之湄、在水之涘"，用三个相似的但是又不同的句子来表达同一层意思，这样的表达有什么好处？哪位同学能说说自己的感受吗？

生：这样写既可以升华感情，又表达了作者的艰辛。

师：他分析的两点非常好，通过这样一些相似句式的变化，可以把感情表达得更真切，更丰富，甚至更复杂。比如说这个句子"她在水中伫立"，《蒹葭》对应的是"宛在水中央、宛在水中坻、宛在水中沚"，这样一种变化，我想到，先在那个地方，然后再那个地方，又跑那个地方……

师：我希望更多的同学参与到学习中来。其他同学能不能说点感受，这样一种地点的变化有什么好处？

生：我觉得他喜欢的女子"可遇而不可即"。

师：非常好。这是我们这首诗中的"伊人"的一个很重要的特点。我补充一句，不仅表现了"可遇而不可即"，还表现了"可求而不可得"。有很多美好的东西，可遇不可求，可求不可得。《蒹葭》通过一些相似句子的变化和反复，把情感表现得更真切、更丰满、更丰富、更复杂；另外通过这样一些地点的变化，把"所谓伊人"到底在哪里写得更扑朔迷离，难以捉摸，就是可遇不可即，可求而不可得。学《蒹葭》首先就要懂得这个道理。

师：刚才我们从意象和情感的表现上，发现《在水一方》跟古诗《蒹葭》不一样。《蒹葭》表现得更丰富，情感更饱满，核心的形象、主体意象特征更鲜明。当然，这首诗可学的东西很多，比如说它的结构，你们有没有记住刚才呈现的琼瑶的《在水一方》是什么样的结构？

（学生没有反应。）

师：黄老师读诗常常喜欢改写，来表达我的理解。我们再来看看黄老师的《在水一方》。大家看看和琼瑶的版本结构有什么不同。

（PPT 出示教师改写的《在水一方》，师读。）

在水一方

绿草苍苍	白雾茫茫	有位佳人	在水一方
我愿逆流而上	依偎在她身旁	无奈前有险滩	道路又远又长
我愿顺流而下	找寻她的方向	却见依稀仿佛	她在水的中央
我愿逆流而上	与她轻言细语	无奈前有险滩	道路曲折无已
我愿顺流而下	找寻她的踪迹	却见仿佛依稀	她在水中伫立
绿草萋萋	白雾迷离	有位佳人	靠水而居

师：大家先比较一下，我跟琼瑶诗的结构有什么不一样？（指一生）你说说看，不一样在哪里？

（生躲开。）

师：躲什么？人一躲，机会就躲掉了，好运就躲掉了。

（生起立。）

师：（提示）琼瑶的诗歌是两段相似的，这叫什么结构？

生：并列。

师：黄老师改写以后中间是相似的两节，首尾是相似的。这是什么结构？

生：首尾呼应。

师：是的，首尾呼应是艺术手法。从结构上来讲，开头和结尾差不多，中间两节也差不多，是什么结构？

生：是总—分—总结构。

师：同学们觉得黄老师的总—分—总跟她的两段并列，你们更喜欢哪种结构？

生：喜欢黄老师的。

师：为什么你会更喜欢黄老师的？

（学生没有反应，师读。）

师：用这样四句结尾，读起来会有一种什么样的感觉呢？说不出来，是吧？是黄老师没有读好。用这样的四个句子结尾，读起来会更有余味。当然，总分也有好处，并列也有好处，可是我们的课文都没有用我们这两种结构，课文用了什么结构？

生：重章叠唱。

师：你怎么知道的？

生：书上写的。

师：看来大家已经看过"导读"了，对吧？非常好。这叫重章叠唱。就是把相似的段落反复地出现，一般是三次。我们今天有很多新诗和流行歌曲还是用这样的结构和手法，对吗？那么三个段落是不是完全一样的？（生：不是）对，大家要特别注意，反复中一定有变化。同学们再把古诗读一读，体会这样一种反复中有变化的表达效果，好不好？

（生读。）

师：读得很好，非常美好，尤其是"水中坻、水中沚"，我觉得读得很到位。这次读的过程中大家有没有注意到，我们课文《蒹葭》采用重章叠唱的方式，这样有什么好处？

生：有音韵美。

师：还有呢？

生：渲染气氛，突出感情，深化主题。

师：这都是老师让你们背的，对吧？这是放诸四海而皆准的，所有题目都可以这么答。不错，但还不够具体。

生：重复的效果更有节奏感。

师：有节奏感，也就是前面说的音韵美。其他的还有吗？

生：更加突出他想要表达的那种效果。

师：好，那边的同学，你能不能说得更具体一点？

生：从"为霜、未晞、未已"可以看出时间的流逝。

师：你看，这个有道理有深度了，三句反复中可以看出时间的流逝。

生：还有"且长、且跻、且右"，路艰难迂曲。看到女神，很想接近却接近不了。

师：对，看到女神想追追不了，追不了追不追了？追不了还要追，很执着。这个女生总是追不到，说明这个女生有什么特点？

生：很难追。

师：不可捉摸。叫你不追还不能不追，你追又追不到，真正的女神都是这样的，一追就被人家追到的就不是女神，记住了吧？更重要的，追的那个人更难得，追不到他还执着地追，这就高了一个境界。有的人追就是为了得到，得不到就不追了。得不到还要追，追的目的不是为了得到，孩子们听懂了吗？

师：古诗欣赏最主要的还是要抓住核心的意象和形象来理解。《蒹葭》里的核心形象是什么？（生：伊人）琼瑶版和黄老师版，核心意象是什么？（生：佳人）

师：你们觉得用佳人好还是伊人好？先想一想这两个词有什么共同特点？你能用一个字概括一下佳人和伊人的共同特点吗？

生：美。

师：对。共同特点都是美的形象。你觉得佳人的美跟伊人的美，在感受上有什么不同？我们平时说佳人是什么人？女孩子觉得别人说你佳人好还是伊人好？

生：佳人一般指美女，才子佳人。

师：佳人多指美女。两个都美，都好，但是"伊人"更好。我希望同学们将来都要做伊人，不做佳人，为什么？"伊"是什么意思？《一件小事》里学过吗？里面经常有个"伊"，什么意思？

生："伊"就是"她"。

师：什么叫"她"？就是"那个人"。我们说"那个人"，就跟我们之间有一个空间。

生：有隔阂。

师：理解非常好，"隔阂"可以换一个词语，有距离。有一个空间距离，对不对？所以靠着你的这个人不是"伊人"，充其量是佳人，对不对？当然，格调更低的是美人。所以伊人有距离感，距离会让我们觉得她更加美。另外从文化上，它更有古代的文化韵味。这是两首诗我们要理解的核心形象，就是那样一个人——总在远处的她。读诗就是需要培养审美的语感。

师：大家发现了没有，琼瑶版和黄老师版里有一个意象，在《蒹葭》里没有出现。从某种意义上讲，它隐藏得更好。

生："我"。

师：有没有道理？琼瑶版的有没有"我"？（生：有）黄老师版的有没有"我"？（生：有）我们再看看课文里有没有"我"，我们一起来读读看。

（师生齐读。）

师：读过以后想想看，琼瑶版里有一个"我"，黄老师版里有一个"我"，《蒹葭》里有没有"我"？

生：没有。

师：再读一遍，好吧？

（生再读。）

师：《蒹葭》里有没有"我"？

生：有。

师：好，"我"出来了，是吧？从哪里看出"我"来的？

生：溯洄从之。

师：对，溯洄从之，溯游从之。溯洄什么意思？

生：逆流而上。

师：溯游呢？

生：顺流而下。

师：这也很有意思，写到向上游去找，找不到，后来写到向下游去找，也找不到。到上游找不到，是不是告诉我们道路艰难？为什么到上游找不到？因为"道阻且跻"，路又长又险，是不是这样的？

师：如果由于道路艰难找不到，那么到下游应该就找到了，对不对？诗人告诉我们在下游有没有找到？也没找到。这告诉我们伊人的迷离缥缈，也告诉我们她是可求而不可得。好的，回头来看，诗里一共有几个"从"字？

生：六个。

师："从"什么意思？（生：追）六次反复的"从"什么意思？六次反复追，告诉我们追得很艰难，还是不放弃，还是要追对不对？它的主语是谁？谁在追？

生："我"。

师：对呀，你们怎么一开始说这里没有发现"我"呢，这首诗读不出"我"来，这首诗你们只读了一半。《蒹葭》里也有"我"，琼瑶版里也有"我"，黄老师版里也有"我"，你觉得这么几个"我"是一样的吗？（生：一样）有没有人认为不一样？我就喜欢听不同的说法。

生：两个人不一样。

师：首先我跟琼瑶版的是一样的，对不对？我就把琼瑶版的这个顺序颠倒了一下，然后看看《蒹葭》里的"我"是不是一样。说说看为什么道理不一样。

生：因为不同的人写的肯定不一样。

师：请坐。不同人写的可以不一样，也可以一样，知道吧？我们要从诗的文本出发，从形象的特征出发。我们现在看我们刚才说到的六个"从"。六个"从"，到上游找不到，到下游去找，下游找不到，我还要到处找，这是《蒹葭》的形象，这就是伊人。那么这里的找，你们看看：我愿顺流而下，找寻她的方向；我愿逆流而上，与她轻言细语；我愿顺流而下，找寻她的踪迹。你看看我们《蒹葭》课文里能找到"轻言细语"吗？（生：找不到）我们课文里能找到"依偎在她身旁"吗？（生：找不到）

生：说明他似乎找到了。

师：最重要的不是他找不找得到，而是找的目的。《蒹葭》里一直说到最后，有没有靠在人家身边？（生：没有）有没有轻言细语？（生：没有）对，《蒹葭》中那种古典的情感告诉我们，真正的女神，真正的美的形象，总是在远处唤着我们去追寻。真正一个爱美的人，爱那个追寻对象的人，他追寻的过程就是他享受的过程，他追寻的目的就不是依偎在人家身边，更不是跟人家轻言细语。

最后请大家回答一个问题：你们刚才都觉得伊人比佳人更美，现在你们觉得"我"跟伊人谁更美？

生：（齐）"我"更美。

师：没想到大家意见这么统一。其实都很美，是两种不同的美。品位和境界都很高，一个缥缈迷离，可望而不可即，可求不可得；一个执着专一，追求不为获得。黄老师知道自己成不了前者，但可以努力成为后者。好了，不说了，下课了。谢谢同学们，谢谢各位老师！

以美启美:追求语文教学审美诸元的共生

比之于"思维发展与提升"和"文化传承与理解",甚至比之于"语言建构与运用",语文课似乎最不缺少"审美鉴赏与创造"。这一方面是因为语文课程太不缺少"美"了,几乎处处都是审美的资源;另一方面是,新课程改革之后似乎课课"美文",时时"美读",高技术、高颜值的 PPT 精彩纷呈。无论从教学资源的知识性层面,还是从教学过程的程序性层面看,语文课想要"不美"都不容易。虽然语文课看上去越来越"漂亮",但事实上真正有品质的语文课越来越少,真正落实"审美鉴赏与创造"这一核心素养的语文课越来越少,真正让学生喜欢、让学生有收获的语文课越来越少。

我们先分析一下当前语文教学"审美鉴赏与创造"这一核心素养培养存在的问题。

(1)重视分析,缺少感受。

审美的前提是要有充分的感受。可当前的语文教学仍然是热衷分析,这在前面谈"思维发展与提升"和"文化传承与理解"这两个核心素养时曾经说过。

热衷分析必然轻视感受。从理论上大家都知道语感的重要,但却很少有教师能够给予学生充分感受文本的时间,甚至常常是好好读一遍文本的时间都不能保证,更缺少对具体作品、具体内容、具体语言的体验。甚至有教师把学生根据自己感受得来的理解一概指斥为:你这是跟着感觉走。

(2)重视结论,过程无趣。

语文课现在"不好玩",是个非常普遍的现象。教师眼中只有答案和结论,而缺少学习过程,恨不得将这些答案和结论都直接塞进学生的脑子里去。教学过程结论化、程式化，尤其是高中的课堂教学，基本仍是以教师讲、学生听为主，缺少丰富、具体的学习活动，过程单调枯燥。学生觉得无趣，教师也觉得无趣。

（3）重视炫技，缺少"审美"。

不少语文课，看上去很注重美的熏陶，可细细一看并不是语文的"美"，而是炫耀自己的多媒体技术，依靠漂亮的PPT或者煽情、震撼的视频、声频营造气氛，渲染"美"的效果。技术不断升级，而基于语言文字的语文的审美体验和审美感受越来越少，语文课上审美欣赏和审美评价的活动也越来越少，当然更缺少审美的表现和审美创造。

（4）泛化美育，缺少"语文"。

有一批人非常热衷语文的美育，但他们热衷的却是泛化的"美育"，就是把那些通识美育的理论硬套进语文课程。他们的所谓"语文美育"，更多的是"美育"，而不是"语文"，更不是着眼于语文核心素养的语文审美。在这些泛化的语文美育中，看不见语文学科的特征和个性，更缺少语文学科的内涵。他们对语文课程缺少全面深入的理解，只是把那个叫"美育"的东西贴到语文课程上，而这个语文课程就是他们心中的语文，甚至是20世纪60年代的语文。

那么，什么才是语文学科的审美素养培养呢？语文课程标准对"审美鉴赏与创造"这一核心素养是这样描述的："审美鉴赏与创造是指学生在语文学习中，通过审美体验、评价等活动形成正确的审美意识、健康向上的审美情趣与鉴赏品位，并在此过程中逐步掌握表现美、创造美的方法。"我们以为，从"审美鉴赏与创造"这一素养培养目标的角度看，应该是这样几个层级：一是培养良好的审美意识和审美趣味；二是培养良好的审美欣赏能力和审美评价能力；三是培养良好的审美表达能力和审美创造能力。那么如何在语文教学和语文学习的过程中达成这一目标呢？

我们的思考和做法是：

（1）以语言文字的感受和品味为逻辑起点，在丰富的审美体验中培养审美感悟能力。

我们认为,中学生"审美鉴赏与创造"这一核心素养的培养,"鉴赏"能力的培养无疑是重点,而"鉴赏"则要求必须有丰富的审美体验和审美感悟能力。而文学鉴赏中的审美体验和感悟能力首先来自对语言文字的感受和品味。

有专家强调,语文学科的审美鉴赏与创造这一核心素养的培养,首要的是培养学生对祖国语言文字的审美体验,进而培养他们对祖国语言文字的热爱。这无疑是正确的和必需的。

汉字应该是世界上最具有审美意义的文字。每一个汉字的诞生都是一种审美的创造,每一个汉字也都是一个充满想象力的优美的审美对象,无不具有丰富的审美意味和审美价值。如"日""月""火""雨",如"鸟""马""牛""羊""车";而每一个字族又都是一组具有无限审美空间的集体,如"人""从""众","木""禾""本""末""休"等。不仅造字的过程与方法、字形,都充满了审美意味和想象空间,给人带来美的享受;而且字的读音也是如此,声调形成了朗朗上口的节奏美,丰富而有规律的韵文则形成了美妙的音乐美,极大地满足了人们各种情感的表达需要,而变化组合几乎没有限制的句式、句型及其组合,则极大地满足了表达主体及其风格的各种需要。这一系列特征,使得汉字具备了音乐艺术和绘画艺术的双重美学特征与价值。

但我们要强调的是,语文课程的审美鉴赏与创造更要重视的是,通过具体作品中具体语言文字的感受和品味来培养学生的审美体验和审美感悟能力。对一部作品的欣赏,都是从对作品的体验和感悟开始的,而对一部作品的体验和感悟,又多从对作品语言文字的感受和品味入手。所以,我们在语文教学中特别强调对作品语言的感受和品味。

教学《心田上的百合花开》,我们一个很重要的活动就是让学生说说觉得哪些句子很优美,能不能读出优美。教学《孔乙己》,我们一个很重要的活动是让学生比较孔乙己的形象和我的形象。教学汪曾祺的《葡萄月令》,我们一个很重要的活动,就是让学生阅读课文,凭感觉说说哪一个词语在文章中出现的次数最多，文章中有长句有短句，长句、短句哪个多。教学《装在套子里的人》，我们一个很重要的活动是让学生读课文，数一数别里科夫身上有多少个套子。教学《背影》，我们一个很重要的活动就是让学生说说哪些句子让他感动。教学《蜀道难》，我用几种不同的方式朗读开头几句，让学生体会比较怎样朗读更好。教学《谏太宗十思疏》，让学生比较我的朗读和一位名家的朗读，其实也是让学生感受语言特点的同时，感受文字背后的思想感情。而这些教学环节都安排在教学的起始阶段。在不加任何分析、不给学生任何结论的情况下，让学生自己去读，自己去感受，自己去品味。这样的过程就是审美体验积累的过程。

当然，高质量的审美体验还要对语言文字有更深入的感受和品味。这就要让学生走进文本、融进文本，这就要求教师能够通过具体的语言活动将学生带进文本。

教学《孔乙己》时，对"走"的品读，可以说是这方面的一个典型的例子。在学生自由品读了小说中写"手"的一系列句子之后，我引导学生一起关注"他从破衣袋里摸出四文大钱，放在我手里，见他满手是泥，原来他便用这手走来的。不一会，他喝完酒，便又在旁人的说笑声中，坐着用这手慢慢走去了"这段话中的两个"走"字。让学生思考：我们走路都用脚，孔乙己为什么用手呢？同学们说，因为他被打折了腿。我说：打折了腿，为什么不爬呢？这就把同学们带进了新的问题空间，也带进了小说的情境，他们走进人物命运，开始了思考。于是我们从两个动作的三个不同点进行比较（一是低着头，一是抬着头；一是俯着身子，一是直着身子；一是用四肢，一是用两肢）。这时学生对孔乙己的内心世界就有了更深入的理解：即使命运已经非常不堪，他仍然要直起身子抬着头保持着读书人一点可怜的尊严"走"出人们的视线。

教学《葡萄月令》也是如此。我让学生用一个比喻表现作者和葡萄的关系，在学生无从下手时，我引导学生品读"九月的果园，像一个生过孩子的少妇，宁静、幸福，而慵懒"这个句子，让学生思考"葡萄园是葡萄的妈妈，谁是葡萄的爸爸呢"，学生明白了作者和葡萄之间的父子关系后，再引导他们到课文中找这样的句子。学生进入文本好好细读，很快就发现了"老鼠爱往这里面钻。它倒是暖和了，咱们的葡萄可就受了冷啦"等一组句子，感受作者对葡萄父亲一般的感情。在这样的过程中，学生走进了文本，也走进了作者的情感世界，对作者对文本对语言都有了自己的感受体验。

教学《从百草园到三味书屋》，我引导学生讨论文章第一段"似乎确凿只有一些野草"这个句子，从"似乎""确凿"中体会百草园在别人心中和在作者心中的不同，从中品读作者对百草园深深的留恋和身在其中的无穷的乐趣。

我们相信，在这样的活动中，审美体验在不断丰富，审美感悟的能力在不断提高，而感受语言、品味语言的语文能力也在提高，彼此之间正是一种难分你我的共生状态。

（2）以情感的打通交会和形式特征的发现认识为基本方式，在文学作品的欣赏过程中培养良好的审美评价能力。

在欣赏和评价这一对审美概念中，我以为欣赏是评价的基础，审美评价能力是在欣赏活动中得以培养的。没有欣赏，不会欣赏，就谈不到评价；有欣赏而后有鉴别，有欣赏和鉴别而后才有评价。那么，在中学语文教学中，教师怎样引导学生进行欣赏活动并培养他们的审美评价能力呢？

所谓欣赏，首先是情感的打通和交会。音乐、绘画、书法、雕塑等任何艺术都是如此。文学欣赏也是如此。接受美学早就揭示了其中的奥秘。那么，在学生和作者共同创造作品的过程中，教师应该起什么作用呢？叶继奋认为："文学教师是作品与读者两个主体间对话的中介，他既要准确地捕捉作者渗透在字里行间的情感信息，还要敏锐地探测、及时地接受学生的情绪信号，并娴熟地运用情绪协调技能，将两者情感调整到适宜的距离，从而创设出物我同一、情景交融的美妙境界。"我们认为这个"中介"的主要责任就是引发学生和作品及作者的情感交会。

引发学生和作品及作者的情感发生交会的很多办法，我们有些老师是知道的。但由于认识的不到位，其做法就常常变形。比如让学生了解作者的情感历程是最基本的方法，古人所谓"知人论世"和"以意逆志"都有这样的意思。遗憾的是，我们许多语文课中的背景介绍和作者介绍都成了程式套路，而且大多是以作者的成就和风格作为主要内容；基本的形式是一堆漂亮的文字加一堆漂亮的照片，常常是指名学生朗读一通了事。这样的做法不仅不能将学生的情感和作者的情感拉近、和作品拉近，恰恰相反，将学生拉离作品和作者的心灵。欣赏海子的《面朝大海，春暖花开》，有些老师介绍作者，不是关注诗人在现世生活中的孤独失望和他精神世界的高标追求，而是热衷于他十几岁考上北大、他在新诗中的地位和他卧轨自杀的人生结局。除了套路化的作者介绍，更多老师采用的办法是所谓的"情境营造"，最常见的手段就是搞一通所谓的"美读"，或者是借助多媒体把教学氛围搞得非常"感人"。而所谓的"情境营造"又常常是娱乐化的煽情。他们把"煽情"与"移情"相混淆，根本不懂审美情感不是日常化的情绪，更不是娱乐化的煽情，而是伴随着感知和理性的一种特殊的情绪体验。有些老师以自己的课堂能让学生流泪而得意，不少听课老师也会崇拜、效仿这种煽情催泪的文学欣赏课。

  我们之所以把所谓的"美读"也看作没有审美理性的"煽情"，不仅因为它们常常是热衷朗读技巧的指导和学习，更因为这些老师以为所欣赏的作品的情感是唯一的，甚至是有标准答案的。而这完全和审美欣赏的本质特征相违背。事实上，每一个审美主体在欣赏活动中都以自身特殊的情绪和情感方式介入审美过程，从而获得丰富多样的审美体验。

  我们认为，教师在教学中发挥审美中介角色的最好做法，就是组织敞开式的再现活动，通过这些活动拉近学生和欣赏对象的距离，达成和作者的情感交会，达成和作品的交融。我们在教学中努力进行着这方面的尝试，并积累了一些效果比较理想的案例。

  教学《孔乙己》时，我们有不止一次写的活动。在让学生品读了作者对孔乙己的"手"的多处描写之后，我们让学生在文本中找一处适合的语境添加一处对"手"的描写；在完成全文的基本解读之后，全班同学一起合作完成孔乙己死的场景的描写。在写的过程中，我们交流了这样一系列的问题：课文哪些地方还可以写手？孔乙己这时候的手是什么样的？孔乙己会在什么季节死去？会死在什么地方？死的时候手是什么样的？手里会有什么？教学《装在套子里的人》，我们让学生思考讨论的问题是：别里科夫身上有多少个套子？哪一个套子是最主要的套子？这样的婚姻故事可能会发生吗？别里科夫的结局合理吗？如果别里科夫不死，结局怎么安排才好？作者为什么要让他死？教学《猫》，我告诉学生，作为小说，文中的猫都是人，我们每一个人又都是猫，请大家选择一只猫和文章中的某一个人物进行对话；挨打被赶走的猫，为什么会死在邻居家的屋顶上？请描写这只猫临死之前伏在邻居家屋顶上看着自家院子的心理。

这些问题和活动都是敞开式的，目的都是将学生和作者这两者之间的情感调整到适宜的距离，从而创设出物我同一、情景交融的美妙境界，让同学们参与创作，走进作品，从而理解人物、理解作者。当然，在这些活动展开过程中，教师还要及时敏锐地探测、接受学生的情绪信号，并娴熟地运用情绪协调技能，进行适时有效的引导，才能实现预期效果。

毫无疑问，文学作品的欣赏不能没有形式的欣赏。

叶继奋认为，形式是走向文本深处、打开作品"天堂之门"的钥匙，这是颇有见地的。遗憾的是，我们的文学作品欣赏课，几乎只有主题的解读、意义的解读，或者所谓形象的分析。所以在谈到文本解读的时候，我们总是反复强调要坚持"意义、形式、语言"三个维度（我知道"语言"也是"形式"，这样说只是为了强调"形式"）的教学。在"三要素"教学被人们否定之后，现在小说教学大多连"三要素"也没有了。除了极少数几个读了一点书的语文教师会将"叙事视角、时空变化"等引进课堂之外，绝大多数课堂几乎只有内容没有形式了。能找几个优美句子分析一些修辞手法和表现手法已经是不错了。这样的教学，使得文学作品的欣赏越来越架空，学生欣赏能力和评价能力都成了问题。

如同情感的打通和交会的途径有很多种，文学作品的形式欣赏方法也非常多。就我们的实践看，我们以为变形和还原是比较有用的方法。这在我们的教学中可以找到一大批案例。

教学汪曾祺的《葡萄月令》，我们让同学们努力将文本缩短。最后有同学将其缩写为"葡萄一月在窖，二月出窖，三月上架，四月五月六月浇水喷药打梢掐须，五月中下旬开花，七月膨大，八月着色，九月十月自然生长，十一月下架，十一月十二月葡萄入窖"这样一段文字。然后我们讨论：给这样一段话加一个题目，能用"葡萄月令"吗？应该加一个什么样的题目呢？"葡萄月令"和"葡萄的生长周期"这两个题目有什么区别呢？以此让学生进而认识到《葡萄月令》是说明文的内容、诗的语言、散文的意境这样的形式特点。

教学《阿房宫赋》，我设计了两次改写活动。起先是将全文压缩为"阿房之宫，其形可谓（　）矣，其制可谓（　）矣，宫中之女可谓（　）矣，宫中之宝可谓（　）矣，其费可谓（　）矣，其奢可谓（　）矣。其亡亦可谓（　）矣！嗟乎！后人哀之而不鉴之，亦可（　）矣！"这样一段话，让同学们阅读课文后在括号里填写适当的词。然后再根据所填写的词到文章中找有关具体语句，接着我再配乐朗读课文。这一系列以改写为基点的活动，就是引导学生对文章的"赋"体形式的特点和表达效果有深切的体会和理解。还有一个活动是在教学的后半阶段。我将课文的结尾改写为"观古今之成败，成，人也，非天也；败，亦人也，非天也。成败得失，皆由人也，非关天也。得失之故，归之于天，亦惑矣！"让同学们比较两个不同结尾的差异，在比较中认识"赋"体文章"体物写志"的特点。教学文言小说《狼》，我在让同学反复阅读课文之后，朗读抽去了"担中肉尽""止有剩骨""骨已尽矣""弛担持刀""大窘"等语句的课文，让同学们发现缺少的句子，补出这些句子，思考这些句子在情节叙述、故事构成、渲染气氛、表现人物性格等方面的作用。

《我的叔叔于勒》的教学，我则主要是采用还原比较的方法。在认识了菲利普夫妇等一批人物以金钱至上的特点之后，我提出一个问题：于勒长大后会成为他父母那样的人吗？同学们的意见分为对立的两种，并且分别陈述了自己的理由。我在肯定同学们的意见都有理有据之后，提醒大家要看看作者的态度。可是就教材的文本大家还是难以确定一说。于是我先出示了被教材删掉的原来小说的结尾"这就是我看到穷困潦倒的流浪汉,总要施舍10个铜子的缘由",让大家补写开头,再根据这个完整的故事说说作者的态度。接着又讨论了有没有这样的首尾,小说的形式和内容有什么不同。通过还原小说的本来面目,丰富了教学资源,拓展了教学空间,加强了学生对小说结构、小说情节和小说叙述视角等形式要素的欣赏,效果显著。

其实变形也好,还原也好,本质上都是比较,都是通过比较引导学生对作品的形式予以关注和思考,发现其特点,理解其表现效果。我们相信,在这样的欣赏活动中,审美评价能力一定能得到比较好的提高。

(3)以"美的发生"和"意象表达"为突破口,在培养审美=创造能力的过程中培养审美表达能力。

毫无疑问,在审美鉴赏与创造这个核心素养的关键表现中,"表达与创造"是一个比较高级的要求。

语文课程标准告诉我们:美的表达与创造指的是,"能运用祖国语言文字表达自己的审美体验,表达自己的情感、态度和观念,表现和创造自己心中的美好形象;讲究语言文字的效果及美感,具有创新意义"。如果我们不是非常纠结于几个概念之间的关系,可以比较容易地从这段话中概括出审美表达能力和审美创造能力的几个关键点:审美体验,美的情感(包括态度和观念),美的形象,美的语言。如果加以概括,前三点主要是美的发生,后面一点则主要是美的表达。在两者关系中,前者是前提,后者融合在前者形成的过程之中。

美的表达和创造,前提是美的发生。在我们看来,美的发生是一个事件。和任何一个事件的发生一样,美的发生也有一个过程。它有发生的由头和契机,有发展的过程和结果。体现在教学中的审美素养的培养尤其如此。但因为这个过程非常隐秘和短暂,所以我们常常只是把它当作一种"感觉",只是把它当作一个"瞬间",而不把它作为一个事件,更忽略了它的过程性和可见性。而忽略了它的过程性和可见性,就难以体现为教学行为。因此,要培育学生审美表达和审美创造的能力，教师最先要做的事情就是催生美的事件。

　　首先是催生独特的审美体验。可能很多人觉得，审美体验的形成主要是在阅读之中。实际上，独特的审美体验对于写作更为重要。很多学生写不出好的文章，就是因为缺少独特的审美体验。什么是写作？就是用语言文字表达自己在生活中形成的审美体验、美的感情和发现的美的形象。但不少教师觉得，学生的生活两点一线，实在缺少可写的东西。我也曾有过这样的想法，但后来改变了自己的观点。因为我让同学们以"单调"为话题写作文，他们也写不好。于是我对同学们说，没有单调的生活，只有单调的心灵。单调的心灵就是缺少审美体验的心灵。所以，我总是想尽办法丰富学生的审美体验，并催生他们独特的审美体验。这在我们的共生写作教学中也有很多教学案例。一片树叶掉在我的肩头，我会将这片树叶带进课堂，将阅读课改为写作课，分享自己的体验，催生同学们的体验。看到一个捡垃圾的男孩快乐地骑着破旧的自行车，哼着歌在一个个垃圾箱里挑拣垃圾，我和大家分享我对"快乐"的理解和发现。看到一个病人被推进手术室之前贪婪地吸吮着阳光的样子，我也会和他们分享我的感触，催生他们对生活、对生命的体验。我执教《记叙文中的描写》，就是以"丢东西"为话题，引导学生去发现自己内心极其丰富的体验，发现自己和身边人的种种关系、关系形态。执教《写出内心感受和认识的变化》，以"我最喜欢的是＿＿＿＿""我曾最喜欢的是＿＿＿＿""我最喜欢的还是＿＿＿＿"三个题目为共生原点，激发学生的体验不断生成和丰富。即使我自己创作长篇小说，也让同学们参与到创作过程中，分享我的创作体验，丰富他们的生活体验、写作体验和审美体验。

　　其次是催生美的情感（包括态度和观念）。奎特利安说："重要的是，欲想使艺术表现的情感使别人信服，首先需要自己信服；要想感动别人，首先必须感动自己。"美，首先要感人；要感人，首先要感动自己。但怎样预先在自己心中滋生出使自己感动的感情呢？奎特利安的经验是创作时必须有"幻觉"或"梦象"的出现。"在这样的经验中，那些不在眼前的事物会栩栩如生地呈现出来，以致看上去如在眼前。我认为，只有那些能在瞬间滋生这种幻觉经验的人，才能最大限度地支配自己的感情……当我们的头脑空虚或被白日梦中的幻想吸引时，我们的眼前便会出现一连串的幻觉……我们觉得似乎不是在做梦，而是身临其境。"我们觉得，他的经验应该主要是作家创作的方法，当然对我们不是没有启发。而对于中学生来说，对于我们语文教师的作文教学来说，比较切实可靠的方法，还是培养学生在真实的生活中滋生丰富美好的情感。而现实生活也绝不缺少这样的土壤和环境。家庭生活，校园生活，社会生活，读书生活，人生思考，生命思考，生活思考，社会思考，历史思考，都会让我们的心灵滋生美好的情感。可我们的学生常常无动于衷，有而不察。因此，教师要做的工作就是引导学生去发现和升华美好的情感。我执教的作文课《由感动到感激》，就是引导同学们发现生活中值得我们感动、感激的事情，从而催生他们的美好感情。我执教《带着美好的感受去想象——挑妈妈》，引导学生从具体的生活感受出发去想象，通过美好的想象表达美好的感情，而不是脱离生活胡思乱想，"挑妈妈"不是不喜欢妈妈，而是更理解妈妈，更爱妈妈。我执教作文课《一则材料的多种运用》，就是从一个高二女生竞选班长只得了自己这一票，答应支持她的同学一个也没有投票这则材料出发，展开丰富的学习活动，不仅学习如何发挥好一则材料的多种作用，也理解了这则材料背后的人与人的关系、一个人的精神成长、如何理解友情等生活中必须面对的问题，催生美的情感、态度和观念。

  最后要催生美好的形象。要"表现和创造自己心中的美好形象"，首先要心中有美的形象。美的形象哪里来？一是来自生活，一是来自自己的创造。罗丹早就告诉我们，生活中从来不缺少美的形象，而是缺少发现。能不能在生活中发现美好形象与有没有美好的情感、态度和观念紧密相关。这一点我们前面已经说过。但教师要催生学生对生活中美好形象的发现和创造，除此以外还有很多工作要做。常见的做法就是用生活中美的形象引起学生的关注、思考和发现。在你很晚回家时，以前黑咕隆咚的楼道亮起了一盏灯；在你陷入尴尬时，陌生人给你的一个温馨的微笑；一场暴雨之后，校园里一棵百年老树死了；一个严寒的早晨，小区门口那个卖早餐的老人忽然不见了。这些都是美好的形象。我的共生写作课中也有很多这样的案例。同样，学生要创造出美好的形象和美好的意象，也需要教师的催生。比如我们将一片树叶带进课堂，我便用它唤起同学们的审美体验、生活思考和发现，再让他们由眼前的这片生活中的树叶创造出他们心目中的那片树叶，然后用文字表达出自己美的创造。我让同学们共享生活中的故事也是催生美的形象的一种方法。至于我让同学们参与我的小说创作更是如此。

如果说，复杂的审美创造我们可以从"美的发生"入手，那么美的语言能力的培养，我们则可以从"意象表达"入手。叶朗说，美即意象。因为美的语言最基本的要求就是要富有美的形象，"美感"首先要有形象感。审美心理学认为，情感的自然表现与艺术表现，在语言表达上最大的区别就是有没有"意象"的出现。而"意象"在一定程度上可以理解为就是通过形象表达情感。而这正是中学生写作中极为缺乏的一点。语言干瘪死板、缺少表现力和形象性是比较普遍的问题。不仅议论文的语言枯燥无味，面目可憎，就连记叙文的语言也常常是毫无形象感。就是小学生、初中生也喜欢用一大堆成语代替具体形象的描绘，只会"眉飞色舞"，却写不出什么样的眉毛如何飞舞，只会用"神采奕奕"，却写不出人的具体神采。

对此，我们语文教师要承担应有的责任，要指导、训练学生善于用意象说话，用具有形象感的语言说话。而这本是我们的优秀传统，以意象表达思想是我们祖国语言文字的主要特点。无论是庄子，还是孟子、墨子，他们都是善于用形象说话的高手。就连《周易》，所谓卦象，所谓爻，也都是用"意象"表达思想，比如"上龙在天""潜龙勿用""见龙在田，利见大人""或跃在渊，无咎"，无不是这样。就这个意义而言，培养学生意象表达的能力是培养审美表达能力最主要的工作，至少是一个非常有效的突破口，也是我们教师义不容辞的责任。所以，我们在作文教学中特别强调学生作文的语言要有意象意识（当然不是简单化的生动）。我在高三年级执教过一节作文课《格言的提炼和思想的升格》，主要就是训练学生用意象化的语言表达思想，在推敲语言中升格思想，在提炼思想的过程中升格语言。

就我个人而言，在语文学科的四个核心素养中，"审美鉴赏与创造"是最难以表达的。一方面因为自己这方面的修养不够，另一方面是因为审美属于"只可意会，难以言传"的活动。如果细究新课标中的一系列概念，其内涵及其相互关系也都不是非常清晰。对其中许多概念，专家也常常是各有其说。所以，这篇文字中语焉不详、言不及义的地方一定很多，谨望能够得到宽容和理解。

第 05 节

《春江花月夜》

师：今天和大家一起欣赏一首唐诗，大家已经知道题目了吧？

生：（齐）知道了。

师：下面我来写课题，我写一个字，你们念一个字。第一个字是——

生：（齐）春。

师：第二个。

生：（齐）江。

师：第三个。

生：（齐）花。

师：第四个。

生：（齐）月。

师：第五个。

生：（齐）夜。

（师板书：春江花月夜）

师：好，大家思考一个问题：这首诗的题目和你们以前学过的古诗的题目有什么不同的特点？我们学过很多古诗了吧？李白的《蜀道难》《将进酒》，杜甫的《春望》《望岳》《江南逢李龟年》。有同学想到了吗？

生：这首诗的题目是五个意象叠加在一起的。

师：是呀！你看这位同学就很敏锐。为什么我要一个字一个字地读啊？就是要感受一下题目的特点。你们哪位同学能说出来以前学过的诗的题目是由五个意象组合而成的？有没有？没有。只有一首诗的诗句有点相似，都是由一串意象组合而成的。哪一首？

生：(齐)《天净沙·秋思》。

师：对，马致远的一首小令，准确来讲是《秋思》。

（师生共同背诵：枯藤老树昏鸦，小桥流水人家。古道西风瘦马……）

师：这样一个题目，有人把它概括为"它是由一组意象群组成的"。（在诗题前板书：意象群）

师：这首诗题目的特点反映了这首诗很重要的一个特点。什么特点呢？就是意象丰富。（板书：丰）

师：当然意象丰富，不仅指题目中这五个，诗里面还有很多。那么，这五个意象在全诗中是如何体现的呢？又有什么作用呢？这是我们下面要思考的问题。现在请大家自由诵读诗歌，到诗里去找一找有关诗句。我们分组完成。你们这个组呢，找全诗中有"春"的诗句。你们组是"江"，你们组呢？对，是"花"。你们组呢？是"月"。最后一组是"夜"。看到你们要找的那个字，把它圈起来。

（学生自读，找有关诗句。）

师：第一组，哪位同学跟大家说一说你找到了多少有"春"的诗句？

生：四句。

师：第一句？

生：春江潮水连海平。

师：第二句？

生：何处春江无月明。

师：他说的时候大家要干什么？圈画，他说的时候你们要跟着说，多说一遍印象就更深刻。好，第三句。

生：可怜春半不还家。

师：大家有没有找到？好，第四句呢？

生：江水流春去欲尽。

师：有没有同学要补充的？这位同学读书的习惯很好，看书很细。有"春"的诗句是四句。（在诗题"春"下板书：④）

师：第二组哪位同学来说说？多少个诗句有"江"字？

生：十二句。

（师在诗题"江"下板书：⑫）

师：第一句？

生：春江潮水连海平。

师：第二句？

生：何处春江无月明。

师：第三句？

生：江流宛转绕芳甸。

师：第四句？

生：江天一色无纤尘。

师：第五句？

生：江畔何人初见月。

师：第六句？

生：江月何年初照人。

师：第七句？

生：江月年年只相似。

师：第八句？

生：不知江月待何人。

师：第九句？

生：但见长江送流水。

师：第十句？

生：江水流春去欲尽。

师：第十一句？

生：江潭落月复西斜。

师：第十二句？

生：落月摇情满江树。

师：还有没有了？没有了，这位同学看书也很仔细。第三个，"花"。哪位同学来说一说？

生：两句。

师：就两句吗？第一句在哪里？

生：月照花林皆似霰。

师：还有一句呢？

生：昨夜闲潭梦落花。

师：有没有补充的？好，没有，只有这两句。（在诗题"花"下板书：②）

师：哪位同学来说说"月"？好，就是你了。你找到几句有"月"的诗句啊？

生：十五句。

师：好的，第一句有"月"的诗句在哪里？

生：海上明月共潮生。

师：第二句？

生：何处春江无月明。

师：第三句呢？

生：月照花林皆似霰。

师：第四句呢？

生：皎皎空中无月轮。

师：第五句？

生：江畔何人初见月。

师：第六句？

生：江月何年初照人。

师：第七句？

生：江月年年只相似。

师：第八句？

生：不知江月待何人。

师：第九句？

生：何处相思明月楼。

师：第十句？

生：可怜楼上月徘徊。

师：第十一句？

生：愿逐月华流照君。

师：第十二句？

生：江潭落月复西斜。

师：第十三句？

生：斜月沉沉藏海雾。

师：第十四句？

生：不知乘月几人归。

师：第十五句？

生：落月摇情满江树。

师：就这十五处吧。有关"夜"的呢？这位同学，有几句啊？

生：两句。

师：就两句吗？第一句呢？

生：谁家今夜扁舟子。

师：第二句？

生：昨夜闲潭梦落花。

（师在诗题"月"下板书：⑮；在"夜"下板书：②。）

师：现在我们加上了数字以后，大家再看题目，你能发现这首诗有哪些特点吗？

生：意象"江"和"月"最多。

师："江"和"月"是多。如果考试考这个题目，3分的话，你的回答最多得1分。我们学语文应该用语文的思维去思考问题，用语文的方法去解决问题。你能说说由此可以看出哪些特点吗？

（学生沉默，思考。）

师：我们现在来看这两个，哪一个更多呢？

生：月。

师：对，那么"月"多了，在全诗中能起到什么作用？

生：全诗是写月为主，月是最主要的意象。

师：对，在这样一个意象群之中，主要的两个意象是"江"和"月"，这就是张若虚这首诗很明显的一个特点。写月亮的诗在古诗里太多了，相信大家能背一大串。但是张若虚写的月亮是哪个月亮啊？

生：江上的月亮。

师：对，江上的月亮，江中的月亮，江边看的月亮。我们读诗也好，读文也好，一定要捕捉到它特别的地方。月亮不仅是一个核心的意象，还是全诗的主线，贯穿了整首诗。下面我们来看，这首诗是如何在多个意象中以"月"为主线、以"月"为主体的，进而看看张若虚看到了一轮什么样的月亮，张若虚心中又有一轮什么样的月亮。写"月"的第一句是哪一句？

生：春江潮水连海平。

师：这一句可以说是间接写"月"。春江连着海，江是越来越宽了。（边说诗句，边在黑板上从左到右画江流入海的简笔画）第二句是什么呢？

生：海上明月共潮生。

师：海上明月共潮生。这轮月亮画在哪里呢？是在海面上，还是在海的上空呢？（边说诗句，边在黑板上的海面和空中画月亮）认为在海的上空"生"的举手。（没人举手）这个问题很关键。大家注意"海上明月共潮生"，是什么"shēng"啊？

生：（齐）共潮生。

师：这等于没有回答。是在海面上"生"，还是在海的上空上"升"呢？

生：（齐）共潮生——是在海上生。

师：我不知道你们说的是哪个"shēng"。如果是在海面上"生"，是明月从大海的怀抱里诞生了（板书"生"）；如果是在海的上空，就变成了这个"升"（板书"升"）。我们再把这两句诗读一下。

生：（齐）春江潮水连海平，海上明月共潮生。

师：一轮明月从海面上生出来了。"滟滟随波千万里，何处春江无月明。"刚才我们看到的是一轮"初生之月"，月光洒遍了大江上下、大江南北。（板书：初生之月）

师：这是黄老师看到的月亮，你们读读后面的诗句，作者写了初生的月亮之后，你们还能从诗中看到什么月亮啊？哪位同学来说一说：你从哪些诗句，看到了什么样的月亮？

生：一轮被打碎了的月亮。

师：你从哪里看出来月亮被打碎了？

生："滟滟随波千万里，何处春江无月明。"波光潋滟，月光洒在水面上，水面显得波光粼粼，所以月亮是被打碎了。

师：这位同学体会得很细。月光、水面、波光粼粼，正是反映了月光的照耀。但月亮没有碎，这是月光照在江面上。其实是一轮"朗照之月"，静影沉璧，浮光跃金。（板书：朗照之月）

师：下面再看，"江流宛转绕芳甸，月照花林皆似霰。空里流霜不觉飞，汀上白沙看不见"。这四句还是在写"朗照之月"吧？到处都是月光。"江天一色无纤尘，皎皎空中孤月轮。江畔何人初见月，江月何年初照人。"这几句你们看到了什么样的月亮啊？

生：孤月。

师：读诗概括理解最简单的办法是从诗里找关键词。如果请你在"孤月"前边加一个修辞词，加什么比较好？

生：皎皎。

师：皎皎孤月。（板书：皎皎孤月）

师：这是最简单的方法，从诗中概括。有没有同学不同意这个概括的？

生：我觉得它是一轮永恒的孤月。

师：你怎么看出"永恒"了？

生："江畔何人初见月，江月何年初照人。"没有人知道它是从什么时候开始普照大地的，也没有人知道它是从什么时候开始照人的。

师：非常好，你看，这就是冷静的思考，有深度的思考。接下来我们一起读：

"江畔何人初见月，江月何年初照人。人生代代无穷已，江月年年只相似。"后面还有没有了？还有。"不知江月待何人，但见长江送流水。"（板书：永恒之月）

师：看到皎皎之月是比较感性的人，看到背后的永恒之月的人是有哲学思考的人。现在有两个人是这样的人，一是张若虚，二是刚才回答问题的这位同学。你们从后面的诗句中看到了什么样的月亮？

师：（朗读，学生跟读）白云一片去悠悠，青枫浦上不胜愁。谁家今夜扁舟子？何处相思明月楼？可怜楼上月徘徊，应照离人妆镜台。

师：这里我们看到什么样的月亮啊？

生：相思之月。

师：中国古诗里有无数首诗都在写这一轮相思之月，李白的"床前明月光"是思念故乡的，苏轼的"明月几时有"是思念弟弟的……（板书：相思之月）

师：你们觉得诗中哪些句子是写相思之月呢？"相思之月"还可以概括成什么？

生：愁月。

师：相思肯定就是"愁"。诗里哪个句子、哪个词语表现出相思的情绪、相思的愁？

生：徘徊。

师：对啊，也可以用"徘徊之月"来概括。（板书：徘徊之月）

师：月亮在空中徘徊，就表现了相思的缠绵和惆怅。那么，哪两句最能体现相思徘徊呢？我们还是要和具体的诗句相勾连。

生：可怜楼上月徘徊，应照离人妆镜台。

师：对。注意这个"可怜"和我们今天的"可怜"一样吗？这个"可怜"什么意思？

生：可爱。

师：是的，可爱，美丽。这个月亮太可爱了，太理解人的心了，想去又舍不得离开。"离人"是什么意思？

生：离开的人。

师：有不同理解吗？

生：分离的人。

师：对的。一般说"离人"是指离开的人，而这里指的是双方。指离开家的人和在家思念离家的人的人。那这里的"离人"是男人还是女人？

生：女人。

师：有没有男人？大家是同样的理解吗？我们举手表决，认为这个"离人"就单指女人的请举手！（几个人举手）

师：认为单指男人的请举手！（几个人举手）

师：认为既指男人又指女人的请举手！（几个人举手）

师：这让黄老师有点失望了。我前面已经说过了，这个"离人"一般是指漂泊在外的人，但是常常——包括这首诗——既指漂泊在外的人，又指在家里思念着漂泊在外的人的人。再来表决一次，认为单指女人的请举手。（无人举手）认为单指男人的请举手。（无人举手）认为既指男人又指女人的请举手。（学生举手）

师：这还差不多。（生笑）你们想一想，过去女人会不会在外漂泊啊？（生：不会）过去漂泊在外的都是男人，为功名，为名利。那么"相思之月"还体现在哪里？哪些诗句最典型呢？

生：谁家今夜扁舟子？何处相思明月楼？

师："扁舟子"是男的还是女的？

生：男的。

师：他在干什么？（在黑板上画舟和人的简笔画）

生：看月亮。

师：看月亮是假，其实是在干什么？

生：思念。

师：思念谁？

生：家人。

师：家人在哪里？用诗句回答。

生：明月楼。

师：对，在明月楼上，在妆镜台前。（在黑板上画明月楼、妆镜台简笔画）也就是说，远离江边的地方有一座明月楼，明月楼上有一个妆镜台，妆镜台前有一位美丽的、可爱的女子。这个女子在干什么？

生：看月亮。

师：看月亮是假，实际上是在干什么？

生：思念。

师：古人的相思多么浪漫。我们今天有了手机，有了微信，这虽然很方便，但是破坏了我们相思的诗情画意。你看，我在扁舟上看着月亮，你在家里的明月楼的妆镜台前看着月亮，这个时候月亮成了情感的中转站。所以古人相思，"我也看月亮，你也看月亮，我们的心是连在一起的"。（在黑板上画线条连接月亮和舟子，月亮和明月楼妆镜台）什么叫浪漫啊？这就叫浪漫。更浪漫的后面诗中也讲了，"此时相望不相闻"，什么意思？我看着月亮，你看着月亮，我们相互看着，但是听得到吗？

生：听不到。

师：更浪漫的是哪一句？

生：愿逐月华流照君。

师：它浪漫在哪里？月华是什么？（生：月光）我愿意随着月光照到你的身上。请同学们用浪漫的语言描述一下这个诗句。

生：我愿意乘坐月光飞船飞到你身边。

师：是浪漫，但现代色彩太浓了。

生：我愿意和皎皎的月光一起照到你身上。

生：我愿意成为皎皎的月光照到你身上。

师：都很浪漫。——这个"君"指的是男的还是女的？

生：女的。

师：是女的、男的？还是都有？

生：都有。

师：还有同学犹豫不决。如果只有一个，就是——

生：单相思。（生笑）

师：单相思，说得非常好。不仅是单相思，而且他们的爱情是不对等的，是不美丽的。请记住：不对等的爱情是不美丽的。我在这里看着月亮，我愿意像月光一样照在你的身上，你也愿意像月光一样，照在我的身上。这是多么美丽的浪漫，多么美丽的相思。好了，这后面还看到了什么样的月亮啊？“昨夜闲潭梦落花，可怜春半不还家。江水流春去欲尽，江潭落月复西斜。”这是什么样的月亮？

生：落月。

师：什么样的落月呢？修饰一下。

生：西斜。

师：对，“西斜落月”。（板书：西斜落月）“斜月沉沉藏海雾，碣石潇湘无限路。不知乘月几人归，落月摇情满江树。”“西斜之月”是一种概括，还有没有其他概括？

生：摇情落月。（师板书：摇情落月）

师：你们还有更好的回答吗？“斜月沉沉”，我们可以把它倒过来。

生：沉沉斜月。（师板书：斜月）

师：请大家注意，黄老师能不能写成这个“沉”啊？能不能？（生：可以）可以，好不好？

生：不好。

师：对，写“沉”不好。（板书“沉”，加叉）写这个“沈”好。古汉语里，“沉”和“沈”是相通的，写这个“沈”有文化。那么这三种概括，是“西斜落月”，是“摇情落月”，还是“沈沈落月”好呢？

生：“沈沈落月”。

师：“沈沈”更有感觉，把月亮升上来到落下的变化带给人的感觉都表现出来了。有没有不同意见啊？春半落月，强调的是时间；西斜落月，强调的是形态；沈沈落月，强调的是感受。对吧？黄老师觉得哪个好，你们知道吗？

生：摇情落月。

师：知音。为什么“摇情”好？我们看最后一句。什么叫诗，最后一句是最典型的诗化语言。“落月摇情满江树”，你想一想，摇的是什么？

生：情。

师：谁在摇？

生：月亮。

师：月亮会摇吗？

生：不会。

师：摇什么呢？

生：情。

师：实际上摇的是什么呢？

生：树。

师：大家一起想象一下，美丽的月亮摇动着江边的树，江边的树摇动着美丽的月光，江边的树把月亮的影子洒在了江面上。然后，月影之中，月光之中，树的摇动之中，都写满了丰富的感情。所以，我觉得最后一个月亮，概括为"摇情落月"更好。"落月摇情"最有诗意。概括诗，还是有诗意最好。

师：大家看，从初生之月到朗照之月，再到皎皎孤月；从永恒之月、哲思之月，到相思之月、徘徊之月，再到沈沈落月、摇情落月。可见，这首诗的意象群中是以月亮为主体和主线的。大家能由此发现张若虚的月亮和其他诗人的月亮有什么不同吗？

（生没有反应。）

师：我们先想一想熟悉的写月亮的诗句。李白的——

生：床前明月光，疑是地上霜。

师：张九龄，海上生明月——

生：天涯共此时。

师：苏轼，明月几时有——

生：把酒问青天。

师：春风又绿江南岸——

生：明月何时照我还。

师：大家发现这些诗句和张若虚的月亮不同在哪里了吗？

生：张若虚的月亮是变化的，是一直在动的。

师：是的。其他诗人的月亮都是一个定格的月亮。张若虚写的是一个穿越时空的月亮，是一个动态的月亮。（在黑板上用线条连接几轮月亮）大家概括一下，是写月亮的——

生：（异口同声）月亮的升和落。

师：对了，非常好，是以月升月落为主线，串联全诗。（板书：月升月落）全诗以月升月落为主线，那么其他的意象在全诗中又是如何呈现的呢？其他的几个意象在全诗中是不是也贯穿始终呢？

生：（齐）是。

师：好的。那么，请你们仿照"月升月落"加以概括。写春的是——

生：春来春去。（师板书：春来春去）

师：哪一句写"春来"呢？

生：春江潮水连海平。

师：春潮涌动，告诉我们：春天来了。还有一句怎么写春去的？

生：江水流春去欲尽。

师："江水流春去欲尽"，告诉我们：春去了。"江"呢？

生：潮起潮落。（师板书：潮起潮落）

师：但是我觉得还可以换一个说法。"春江潮水连海平"，江水从西边下来，一路向东流啊流，还回不回来啊？

生：不回来。

师：江水东逝。"花"呢？

生：花开花落。（师板书：花开花落）

师：哪一句是写花开？

生：月照花林皆似霰。

师："江流宛转绕芳甸"，"芳甸"的"芳"是什么？

生：花。

师："芳甸"的"芳"就是花，而且还不是一点点花，是一片花。"月照花林"也是。这都告诉我们，春天花开得很盛。这是写什么？

生：花开花谢。（师板书：花开花谢）

师：我觉得还可以说"花盛花谢"，因为写的是一片花啊。后面该是"夜"了，夜什么？

生：夜……夜……

师：写"夜"的有几个句子？

生：两个。

师：第一个句子在哪里啊？

生：谁家今夜扁舟子？

师：这是写月亮引起了相思。那后面呢？

生：昨夜闲潭梦落花。

师：这两句是直接写夜的。诗中有很多句子间接都写了夜。第一次间接写夜的是哪个句子？

生：海上明月共潮生。

师：对呀。这是写夜降临了。"落月摇情满江树"呢？

生：是写夜尽了。

师：嗯，非常好，夜临夜尽。当我们这样概括的时候，同学们有没有发现这首诗又有一个新的特点？

生：是按照时间顺序来写的。

师：嗯，时间顺序。哪位同学还有新的发现吗？全诗是以月为主线，按照时间顺序来组织诗的结构的。其他同学，要在这个基础上发现新的思考角度。

生：这些意象出现的时间是不一样的。

师：嗯，有的时间长，有的时间短。其他同学呢？大家发现这首诗是不是一条线啊？

生：（异口同声）不是。

师：对，它是以月升月落、潮起潮落、花开花落、春来春去、夜临夜尽五条线索串联全诗，是五线串联。（板书：五线串联）那我们怎样画这五条线啊？是平行线吗？

生：（异口同声）不是。

师：对。千万不能画成平行线，只能画成五条交叉的曲线。（在黑板上画五条交叉的曲线）因为这个波动是在意象中体现了情感的变化。一开始看到初生之月的时候，情绪是饱满的，甚至是高亢的；看到天上一轮孤月的时候，情感是怎么样的呢？是相思的，惆怅的；最后落月沈沈的时候他的情绪是什么样的？是失落的、沉重的、低迷的。而且这五条线是互相交叉的。为什么？因为这五个意象是互相融合的。我中有你，你中有我。你们能说说这五个意象是如何融合的吗？

生：写月就是写夜。

师：是的。月和夜是融为一体的。还有吗？

生：月和江也是融为一体的。月亮从江中升起，诗人在江边看月，月光又照在江上。

师：是的。这也可以看出全诗是以月为主要意象的。可以说，这首诗的所有意象都是高度融合的。所以这首诗，意象是丰富的，线索是五线串联的，情感也特别丰沛，不是单一的情感、单一的相思，有生命之思，有宇宙之思，有人生之思，还有男女间的相思。（板书：情感丰沛）

师：而且它是打破时空、穿越时空的。这些线索，有的是时间的，有的是空间的。（板书：穿越时空）张若虚的月亮是穿越时空的月亮，你能找一首古诗是写这样的月亮的吗？没有。李白写了很多有关月亮的诗，都是写一个点的，某一个空间的，某一个时间的。

师：好的，我们刚才抓住了五个意象来解读这首诗，欣赏这首诗。现在大家回顾一下全诗，有没有哪些诗句没有出现这五个意象，跟这五个意象关联不大的呢？

生：滟滟随波千万里。

师：里面没有这五个字，但是它和这五个字有没有关系？

生：有。

师：它是写什么？

生：江。月光。

师：它是写江面的波光粼粼，月光很好。其他还有哪些诗句呢？

生：空里流霜不觉飞，汀上白沙看不见。

师：这两句和这五个意象是什么关系？

生：也是写月光。

师：是写月光皎洁，照在沙汀上。还有两句诗里也没有直接写到这五个意象，其实也是写月光的。哪两句？

生：鸿雁长飞光不度，鱼龙潜跃水成文。

师：是的。这两句也是写月光。前一句写月光无边，后一句写月光清澈。暗含着说鱼雁都不能传送相思之情。有两句诗里既没有直接写到这五个意象，也不是写月光的，哪两句？有什么作用呢？

生：白云一片去悠悠，青枫浦上不胜愁。

师：看看这两句和五个意象有没有关联？（生：没有）它在全诗中可不可以去掉？（生无言）

师：那就换一个角度，它在全诗中有什么样的作用？

生：过渡。

师："过渡"这个概念大家都会用，我要你具体地说它是如何过渡的？

生：承上启下。

师：承上什么内容，承上面的哪一句呢？启下，又启下面的哪一句呢？

生：白云一片去悠悠，青枫浦上不胜愁。

师：哪个意象承上，又承上哪个内容呢？

（学生沉默。）

师：同学们考试的时候分数就是这样被扣掉的。只是把老师教给你们的一个现成的概念写上去，结合具体诗句的分析就会成为问题。刚才这位同学也说是"过渡"，你觉得是如何承上的呢？

生：我觉得承接"但见长江送流水"。

师：和哪个意象有关联啊？

生：长江送流水，流水是悠悠流走，和白云飘走是有关联的。

师：他认为白云去悠悠和流水的流去有关联，这个说法就更具体了。有没有同学还有不同的理解？这位同学关注的点是有关联的，不过是遥相呼应的。一般我们写云的时候都和什么有关系啊？

生：和月。

师：所以有个说法叫"烘云托月"。哪位说说"青枫浦上不胜愁"这个句子的过渡作用体现在哪里？哪一个关键的字眼在这里体现承上启下的作用？

生：（异口同声）愁。

师：承上承什么愁啊？"青枫浦上不胜愁"，首先是照应了上面的愁，什么愁？

生：时间短暂。

师：对，人生短暂。哪个句子啊，读一读看。

生：人生代代无穷已，江月年年只相似。

师：这个地方告诉我们月亮是——

生：永恒的。

师：人生是——

生：短暂的。

师：所以这个地方是人生之愁，宇宙之思。（板书：人生之愁，宇宙之思）

师：但是，就是这一种意思吗？再来看这个诗句，"人生代代无穷已，江月年年只相似"。是不是我们人就没有江月那么永恒啊？不是，我们人一代代无穷无尽！那作者有没有说人生之短的愁啊？

生：（齐）有。

师：对，这就是高明。张若虚与一般人的愁苦和思考不一样，一般人就说："啊，宇宙是永恒的，人生很短！"而张若虚说："对个体而言，人生是短暂的；可我们一代一代人接下去是无限的，无穷已的。"江月是永恒的，因为它看上去是相似的形态。但是这样一种自我排解依然排解不了生命个体的短暂。那么这个"愁"启下是启什么地方的愁呢？

生：相思。

师：相思之愁，所以这个月徘徊写的就是相思的愁。我们可以说承前的愁是"天上"，启后的愁是——

生：人间。

（师板书：天上人间）

师：这样我们更能体会到张若虚的诗是如何穿越时空的。这是所有唐诗里没有一首可比的。所以诗人闻一多就说：这首诗是诗中之诗，巅峰上的巅峰。古人认为张若虚一首诗就把全唐所有人的诗压下去了，没有人比得了。刚才我们抓住了五个意象去读了全诗，感受了张若虚心中的那一轮月亮。现在大家能不能说一说，在你心目中，张若虚的那轮月亮是个什么样的月亮呢？张氏之月是个什么月亮呢？（板书：张氏之月）

生：非常美好。

师：他认为张若虚的月亮留在他心目中的是一轮美好无比的月亮。（板书：美好）有没有同学有不同的理解？

生：皎洁。

师：她认为是一轮皎洁的月亮。皎洁是美好的一种，美在哪里呢？皎洁。一轮皎洁无比的月亮，江天一色无纤尘，皎洁得很纯洁，一点点杂念都没有。这仍然是从一个角度描述，最好换一个角度，不要重复别人的。

生：永恒。

师：非常好，他认为张若虚的月亮留在他心目中是一轮永恒之月。有没有同学还有自己的理解和感受？

生：多情的月亮。

师：是一轮多情的月亮。仁者见仁，智者见智。佛家说有什么样的你，就能看到什么样的世界。（生笑）你看到什么样的月亮？

生：我刚好和她相反。

师：相反？是无情的月亮？

生：是的。

师：你从哪里看出是无情的月亮啊？说说具体诗句。

生：玉户帘中卷不去，捣衣砧上拂还来。

师：这两句是不是在写月亮的无情啊？认为是的请举手。（无人举手）这两句诗写月亮的无情吗？月亮照在我捣衣砧上。我捣衣，月亮照过来，我说你不要来了，来了让我想起他，让我太痛苦了。你走吧。月亮走不走？

生：不走。

师：叫她（它）走，她（它）不走。还说月亮无情吗？这是写的月亮的多情。当然，你说她（它）来了，我太烦了，让我太痛苦了。以月亮之无情，写月亮的有情和人的有情。我觉得也是有道理的。还有同学看到不一样的月亮了吗？

生：悲伤。

师：说悲伤之月可以。没有标准答案，只要有道理，都可以。我们已经说过了，张若虚的这首诗的特点就在于一个字——

生：丰。

师：丰富的意象，丰富的线索，丰富的感情，在每个不同的读者心目中留下了不同的月亮，也是正常的。当然，这么多同学心中的月亮，概括起来就两个词。永恒也是一种美好，多情也是一种美好，这位同学说的无情也是一种美好。所以我们用两个词来形容张若虚的月亮留给我们的印象：美丽而惆怅。回过头还说"丰"吧，当我们走进唐诗之门的时候，打开门的第一选择就是欣赏《春江花月夜》。《春江花月夜》让我们感受到唐诗的一个特点，就是这个"丰"字。如果让你们组词，你们能组出多少个含有"丰"的词语？

生：丰富。

师：还有呢？

生：丰满、丰沛。

师：还有吗？

生：丰盛。

师：还有吗？

生：丰收。

师：还有吗？

生：丰美、丰腴。

师：还有吗？

生：丰盈。

师：还有吗？基本上列举完了，还有一个"丰赡"。有没有听说过？

生：(摇头，异口同声)没有。

师：现在让你选一个最能概括《春江花月夜》风格的词，你们选"丰"什么？

生：丰富。

师：丰富？看来大家意见还不一样。

师：如果让黄老师选，黄老师一定选"丰腴"。为什么呢？这个词语形容什么人？

生：女人。

师：什么样的女人？

生：比较胖的。

师：想一想，唐代代表性的最美的女人是谁啊？

生：（异口同声）杨贵妃。

师：反过来，唐代的人为什么会认为杨贵妃最美啊？丰腴不是形容一个女人的胖，而是形容一个女人胖得非常美——就是杨贵妃。唐诗的风格雄奇、博大，但是最初的一个风格就是丰腴，让人联想到杨贵妃。读《春江花月夜》，就应该联想到杨贵妃。一首好诗一天是读不完的。今天，我们抓住这样一个字，从这样一个角度，领略了这首诗的风采。谢谢同学们，下课！

> **热点应答**
>
> ## 有"文化"的语文和有"语文"的文化
>
> 语文课要有"文化"，就要以语文的方式体现文化，用文化提升语文的品质。
>
> ### 一、在阅读教学中强化文化视角，丰富文化积累，让阅读欣赏更厚实
>
> 我们说过，不少语文课是漠视文化的，教师常常对语文课程丰富的文化资源视而不见，眼里只有答案，只有结论式的解析（尽管这里面也有文化，但老师需要的不是文化）。这种现象在文言文教学中特别普遍而突出。本来，文言文应该是传统文化资源最丰富的沃土，但我们的文言文教学却普遍缺少文化，老师们眼里只有字词句的解释和翻译，多年的高考试卷也是如此，命题人宁可另外专门出一些所谓文化常识题，而文言文的题目就是实词理解、虚词理解、句子翻译和信息筛选。正因为如此，十多年前我们就提出文言

文教学要文言、文章、文学和文化"四文统一"。

阅读教学中，文化缺失最常见的表现就是对文本的解读及由此衍生的教学活动缺少应有的文化视角。比较典型的是《背影》的教学。很多老师教学《背影》只有一般意义的父子之爱，这大大稀释了文本的内涵，弱化了文本的教学价值。解读和教学《背影》，如果能从中国社会传统的父子关系"中国式父爱"这样的文化视角入手，不仅能丰富学生的文化积累，拓展学生的文化视野，让阅读教学更加厚实，而且对文章所包含的内涵及其主旨也是比较适度和深入的解读。

在语文教学中，把阅读和写作放到特定的文化背景中才会准确地找到语文的位置，对阅读和写作才会有恰到好处的把握。我们在谈到文本解读时，举过一些老师教学《渔夫》的例子。有老师把"沧浪之水清兮，可以濯我缨。沧浪之水浊兮，可以濯我足"解读为屈原对自然的向往，还以最终投江作为证明。有老师把"举世皆浊我独清，众人皆醉我独醒"的"众人"解读为"千千万万普通人"。这就是缺少"文化"的表现。没有文化常识，更没有文化意识和文化背景。屈原是老庄之徒吗？会向往自然吗？屈原投江是为了投入自然的怀抱吗？在屈原的年代，"千千万万普通人"需要承担匡时救世的责任吗？很显然，屈原这里的"众人"是他身边的那些应该以天下为己任的士大夫之流。有一次到某地上课，当地的教研员向我介绍了一位在搞国学的中学语文教师，并邀请我听他的课。这位老师教学的是庄子的《逍遥游》。一开口我就晕了。这位老师解读《逍遥游》开头一段"北冥有鱼，其名为鲲。鲲之大，不知其几千里也；化而为鸟，其名为鹏。……"时说：大鹏为什么能够飞到南海呢？因为它有大志（图南），还因为它善于利用外物，更善于蜕变。然后就是和学生讲什么人生要有大志，人要经历几次蜕变。不用多说，大家一定会发现这些问题看似是文本解读的问题，其实是没有文化的问题。

古代作品容易出现这样的问题，现代作品的解读也存在这样的问题。比较典型的是杨绛的《老王》，不是一位教师的教学，甚至有些教学参考书，对文章主题的解读也是要关心弱势群体。这首先是脱离文本的解读：杨绛没有关心老王吗？她的"愧疚"是因为对老王关心不够，而老王非常关心自己吗？在他们的交往中，到底是谁关心谁呢？从深层次来看，这样的解读就是因为缺少文化。什么文化？就是中国读书人的"唯有读书高"的士文化。尽管钱钟书夫妇沦落为"臭老九"，但他们的骨子里仍然是清高、自傲的，所以文章才有"老钱降价"的说法。而这种文化在这些人的心中是根深蒂固的。所以当她后来反思到这一点才心生愧疚。

所以，我们常常说，一切肤浅的文本解读常常是由于缺少文化。

如果能积极引导学生自觉地从文化的视角解读文本，不仅可以丰富学生的文化积累，培养其文化理解与传承的核心素养，对于培养他们阅读欣赏的能力也非常有意义。教学《出师表》，我引导学生从臣与君、师与生、父与子三个文化视角解读文本，组织教学，大家都反映把文本教厚了。学生除了从文本中读出了多重内涵，还会认识到从多重视角，尤其是从文化视角解读文本的意义。不少教师教学刘鸿伏的《父亲》时，也仅仅是从父亲对儿子的感情角度入手，很显然，这是浮浅而不全面的。有的教师从父亲对城市文明不适应的文化视角切合，丰富了文本解读的内涵，拓展了文本解读的空间，拓展了学生的文化视野。我们在教学中则主要从中国农民的文字崇拜和土地崇拜的角度对父亲进行解读和教学，得到了不少教师的认可，认为这样的教学更加具有厚度和深度，丰富了学生的文化积累。

有时候，如果能够从文化视角切入，文本解读中的一些矛盾就会迎刃而解。比如教学《谏太宗十思疏》，我让同学们比较我和一位名家的朗读。名家的朗读，舒缓而内敛；我的朗读则慷慨激昂。到底怎样朗读更好呢？同学们的意见不统一。而认为我的朗读不合理的同学给出的理由是：一个大臣怎么可能用这样的态度对君王说话呢？这便是对中国历史上的君臣文化了解不深。虽然在君臣关系中，君王对大臣具有生杀予夺的权利，但不少君王受到"明君"文化的束缚，并不敢轻易处罚进谏的大臣，反而大多数要表现出宽容和礼遇；而"诤臣"文化又使得一部分大臣宁可一死也要博一个"诤臣"的美名，甚至敢于故意激怒君王。这就是贾宝玉所说的"文死谏，武死战"。而魏徵就是这样一个不畏死的大臣

（虽然不能断定他就是为了博取美名）。所以假如魏徵朗读《谏太宗十思疏》完全有可能是慷慨激昂的，当然也可能是舒缓而内敛的。前者表现其"忠"，后者表现其"厚"。教学《七根火柴》时，有的学生提出：无名战士为什么不能先用火柴取火保住自己的生命继续战斗呢？这从生活常识的角度看是有道理的，但如果懂得"即使牺牲生命也要保护好组织的东西""组织的东西谁也没有权利动用"这样的革命文化，就不会有这样的疑问，或者说就可以很好地解决这样的矛盾。

二、在说和写的教学中强化文化意识，培养文化自觉，让表达交流更有品位

如果说语文是一个人的精神家园，那么文化便是一个人精神的底子。一个人有没有文化出口便知，下笔可见。古人说出口成章，就是有文化。当然，时代不同，有没有文化的区别和表现也不同，但有文化就是有品位，这是不变的。因此，语文教学应该培养学生的口头表达和书面表达有文化，有品位。

学生的写作，包括高中生的写作，幼稚简单、格调不高是一个极其普遍的问题。不是写考试，就是写成绩和名次，或者写一些趣味不高的鸡毛蒜皮的事。记得我有一个学生多次作文的第一句话就是"想不到这一次我又考砸了"。至于写一些张长李短的八卦事件，至于编造一些试图赚取泪水和分数的煽情故事，或者美其名曰创意作文的无厘头的玄幻故事的，也并不少见。原因自然是多方面的，但缺少文化意识和文化自觉是一个很重要的原因。

现在一说到要培养文化意识，要注重传统文化，很多老师想到的就是高三复习时要整理各种文化常识，编写成提纲，列成表格，让学生看，让学生背。其实，识记几个文化常识实在并不重要，也并不难，而且意义也不大（不知道高考命题为什么总是这样考查）。有意义的是，要在阅读中丰富文化积累、培养学生阅读的文化视角，要在写作和口语交际表达教学中培养学生的文化意识和文化自觉。

文化意识和文化自觉的内涵非常丰富。简单一点说，说话、写作总能自然而

贴切地引用一些典故、名言，就是一种文化意识和文化自觉。但这远不是主要的，我们觉得高中生的文化意识和文化自觉，主要是要能从文化的角度认识事物、认识问题，从文化的角度关注生活、关注世界，要从文化的角度思考生活、思考人生，就是让文化融于自己的精神和思想，让文化浸入自己的表达和交流。

我们知道，对所谓"高考文化作文"的评价大家是有分歧的。甚至有名师专门写文章讽刺过"屈原向我们走来"的高考作文，而我也调侃过"作文里有一个屈原向我们走来已经不错了"，更可怕的是连屈原也走不出来，走来的不是分数就是名次。但我们以为，该否定的不是文章里有屈原有李白，而是"屈原向我们走来"式的套路作文。当然，这并不表明我们对"屈原向我们走来"这类作文的认可和推崇，我们的意思是并不能因此就否定作文具有文化意识和文化自觉的必要。其实这种套路式的作文恰恰是一种没有文化的表现，有的只是一种"贴牌文化"的技巧和套路，绝不是真正的文化意识和文化自觉。

我们要培养的文化意识和文化自觉，是让我们的学生能够关注各种文化现象，对不同文化有着宽容的态度，对各种文化有着自己的思考，并且逐渐形成自己正确的文化价值取向，比如对待传统文化，对待外来文化，对待流行文化。中国文化的儒释道，当下热热闹闹的"国学热"，盲目攀比的出国潮，一个高中生不能没有自己的思考和清醒的认识。更重要的是，能从文化的角度思考问题、判断问题。可以说任何生活小问题，或者任何政治外交的大问题，无不和文化紧密相关。善于看到各种问题和文化的关联，善于看到各种矛盾背后的文化冲突，善于看到不同文化在相容中发展，无疑是一种重要的文化素养，而把这样的素养体现在交流和表达中，就是一种品位。功利一点说，几乎任何一个高考作文题都可以从文化的角度切入，都可以从文化的角度立意。就这个角度而言，高考"文化作文"不可一概而论地否定。那种套路式的文化作文不可提倡，但以文化的眼光审视写作对象（包括题目），自觉地在作文中渗透文化意识，表达自己的文化思考，是应该提倡和追求的一种高品位写作。

这要求我们的作文教学一定要跳出技巧教学、套路教学，要引导学生以文化之眼看待一草一木一人一事，这样既可以提高学生习作的品位，也可以在作文教学中培养学生立身为人的文化品位。让写作活动具有文化色彩，聚焦文化现象，组织表达交流的活动，甚至以文化之眼审视高考命题（每一个高考题目中一定包含着丰富的文化元素），强化写作的文化立意和文化色彩等都是可行的做法。作文教学直接聚焦文化发展、文化变迁以及文化融合可以，在写社会、写人情、写人生的过程中写出文化当然也可以。这是语文教学，尤其是作文教学很值得开发的空间。

三、依托文化主题拓展文化视野，强化文化自信，让语文学习活动更丰富

除了在阅读和写作等教学中渗透式地培养学生文化传承与理解这一核心素养，借助和依托文化主题组织语文学习活动，拓展文化视野，强化文化自信也是一种有效途径。

在《普通高中语文课程标准（2017年版）》中，18个任务群是课程架构的核心元素，18个任务群的教学是课程目标实现和学生语文核心素养培养的主要路径。而在18个任务群中，"当代文化参与""中华传统文化经典研习""科学与文化论著研习""中华传统文化专题研讨""跨文化专题研讨"等多个任务群是直接以"文化"为主题的。无疑，其中都有着极其丰富的文化资源。在这些任务群的教学过程之中，我们必须围绕文化主题，设计和组织丰富的语文学习活动。既在这些活动和任务的完成之中拓展学生的文化视野，培养学生的文化自信，培养学生文化传承与理解这一核心素养，也在这个过程中培养其语文学习的能力。比如"跨文化专题研讨"，这个任务群的主要内容就是"研讨不同时期不同国家与民族的文学、文化经典，增进对人类文明史上多样化文化并进的事实及全球化背景下文化多样性的理解"。无疑它对于拓展学生的文化视野、培养学生的文化胸怀和文化包容具有非常重要的意义。关键是我们要组织具体的语文学习活动，通过具体的学习方式将其落到实处。再如"当代文化参与"这个任务群，语文课程

标准就明确要求"聚焦特定文化现象,自己梳理材料,确定调查问题,编制调查提纲,访问调查对象,完成调查报告","对社区的文化方式、风俗习惯、思想观念、生活演变等进行分析讨论"。如果我们能够将这些活动充分落实到位,一定能够丰富学生的文化积累,树立他们的文化自信。"中华传统文化经典研习""科学与文化论著研习""中华传统文化专题研讨"等任务群也是如此。

其他任务群,虽然主题中没有"文化"这个关键词,其实同样也包含着极其丰富的文化元素。就以第一个任务群"整本书阅读与研讨"为例,任何一本名著无不是文化的载体,无不是一定文化的特定表达。因此成功的整本书阅读与研讨的教学,必然会充分开掘书中的文化内涵,拓展学生的文化视野,丰富其文化积累。就以《红楼梦》为例,可以说它是中国的"文化百科全书"。儒释道三家的思想、政治、经济、农商、医药、建筑、饮食、风俗各个领域,无不交融其中。近年来,我和学生开设了"红楼梦中读人情"的选修课,主要是从中国社会人情的角度解读《红楼梦》,通过阅读《红楼梦》理解中国社会复杂的人情关系(比如父子关系、兄弟关系、婆媳关系、夫妻关系、祖孙关系、主仆关系等),就是通过《红楼梦》的阅读充分理解中国的人情文化。即使一篇《林黛玉进贾府》,就包含了极其丰富的文化。林黛玉从哪一个门进,先看谁再看谁,怎么坐怎么喝茶,怎么说话怎么称呼,无一不是文化。王熙凤在贾母面前那么张扬卖乖,王夫人在贾母面前老老实实不敢苟言。除了和王熙凤能言机变有关,也与中国社会"隔代亲"的祖母文化有关,如果她是贾母的媳妇,恐怕绝不敢如此张狂。你看她遇到王夫人(尽管是亲姑姑)和邢夫人,丝毫不敢造次。而这些文化的积累和理解又跟对人物的认识和对小说艺术的欣赏紧密相关。其他如"语言积累、梳理与探究"等任务群也是一样,每一个任务群都有着丰富的文化元素。

当然,要注意的是,语文课要有文化,但也不能把语文课上成文化课。义务教育的核心素养强调了文化自信,但如果在小学语文课上大讲传统文化,很显然是不适宜的。即使高中语文教学,把国学作为主题,也是混淆了两者的关系,颠倒了主次,搅乱了表里。

第 06 节

《跳水》

师：今天，我们一起学习一篇课文，课文的题目大家已经知道了——

生：跳水。

师：我们在小学学语文，识字和写字、积累词语是一个非常重要的任务，现在，我想请同学们说一说读了课文之后，你们觉得课文里最重要的字词是哪一个？（生思考片刻）

师：哪位同学想好了可以举手交流。好，这位同学看向了我，你来跟大家说说你觉得哪个字词最重要。

生：龇牙咧嘴。

师：为什么"龇牙咧嘴"这个词最重要呢？

生：因为感觉龇和咧有点儿难写。

师：非常好，请坐。这位同学告诉我们，大家在积累词语时应该关注那些难写的字、容易写错的字和容易读错的字。

师：我再请一位女同学，你觉得哪个字词最重要？

生：我觉得"桅杆"的"桅"最重要，因为一开始我读不准这个字，把它读成了 wěi 杆。

师：如果用注音的方式来说明一下，这个字应该读几声呢？

（生：应该读第二声），是第二声 wéi，不能读成第三声。好，这位女同学举手了，（走过去）你觉得哪个词重要啊？

生：我觉得"放肆"的"肆"比较重要，嗯，它两边的横容易多写或者少写。

师：嗯，没错，它容易写错，这个词的理解也有点难度，对吧？放肆是指言行轻率任意，毫无顾忌。这位同学举手了，你来说。

生：我感觉"吓唬"这个词还蛮重要的。

师：（指语文书）哪个词啊？

生：（指语文书）吓唬，一个下、一个虎我们都是学过的，但加上口字旁，我第一眼看上去是不认识的字。

师：哦，看上去是个熟悉的字，但事实上有变化了，对不对？这读音也有变化了，对不对？你把这个词重新读一读。

生：吓唬。

师：同学们想一想，积累字词，除了一些容易错的、难写的以外，还有哪些字词是我们应该关注的？

生：我认为在全文中多次出现的字词也是要关注的，比如说"笑""哈哈大笑""哭笑不得"等。

师：非常好，这位同学很会学语文。其他同学——

生：第5自然段的"瞄准"，这个"瞄"字很容易写成日字旁。

师：是的，应该是什么旁？

生：目字旁。

师：对，为什么应该是目字旁？瞄准的时候我们用眼睛瞄，所以大家要注意是目字旁。今天上课还有没发言的同学吧？

（有学生点头。）

师：除了他们说的那些，你还觉得哪个字词很重要？

生：龇牙咧嘴。

师：哦，龇牙咧嘴，刚才已经说过了，当然两位同学关注同一个词也是可以的。那么黄老师交给你另外一个任务，好不好？请你起立（生起立），现在你把课文下边两条横线之间的这一组字读一读，好不好？如果你能把每一个字组一个词，那就更好了,比如"肆,放肆的肆"。来,把书拿好。(师生齐)肆,放肆的肆。

生:wěi 杆。

师:等一下,他读的声调有点像什么?(生:有点像 wěi)和老师一起读,是 wéi 杆。(生读)嗯,好的。

生:撕,撕裂。

师:好的。

生:唬,吓唬。

师:很好。

生:龇,龇牙咧嘴。

师:嗯。

生:咧,咧开。

师:嗯。

生:瞄,瞄准。

师:很厉害,你们注意"龇牙咧嘴",他后面换了一个词对不对?咧开。现在,想跟大家说说黄老师关注的字和词,我关注的这个字,刚才没有同学说到,我觉得有必要和大家强调一下。(走到黑板前)课文的故事发生在什么地方?

生:在船上。

师:课文哪一句告诉我们这个故事发生在什么船上?

生:(齐)一艘环游世界的帆船。

师:一艘环游世界的帆船,对不对?这个量词"艘"容易写错,笔画也比较多,我觉得要关注。这个字是一个左右结构的形声字,对吧?

生:对。

师:左边是什么旁?(板书)

生:舟。

师:舟是什么旁?它表示这个字的意思,我们把它称为形旁。(生点头)看到这个舟,我们就知道这个字肯定跟什么相关?

生:船。

师:对,比如说,舰艇的舰,舰艇的艇,对不对?右边是——

生：叟 sōu / sǒu。

师：同学们都没错，这是个多音字，但是我们一般情况下读成 sǒu，首先是写一撇，然后是写一竖，然后是写——

生：横。

师：然后呢？这边是横折，对不对？接下来写什么？

生：横。

师：再然后呢？

生：横。

师：对，还要写横，这个地方很容易写错。还要写什么呢？

生：竖。

师：这个一竖下面要不要出头？

生：要。

师：对，然后下面是个"又"对吧？（生点头）这半边声旁叟读 sǒu，和舟合在一起就是艘，读 sōu。那么，黄老师最关注哪个词语呢？我的想法跟你们不太一样，我觉得课文里"跳"这个词语很重要。我们要关注的词语，除了大家说的几种情况，还要关注对文章理解很重要的词语。我们今天读的是一篇小说，能表现人物性格的词语就很重要。课文里的小孩，他如果不跳，如果掉下去，掉到甲板上，就粉身碎骨了，对不对？

生：对。

师：这一跳改变了命运，所以敢跳不敢跳是决定命运的时刻，所以我说这个"跳"字很重要。

师：现在我想考考你们，你觉得这篇小说里，最重要的人物是谁？

生：这个孩子。

师：为什么说是这个孩子呢？

生：这个故事跟这个孩子有关，没有这个孩子的话，这个故事应该也不会有。

师：这篇小说就写这个孩子，没有这个孩子就没这个故事，对不对？这位同学举手，你的意思跟他是一样吗？你认为是谁呢？

生：我认为是船长。

师：好的，你先等一下，我们先讨论刚才那位同学的观点——大家认为这个孩子最重要，理由很充分，课文写的就是孩子的故事，没有这个孩子就没有故事。你们觉得这个孩子有什么特点？

生：勇敢。（师板书：孩子勇敢）

师：他的勇敢体现在什么地方？

生：他最后跳到水里去，我觉得他很勇敢。

师：是勇敢的一跳，是吧？好的，我们下面来看看这位男同学的观点，你认为船长最重要，为什么说船长最重要？

生：我认为船长在这里对孩子起到了促导的作用，如果孩子真的不跳下去、不敢跳下去，如果没有船长胁迫他跳下去，那他可能真的会没命。

师：他就会掉下来，是吧？所以说船长很重要。大家想一想，船长有什么特点？（板书：船长）这是一位什么样的船长？好，我们先有请女同学来说。

生：我觉得船长遇事冷静。

师：是的，事情很紧急，但是他很冷静。

生：沉着冷静。

师：是的，这两个词一般都连着用。

生：我认为船长比较机智，因为他不逼那个孩子的话，孩子就有可能掉在甲板上了。

师：对，沉着冷静，急中生智。（板书：沉着　机智）那么，有没有同学认为其他人物更重要的？

生：猴子也重要，如果没有猴子偷了他的帽子，故事就不会发生。

师：是的，我觉得非常有道理。（板书：猴子）那么猴子在里面起什么作用呢？这位同学说，不是猴子把这个孩子的帽子叼走，爬到桅杆顶上去，使孩子陷入危险的境地中，这个故事就没这么好玩，气氛也没有那么紧张，后面船长也没机会表现，对不对？猴子的确很重要，因为它推动了情节。（板书：推动情节）有没有同学还有其他的理解？

生：有，水手。

师：大家想一想，如果小说里没有水手行不行？（板书：水手）

生：不行。

师：(指一生)你说说看。

生：如果没有水手的话，这个孩子就直接掉到海里了，然后没有人救他了。

生：因为如果水手不笑的话，猴子就不会去摘小孩子的帽子。

师：是的，如果水手不去逗猴子，猴子也不会去摘小孩子的帽子，猴子不摘小孩子的帽子，小孩子就不会在后面追猴子，不追猴子就不会爬到桅杆上，不爬到桅杆上，就不会有后面的危险出现，就没这篇课文了。对不对？所以水手起什么作用？是引发了故事，对吧？(板书：引发故事)我觉得，不但这些人物重要，还有一个东西蛮重要的，哪个东西很重要？

生：帽子。(师板书：帽子)

师：你觉得这个帽子为什么重要？

生：因为如果没有帽子的话，小男孩不会爬上桅杆去夺帽子，也就不会跳水。

师：是的，非常好，请坐。大家欣赏小说的时候要注意这些不是人物的一些物，我们把它们称为道具。(板书：道具)就是你们演课本剧用的道具。你们将来写作文的时候注意，要善于在文章中安排一个小道具，可以更有故事性。有时候好的道具还有比喻的作用，你们想想，帽子在我们生活中可以比喻象征什么东西？有没有同学想到？

生：它就像是一个人的脸面，象征一个人的尊严。

师：大家觉得有没有道理？

生：有。

师：很好，我觉得这位同学是个读小说的高手。帽子，就象征着我们的面子(板书：面子)，这个小孩子看起来追的是帽子，实际上他追的是什么？

生：面子。

师：对啊，这个猴子伤了他的自尊和脸面，所以他就有点儿恼羞成怒了。

师：现在是每一个人每一个物都重要，对不对？对，好文章就是这样的，没有一句闲话，也没有一个闲人，每一个人在文章中都是至关重要的。但相对来讲，又会有些人物会最重要，你们觉得是谁？我们现在来评选最重要的人物。请认为孩子最重要的举手，(生举手)认为船长最重要的给我看一看，(生举手)好，认为猴子最重要的呢？（生举手）认为水手最重要的呢？（生举手）好，大多数同学认为孩子最重要。

师：我们班同学的阅读既有多角度的理解，又能够聚焦思维，我也认为孩子最重要。为什么呢？小说会通过一个故事塑造一个人物，通过这个人物告诉我们一个道理，我们称之为主题。那么，这篇课文是通过哪个人物告诉我们道理的？

生：孩子。

师：因为我们会通过这个孩子的故事理解小说的主题，所以他最重要。现在让你们展开思维想一想，你们觉得孩子长大之后，会成为一个什么样的人？

生：我觉得他长大后会成为跟船长一样的人。

师：和船长一样的人。好的，有没有同学跟他一样呢？（生举手）好的，有没有同学的想法不一样呢？（生举手）好的，我们先听听他们的意见好不好？为什么说他长大以后会跟船长一样呢？

生：因为有其父必有其子。

师：你是从遗传基因的角度想的是吧？有道理，但是你有没有发现也不一定，你看李白的儿子就没有成为诗人。好的，这边的同学，你也认为他会成为跟船长一样的人是吗？

生：因为他有跟船长一样的丰富阅历。

师：哦，还有跟船长一样的丰富阅历啊？

生：他经历过这样危险的事情之后，长大后遇到像这样紧急的事情都能解决。

师：哦，你觉得他经历了这些事情以后，遇事就不慌张，很冷静，不冲动，是这样的吗？有道理，其他同学有没有补充的？

生：我觉得他会成为一个勇敢的人。

师：因为我们课文中船长就是个勇敢的人，对不对？

生：我觉得他很倔强，他如果不倔强的话，就不会去桅杆上拿这个帽子，就不会爬那么高。

师：是的，有道理。尽管孩子追着猴子爬有点冲动，但是我们也可以看出他是一个不轻易放弃的人，还可以看出他爬桅杆的时候，动作非常灵敏。你看，他又勇敢，又机智，又坚韧，有点像谁？

生：船长。

师：有点像船长了对吧？船长就是这样的，冷静机智，遇到风浪不怕。有没有同学认为他长大了可能就是个普通水手呢？（一生举手）好的，我终于找到一个知音。

生：后面20多个水手跳到大海里去救他，水手们也很勇敢。

师：水手也勇敢。我认为这个孩子要想成为一位船长，恐怕需要经历很多很多的磨炼，还要改掉他身上的一个缺点。你们觉得他身上有什么缺点？

生：他做事有点莽撞。

师：不冷静对不对？

生：对。

师：勇敢、机智是成为一位船长的重要品质，但是冷静、不冲动才能成为一位成熟的、优秀的船长。

师：我问问你们，如果你们是那个小孩子，那个猴子这样耍你逗你，你会怎么做？（环顾四周）我想找一位没发过言的同学。（指一生）那你起来回答一下。

生：我会让猴子不要做那么搞笑的动作。

师：那它不听你的怎么办呢？

生：让水手不笑，然后它就觉得没意思。

师：你看，她很冷静。让水手不要去逗它，起哄，因为一起哄猴子就不冷静了，对不对？嗯，很好。那么其他同学有没有不同的答案？

生：我觉得我可能会站在甲板上，吓得动都不动地看着它。

师：看来这样一种尴尬的情况，我们还是冷静地处理比较好。那位同学举手了，你有什么好办法吗？

生：可以拿一个比较长一点的杆子把它挑下来。

师：就是自己不要冒险对吧？如果遇到这样一只调皮的猴子，要冷静地处理。如果我们各位同学是那位船长，看到自己的儿子陷入那么危险的境地，你们有什么办法啊？还是那几位经常举手的同学，我就希望没有举过手的同学发言。这位同学你说说看，如果你是船长，你会怎么办？

生：如果我是船长的话，我可能会对他们大喊大叫，让他们下来。

师：啊，你是在后面喊和叫对吧？那么这位船长有没有喊啊？

生：（迟疑）没有。

师：（帮忙翻书找）没有吗？

生：（齐）喊了。

师：喊什么了？"向海里跳，不然我就开枪了。"有没有开枪？

生：没有。

师：也是大喊大叫，看来你像船长一样聪明。有没有同学有不同的想法？

生：叫他跳下来，跳到甲板上，然后在甲板上铺一个很厚很厚的垫子。

师：你让他跳到甲板上，然后找个垫子来？来得及吗？

生：先铺好垫子。

师：先铺好垫子，船上一定会有垫子吗？那位同学有什么好办法？

生：可以让他先不要动，冷静下来，然后我们再上去救他。

师：告诉他先不要动，保持冷静，我们上来救他，对吧？那孩子能保持不动吗？这位男同学，你有什么办法？

生：告诉他先不要动，然后拿一根绳子系在他腰上。

师：怎么上去系绳子呢？大家可以再想一想，是你们的办法好还是船长的办法好？

生：（小声）船长。

师：我觉得刚刚的办法也很好，但是不可行。你们想想当时的情景，小孩在哪里啊？在那个桅杆很高很高的横木上。（边讲边演示）他在往前走，走的时候桅杆还在晃。他一晃就要掉下来了。你说不要动，他没办法不动。这个船在晃，桅杆也晃，他的两条腿也在抖，还要让他等爸爸爬上来拴根绳子……

（学生大笑。）

师：看来还是船长的办法有用，船长怎么办的？

生：船长用枪威胁孩子跳下来。

师：可是我觉得船长的办法不好，没有黄老师的办法好。你们谁能想到黄老师的办法是什么吗？

生：是不是让他先坐在这个桅杆上，然后一点一点地挪下去？

师：哦，就是坐在上面然后蹬下去，这样安全一点对吧，下来的时候两个手抱着杆子好像也不错，但是我就怕这小朋友处理不当掉下来。还有人能想到黄老师的办法吗？

生：是不是让水手们在下面，然后孩子跳下来的时候接住？

师：哦，原来让水手们接住。（演绎）水手们快过来，大家手搭手接住跳下来的孩子。你有什么办法？

生：让水手爬上去把他接下来。

师：水手爬上去和船长爬上去不是一回事吗？来不及了呀！还有什么想法吗？

生：我想，拿一块很长的木板让他滑下来。

师：哦，办法是不错，但是不一定竖得起来，而且海浪让船晃来晃去。办法是蛮好的，如果在陆地上应该是可以的。黄老师的办法我觉得是最好的，船长手里有什么呀？

生：（齐）枪。

师：我认为拿着这支枪冲着天上"砰"就是一枪。你们觉得怎么样？

（学生笑。）

师：看来大家觉得我的办法不够好。这篇小说的作者是谁？

生：列夫·托尔斯泰。

师：有没有上网查一查他有哪些作品？

生：《战争与和平》。

师：他伟大的作品有很多，小说也很多，这么一个伟大的作家，他怎么没有想到黄老师的这种方法呢？怎么还要在那儿喊"一，二，三"，拿着枪向天上"砰"的一枪就行了呀。

生：黄老师，我觉得如果直接打一枪，孩子可能会吓得脚一滑就摔下来了。

师：也就是说，如果黄老师打了一枪，孩子不是跳下来的，而是怎么样？

生：掉下来的。

师：你是怎么知道孩子是跳下来而不是掉下来的呢？去课文中找一找，从哪个词可以看得出是跳下来而不是摔下来的？

生：第5自然段最后一句，"孩子往下一纵身，从横木上跳了下来"。

师：什么叫纵身，你们知道吗？跳之前有一个腾空的过程，这是纵身。还有哪里也能看出来呢？

生：最后一自然段，"孩子像颗炮弹扎进了海里"。

师：哪个词告诉我们是跳下去而不是摔下去的呢？

生：（齐）扎。

师：你们再仔细品味一下这个"扎"字，是头先入水、手先入水、屁股先入水，还是脚先入水呢？

生：（齐）手。

师：我最近看到有人说托尔斯泰这篇文章写得很好，但是题目起得很差。你们觉得这个题目好不好？

生：好。

师：为什么呢？

生：因为跳水这个题目说明孩子是跳下来的，而不是掉下来的。

师：如果我今天告诉你们，我们要学习跳水，你觉得会是什么样的内容？

生：在游泳馆里跳水。

师：对，就是在游泳馆里学游泳，做动作，跳水，这个气氛紧张吗？

生：不紧张。

师：所以有很多人认为跳水不好，最起码改成"跳海"也比跳水好。因为我们一般说的跳水都是在泳池或者水池这样一个环境。而且这里跳的也不是水，是海呀。那你觉得是跳水好，还是跳海好？

生：我认为跳水好，跳水设置了悬念，如果改成跳海的话，就会有一些惊慌；也更能体现他是跳下去的。

生：我觉得跳水好。因为文章中就是跳进水里，而跳海的话就是很紧张，有一种被逼迫的感觉。

生：我也觉得跳水好，跳海，有一种像要自杀的感觉。

师：同学们揣摩语言文字的能力还是很强的。

生：我觉得跳海好，因为跳海更能增加悬念。

师：我觉得也很有道理。我们暂不讨论这两个题目哪一个好了。假如让你给这篇小小说起一个题目，你会起什么题目呢？

生：海上惊魂。

师：也不错，很多电影里是这样的，对吧？

生：枪声。

师：我们看看文章，文章中有枪声吗？好像没有。枪声是刚刚我说的，我们下次可以合作一篇文章，你想题目，我想情节。

生：我觉得这个题目可以改成"勇敢"。

师：也不错。我在网上也看到了一个题目，叫"跳出绝境"。好不好我也不知道，但是把文章主题概括出来了，勇敢一跳，跳出绝境。如果让我起题目的话，我可能就只用一个字。你们猜猜看是什么。

生：跳。

师：我们还有最后一个任务，我发现同学们阅读品味的能力非常强，现在我们来看一下课文，你们的课文有没有插图啊？

生：有。

师：我们刚才是向作家挑战，推敲了这个题目好不好。接下来我们向教材挑战，来看看课文上的这个插图好不好，有没有把课文内容很好地表现出来。

生：我觉得插图挺好的，因为插图上画了一只猴子，它表情有嘲讽的意味。而且插图也表现出了文章第3自然段小男孩为了面子，不顾危险，爬上了桅杆。

师：你能从他脸上看出什么来了？

生：害怕。

师：对，有一些恐慌。你觉得好不好？

生：我觉得不好，因为没有把船长的行为刻画出来。

师：哦，他觉得少了船长不好。你觉得呢？

生：我觉得要根据语境来说。如果是要对这一段进行概括，那图片概括得挺好的，把这段内容表现得非常生动。如果对整篇文章进行概括，那它概括得不好，并没有完整地概括整篇内容。

师：这位同学说得有道理，他说插图概括得不够全。但是插图不一定就是概括全文，它可能就是根据一段话或一句话画的插图。你的意见呢？

生：我认为整个插图蛮好的，但是帽子可以再破烂一点。因为它已经被猴子用牙齿咬，用爪子撕过了。

师：这位同学很关注细节，但是这个帽子挂得比较高，可能也被咬过了，被撕过了，看不太清楚。同学们鉴赏插图的能力还是蛮好的，其实读插图也是读小说。这幅插图把猴子的顽皮、这个小孩子为了自己的面子，冒着危险去拿帽子惊慌的神情，以及当时摇晃不定的危险处境都画出来了。虽然这幅插图不全，但是告诉我们这个桅杆高不高？

生：高。

师：这个桅杆一高就把紧张的气氛表现出来了。黄老师喜欢挑刺，还有一个问题，按照原文，猴子应该是在哪里？

生：（迟疑）在一块横木上。

师：快去文章中找一找，读书要细。

生：是在桅杆的顶端。

师：它现在是在桅杆的顶端吗？

生：不是。

师：更重要的是，我觉得有一个地方也处理得不细。文章中说猴子是怎么把帽子放到桅杆的顶端上的？

生：用后脚勾住绳子，把帽子放在最高的横木上的一头。

师：你们看现在这个插图，猴子的后脚能把帽子放那么远吗？

生：不能。

师：当然我们也不能完全说人家画得不好，只要把这种紧张的气氛表现出来就可以了。我们现在最后一个任务就是一起来画一个示意图。我们一起来画一画吧。最下面是什么呢？

生：大海。

师：（画波浪线大海）大海上有什么呢？

生：有一艘船。

师：（画船）船上有一个高高的什么？

生：桅杆。

师：桅杆上有两个横木，船的甲板上有什么呢？

生：有两个水手。

师：水手在逗谁玩？

生：猴子。

师：所以我们再画一只猴子，猴子边上还有一个什么人？

生：小孩。

师：故事的发生是由谁引起的？

生：水手。

师：水手逗猴子，猴子怎么办？

生：拿了孩子的帽子，然后爬桅杆。

师：爬到了哪里？

生：爬到了桅杆的顶端。

师：还做了什么？

生：把帽子放在了横木的一端。

师：小孩子追猴子，一直追到哪里？（在横木上画小孩子）追到这里对吧？

生：黄老师还缺一条绳子，小孩子是顺着绳子爬上去的。

师：哦，那老师再画一条绳子，纠正得非常好。大家看看还缺什么？

生：船长。

师：（画船长）船长在这里，手里有把枪，枪有没有打？

生：没打。

师：天上有什么？

生：海鸥。

师：我们通过这幅图就把课文重温复习了一下，这也是一个很重要的方法。我们读一些作品，还原一下它的场景。通过画这样一个示意图，我们就可以把场景再现出来。今天我们这篇课文就学习到这里，知道这篇课文是什么文体吗？

生：小说。

师：读小说最主要的是理解它的人物，怎么去理解人物呢？要抓住故事，要抓住细节，通过故事去理解人物，然后通过人物再去理解小说要告诉我们的道理，也就是所谓的主题。好的，谢谢同学们，下课。

如何理解和设置"真实的语言运用情境"

一、对"真实情境"的几种解读

整个语文课程标准中有33处"情境",加上《前言》中的一处,应是34处,排除内涵明显一致的,34处"情境"主要有22个概念。毫无疑问,在22个"情境"概念中,最核心、最有新意也最难理解的是"真实的语言运用情境"。而这一概念的理解,关键在于什么样的"语言运用情境"才是"真实"的。对此,主要有这么几种说法。

1."生活"情境说

"生活"情境说认为"真实的语言运用情境"就是语言交际的实际情境。杨再隋先生就认为:真实的语言情境产生于真实的言语交流,真实的语言情境发源于生命的童年,真实的语言情境发生在丰富多彩的生活中。

2."语境"说

"语境"说认为"真实的语言运用情境"就是通常所说的语境。孔凡成先生认为,"真实的语言运用情境"就是语境,并将其分为情境语境、虚拟语境、上下文语境、社会文化语境和认知语境五个类型。

3."学习"情境说

"学习"情境说认为"真实的语言运用情境"是指学生的学习

情境。王荣生先生将语文学科的学习情境分为三类：为了学习的真实的问题（难题）情境；为了学习的真实的沟通（困难）情境；为了学习与文本对话的（困难）情境（"文本语境"）。

4."课堂"情境说

语文课程标准修订组的负责人王宁老师对"真实的语言运用情境"的解释是："所谓'情境'，指的是课堂教学内容涉及的语境。所谓'真实'，指的是这种语境对学生而言是真实的，是他们在继续学习和今后生活中能够遇到的，也就是能引起他们联想，启发他们往下思考，从而在这个思考过程中获得需要的方法，积累必要的资源，丰富语言文字运用的经验。"很显然，王先生对"真实的语言运用情境"的解释是基于语文课堂教学的。

5."知识"情境说

王本华先生在《任务·活动·情境》一文中介绍了新教材设置情境的基本方法：（1）每一个学习任务中，前边的引入语都是创设的情境。通过较多的描述引出相关学习任务，这些描述设置的就是具体的情境。（2）单元导语是为教材提供的整体学习情境。单元导语一般由三段组成，简明扼要地说明单元的人文主题、所属学习任务群及选文情况、单元核心任务及学习目标。（3）课文是为教材选择的具体学习情境。文本情境，应当指两个方面：一是文本所涉及的时代背景、社会环境、人物形象（小说等）、写作意图等；一是完成任务时所需要理解的文本的内容、结构、写法、风格等。

我们有理由相信，根据新课标编写的新教材所创设的种种情境应该是"真实的语言运用情境"。而从我们对新教材的了解和王老师的解释看，这三类情境基本都是基于学科知识创设的。

毫无疑问，这几种对"真实的语言运用情境"的理解都各有道理。但我们也都有困惑不解的地方。比如：如果"真实的语言运用情境"就是语境，就是生活情境，语文课程标准为什么还要煞费苦心地提出"真实的语言运用情境"这个概念呢？我们非常认同王荣生老师基于学生的学习解读"真实的语言运用情境"，但不知道王老师为什么要特别强调"难题"和"困难"。王宁先生作为语言学大家能够基于课堂教学解释这个概念，让我们喜出望外，但困惑的是什么样的情境才是"他们在继续学习和今后生活中能够遇到的"呢？"他们在继续学习和今后生活中能够遇到的"情境和"课堂教学内容涉及的语境"是什么关系呢？是一致、相似还是关联？

二、"真实情境"的基本定位

1."真实的语言运用情境"是基于教学需要和学习需要设置的，并不简单等同于实际的生活情境

我们以为，就课堂教学而言，基于教学需要和基于学习需要是统一的，即教者设计或设置这样的情境是为了开展教学活动，而当教学活动本身就是基于以学为中心，那么这必然也是为学生的学习活动设置的情境。这或许就是王宁老师所说的"课堂教学内容涉及的语境"。而当学生的学习活动并非在课堂中完成时，这时的情境就主要是为学生的学习活动设置的。从某种意义上说，学生的学习活动都是或者都应该是"语言运用"。

但无论是课内的教学活动的"情境"还是课堂之外的学习活动的"情境"，都不等于学生实际生活的情境，它们本质上都有一定的虚拟性。尽管实际生活中的"情境"，也必然是"语言运用"的情境，但它和课堂教学中的情境、学生课外学习活动的情境是有明显区别的：

（1）语言运用的目的不同：实际生活中的"语言运用"是为了生活实际的需要；课堂教学中和学生课外学习中的"语言运用"都是为了培养语言运用能力，提高学生的语文素养。（2）情境的形成不同：实际生活中的"语言运用情境"都是因为实际生活需要而自然发生的；课堂教学中的情境和学生课外学习的情境都是课程设计者和教学实施者根据一定的教学目的设计和设置的。

当然,说课内教学活动中的"情境"和学生课堂之外的学习活动的"情境"不等于实际的生活情境,并不是说它们之间没有联系。我们认为,两者之间的关系是一种"尽可能接近的相似关系和对应关系"。我们猜想,王宁先生所说的"所谓'真实',指的是这种语境对学生而言是真实的,是他们在继续学习和今后生活中能够遇到的"会不会就是这个意思。我们之所以说是"尽可能接近的相似关系和对应关系",而不说"是他们在继续学习和今后生活中能够遇到的",因为我们并不能判定这样的情境就一定能够"遇到"。

2. "真实的语言运用情境"应是由具体的教学实施者设计的,而不是由课程专家统一"批发"的

前文我们在说明课内的教学活动中的"情境"和学生课堂之外的学习活动"情境",与实际的生活情境并不相同时,已经提到了这一点。

我们还要说的是,"真实的语言运用情境"具有特定的针对性和鲜明的丰富性。比如,完成同一个学习任务(阅读一篇文本,完成一次写作,进行一次采访,参加一个活动,准备一个发言,发布一个消息,进行一次语言积累的梳理),不同的教者会根据具体的教学对象(任务完成主体和活动主体)以及自己的教学特点设置不同的情境或者多样化的情境;如果考虑到学生具体学习基础、学习能力的实际差异和所处地域的各种学习条件的不同,那么这样的学习情境的设计和设置,则需要具有更多的可能和选择。

因此可以说,由教材编者设置的种种情境,某种意义上都不是"真实的语言运用情境";同样的道理,现在大行其道的由各种不同类型的专家设计的"语言运用情境"也都不是"真实"的。新课改启动后,好心的专家们组织编写了不少任务群的资料,但似乎并不受教师和学生欢迎,或者说成效并不显著,这应该是其中一个很重要的原因。因为这些专家所"批量"生产的任务群和学习情境很可能是脱离教师实际和学生实际的。

由具体教学实施者设置学习任务群和语言运用的情境，是本次课程改革对一线语文教师提出的挑战之一，同时也是"真实的语言运用情境"这样的课程理念能否真正落实的关键。很多人以为，只要由一批专家或者教材编者替全国的语文教师和学生设置好种种学习任务和学习情境，一切就迎刃而解，这显然是脱离实际的。

3. "真实的语言运用情境"是基于具体任务完成创设的情境，而不是相关文本和知识的简单呈现

设置"真实的语言运用情境"，其主要目的是为学生学习任务的完成提供场景限制，它应该明确呈现任务完成的背景、方式、任务指向以及任务指标，而不是文本呈现和知识呈现。即使是知识呈现，也应该是一种程序性知识，而不能是一种陈述性知识。如果以为介绍了什么是联想、什么是想象，想象和联想有什么不同，各有哪些类型，然后让学生进行联想和想象就是一种"真实的语言运用情境"，我们以为是对这一理念的误解或者曲解。

因此，我们认为新教材设置的三种情境大多都不是"真实的语言运用情境"，因为无论是"简明扼要地说明单元的人文主题、所属学习任务群及选文情况、单元核心任务及学习目标"的单元导语，还是"通过较多的描述引出相关学习任务设置的具体的情境"，或者是对"文本所涉及的时代背景、社会环境、人物形象（小说等）、写作意图，以及完成任务时所需要理解的文本的内容、结构、写法、风格等内容"的介绍，基本都是一种陈述性知识。

新教材必修下第一个单元的导语是：

"观今宜鉴古，无古不成今。"(《增广贤文》) 流派众多的诸子学说，浩如烟海的古代史籍，都是弥足珍贵的文化遗产。深刻体悟前人的智慧，才能更好地把握当下与未来。

本单元选取了《论语》《孟子》《庄子》中的经典篇章，以及《左传》

《史记》的精彩片段。阅读这些文章，有助于我们了解中华文化的一些重要理念，领会其中包含的人文精神，深化对传统文化的认识，增强文化自信。

学习本单元，要在理解文意的基础上，整体把握经典选篇的思想内涵，认识其文化价值，思考其现代意义。初步了解儒家、道家思想的特征，体会相关篇章论事说理的技巧和不同的表达风格。阅读史传文，要关注其叙事曲折有序、写人生动传神的特点，尝试理性评价历史叙述中体现的思想、观念，认识历史人物和历史事件。

三段话中，第一段是说"体悟前人智慧"的重要，第二段是说这个单元的选文的价值，第三段是对学习这个单元的要求，基本都是学理性的陈述性知识介绍。

新教材的单元学习任务，大多也是如此。如必修下第二单元"单元学习任务"的第一个任务：

鲁迅说，悲剧"将人生的有价值的东西毁灭给人看"(《再论雷峰塔的倒掉》)。在本单元的课文中，窦娥的善良、鲁侍萍的真情、哈姆莱特的理想都是"有价值的东西"，也都遭遇了现实的摧残和毁弃。阅读这样的悲剧作品，常常会引起我们心灵深处的悲伤、哀痛乃至愤懑，激发我们对良知的坚守、对道义的追求。阅读本单元的课文，看看这些悲剧故事毁灭了哪些"有价值的东西"，并以悲悯的情怀看待悲剧人物的命运，认识良知的不朽价值，感受悲剧作品震撼人心的力量，与同学分享你的阅读体验。

如果去掉了"鲁迅说……对道义的追求"这段引入语，后边的学习要求和以前的教材，与我们通常见到的学习活动看不出什么区别，或者说绝无本质的差异。而前面的内容也都是知识解说。

再如这个单元《窦娥冤》一课的"学习提示"：

王国维曾说，《窦娥冤》"即列之于世界大悲剧中，亦无愧色"(《宋元戏曲史》)。窦娥悲惨的命运令人同情,造成她悲剧的原因引人深思。阅读本文时要注意体会剧作家在窦娥这个人物身上寄托的思想感情,思考她指斥天地、痛发誓愿的反抗有什么样的意义和价值。

《窦娥冤》属于元杂剧中的"本色派"作品,说白凝练而又生动流畅,唱词优美而又节奏鲜明,深刻地展示了人物的内心世界。要反复诵读,欣赏作品极富表现力的语言。

第一段先引王国维的话说明《窦娥冤》的地位和成就,然后说窦娥的悲剧价值,再说阅读的重点。第二段先说元杂剧"本色派"的特点,再强调"要反复诵读"。除每段后一句提出要求,都是知识呈现。

对照王宁老师"从所思所想出发,以能思能想启迪,向应思应想前进"这样的要求,以上这些单元导语、学习任务和学习提示都相差甚远。语言运用要求不明,思维要求低下,活动缺少张力,"任务"缺少驱动,是显而易见的问题。

三、"真实情境"的基本特征

基于以上的认识,我们认为"真实的语言运用情境"应该具有这样一些特征。

1. 必要性

"真实的语言运用情境"首先应该是必要的,即必须是学生的学习活动得以开展和进行所具有的情景;可有可无的情境则是没有必要的,本质上也就是虚假的。那些为了"情境"而编造出来的情境,不仅不能很好地体现新课程的理念,而且会误导教师的教学,干扰学生的学习。而虚假的学习情境最常见的形式就是"戴帽子",即在一个非常常规的学习要求,甚至就是在一道很普通的中高考模拟练习题前面加几句毫无必要的话。比如,本来就是让学生概括一篇文章的主要内容，却要在明确要求之前先概括出同单元中的另几篇文本的内容，然后再提出"概括某某文章内容"的要求；本来就是要求学生根据上句默写下句，却要在前面先说一通貌似情境的话，再提出"在横线上写出有关诗句"这样的要求，就显得多余而做作。

2. 切合性

"真实的语言运用情境"应该是和具体的学习任务匹配的，应该切合具体任务完成的要求，即应该为学生具体学习任务的完成提供必备的特定的条件和必要的限制而设置学习情境。小任务设置一个大情境，大任务设置一个小情境，或者情境和任务完成的要求不一致，从某种意义上说，也都是虚假的学习情境。比如本来就是要默写曹操的"老骥伏枥，志在千里"这个名句，却要增加一个"如果给一位老教师送一句赠言，你选用曹操的哪一句诗"这样的情境。送给一位老教师的赠言为什么就一定要用曹操的诗句呢？送给一位老教师的曹操的诗句为什么就一定是"老骥伏枥，志在千里"呢？同样是《龟虽寿》中的诗句，"烈士暮年，壮心不已"为什么就不行呢？即使诗中的"养怡之福，可得永年"，我们觉得也是完全可以的。很显然，这样的情境设置过大了，是虚假的。其实，默写古诗名句用得着这样拐弯抹角吗？更何况名句运用常常有具体甚至特殊的情境，会出现很多"超常规"的情况呢！

3. 明确性

"真实的语言运用情境"应该是明确的，即在什么情境中完成什么样的规定任务。如果设置的情境，宽泛而模糊，则使学生对活动方向不够明确，对任务的要求产生误导。

《现代汉语词典》对"情境"的解释是："情景；境地。"什么是"情景"呢？《现代汉语词典》的解释是："情形；景象。"我们以为，虽然"情境"的内涵和"情景"并不相同，但可以看出"情境"是必然具有"情景"的。情景是指具体场合的情形，是具体、直观的景象，是对某一场景、局面的描述。既然"情境"包含了"情景"，则"情境"应该具有一定的具体"场景"，时间、地点、角色、对象等要素都应该是具体明确的。比如，一位同学要和你分别了，请你写一段话作为临别赠言。这样的情境就是不具体、不明确的，会给学生完成任务带来很多干扰和误导。这位同学是哪个年级的？是男还是女？是毕业之际的分别，还是因为特殊原因要离开？是和所有同学的一般告别还是和"我"作为特殊关系的告别？"一段话"是多长的一段话？如此等等，如果不描述清楚，学生就无从下手，或者会写出来一堆套话、废话。而这都是由于情境不够具体、明确造成的。

4. 驱动性

设置"真实的语言运用情境"，其主要目的是为学生的任务完成提供场景限制和驱动力，所以应该具有鲜明的动作性和引导性。这个情境一方面提出了任务完成的条件和要求，同时也应该能够驱动和引导学生的任务完成。成功的语言运用情境的设置，应该具有一种激发功能，应该能够唤起学生完成任务的冲动和激情，应该能够把学生"带入"他们似曾有过、正在拥有、确认会有，甚至向往拥有的生活情境。同时，成功的语言运用情境的设置，不仅仅只是提供条件和限制，还能引导学生的任务完成，提供任务完成的支架和帮助。而我们见到的许多任务群设置的语言运用的情境都不具有任务驱动的功能。本来就是一道语序排列的题目，可是有位命题者却将其变成这样一个"学习任务"：关于"小说"的一段话，被一位同学将句子的顺序弄乱了，需要重新排列，下列选项中衔接最恰当的一项是……很显然，这里的"情境"是非常虚假的，因为它对后面的任务要求和学生的任务完成是毫无意义的，当然也是没有必要、不切合的。最近听一位老师教学整本书阅读，布置了一大堆任务。结果学生不用看书就把所有任务都完成了；或者说任务都完成了，却不需要好好读书。这就是驱动功能的缺少。

第 07 节

《昆明的雨》

师：同学们，我们今天来读一篇散文——《昆明的雨》，是谁写的？

生：汪曾祺。

师：对，汪曾祺是我们老乡，知道吧？

生：知道。

师：是的，汪曾祺是我们江苏人。那么，江苏人汪曾祺笔下的昆明的雨是什么样子的呢？请同学们用最快的速度从文中找出关键词语。好，这位同学反应最快。你从课文哪个地方找到的？告诉大家第几自然段。

生：是在课文第5自然段。"昆明的雨季是明亮的、丰满的，使人动情的"。

师：你慢一点。昆明的雨是明亮的，还有呢？

生：丰满的。

师：还有呢？

生：使人动情的。

师：请坐。还有吗？（指一生）你补充一下。

生：我从第4自然段看到，"昆明雨季气压不低，人很舒服"。

师：还有同学要补充吗？

生：昆明的雨是浓郁的，旺盛的。

师：我估计同学们找下去还能找到，但我们今天就不找了。为什么呢？因为对一个初中生来讲，从文中去找几个词来概括特点，这是一个简单的学习任务。我相信我们班同学都能……（一生举手）你举手了，有什么话要说？

生：昆明的雨不是连绵不断的。

师：不是连绵不断的，那是什么样的？

生：是下下停停的。

师：有道理，很好。

师：我刚才已经说了，我们班很多同学都能从文中找到昆明雨的特点。但大家有没有发现，作者主要不是写这些特点，那主要写什么呢？

生：昆明的那个菌子。

师："菌"字你读得很准，黄老师就经常读错。

生：还有写昆明的仙人掌。

生：还有写杨梅。

生：还有写缅桂花。

生：还写了雨季他们的小酌。

师：对，下雨天在小酒店里喝小酒。

师：好，下面给大家一个任务，给这些内容加一个修饰语：什么样的仙人掌，什么样的菌子，什么样的杨梅，什么样的缅桂花……那位女同学——

生：肥大的仙人掌，好吃与不太好吃的菌子，火炭般的杨梅，带着雨珠的缅桂花，还有莲花池边酒店里与友人的小酌。

师：嗯，这位同学非常聪明。这么快就完成了任务。你从哪里找到的？

生：阅读提示上。

师：今后同学们预习时都要把阅读提示看一看。这是一个聪明的办法，但有时候用笨办法更好。请大家读读课文，想一个跟阅读提示不一样的定语。比如说仙人掌——

生：倒挂着还能开花的仙人掌。

师：很好。那菌子呢？

生：滑嫩鲜香的菌子。

师：你是根据课文什么地方来概括的？

生：文中写牛肝菌滑嫩鲜香，很好吃。

师：文中哪个句子最能体现菌子好吃？

生："这种东西也能吃？！"还有，"这东西这么好吃？！"

师：非常好，这两个句子不好读。大家可以多读读，好好体会。那杨梅呢？

生：赤红的杨梅。

生：乒乓球大的杨梅。

师：都非常好，其他同学呢？

生：颜色黑红的杨梅。

师：嗯，好的。缅桂花呢？（无人应答）

师：嗯，那我们就来读读有关的故事。我们先来看看写杨梅的第8自然段。看看能不能在字里行间找到、体味到杨梅的特点。有没有同学愿意读课文？好的，就这位同学，你把这一段读一读。大家听他读，体会一下这段的表达。（生朗读第8自然段，动情投入。）

师：哎呀，我发现咱们学校的同学朗读得真好，音色也好。他读得好，但是有一句话读得不好。你们想想，哪句话读得不好？

生：笑卖杨梅。

师：读卖杨梅的是个男生，而且是长得又高又壮的男生，文章里是什么人卖杨梅？

生：苗族的女孩！

师：对，苗族的女孩子。（师读"卖杨梅"片段）要读得轻轻的、柔柔的、嗲嗲的。黄老师嗲不起来，哪位女同学来读读？

（一男同学举手，生齐笑。）

师：你是男生好吧！

生：老师我可以啊！

师：你可以，那一定要比我嗲。

（该生语调拖长，生齐笑。）

师：（再读"卖杨梅"）我跟他哪个嗲？

生：黄老师！

师：输了吧！（示意该生）有没有女生读得比我们好点？后面有个女生——（生读"卖杨梅"）

师：大家想一想，为什么要又尖又细又嗲的声音？跟杨梅有什么关系？

生：可以衬托杨梅的甜。

师：对，这样卖杨梅能让我们体会到那个甜甜的杨梅，甜得让你心里都发软。

师：缅桂花，如果让黄老师加一个定语的话，那是充满了人情味的缅桂花。哪个句子能读出人情味来？（师读："缅桂盛开的时候……不是怀人，不是思乡"）从哪里看出这是一个非常有人情味的主人？

生：倒数第二行。"有时送来一个七寸盘子，里面摆得满满的缅桂花！"

师：是啊，七寸盘子是强调大还是小？

生：大。

师：对，送一大盘子。不是说她怕人家摘她的花吗？怎么又这么大方？这看起来有矛盾，其实不矛盾。不让人家摘，是怕什么？

生：是怕人家乱摘，乱摘了之后她就没法卖了，那就不如多给房客一点。

师：想一下什么叫"乱摘"。

生：乱摘就是有的时候摘下来一点，还要糟蹋掉一点。

师：我觉得这个乱摘主要还不是这个意思。

生：我觉得这个乱摘还有种可能，比如把一朵花摘得七零八落，摘得很不好看。

师：你们两个意思差不多，就是摘的时候把花弄坏了。我觉得还不仅仅是这样。有一句古诗叫"花堪折时直须折，莫待花落空折枝"，这句话你们可能都不懂。（一生举手）你懂？你来说。

生：我觉得房东是怕在任何时候都有人摘。比如说，在花开的时候你可以随便摘，也就是说，花不开的时候，你就不可以随便摘。

师：是的，这个房东，她不是舍不得，不是吝啬，而是一个真正懂花、真正爱惜花的人。苹果也是，稻子也是，不该摘的时候不能摘。这个地方我们可以体察到主人对花的情意，也体会到主人跟房客们的情意。

师：下面完成一个任务：请你在这个方块（师框出昆明雨的特点）和这个方块（师框出昆明雨中景物）的前面加一组关联词语，表达我们对这两部分内容之间关系的理解。

生：菌子那一块的词语衬托了昆明雨的明亮、丰满。

师：我觉得有点儿道理。但我的意思是在这里加一组关联词语，比如，只要……就……，如果……就……，用来表达两部分内容之间的关系。明白了吗？

（生点头。）

师：那有没有人来尝试一下？

生：我想填"之所以……是因为……"。

师：对，昆明的雨之所以如此明亮、如此丰满、如此让人动情，是因为嗒嗒的、甜甜的杨梅，是因为充满人情味的缅桂花，是因为……其他同学有没有想法？好的，这位同学。

生：我想填"因为……所以……"。

师：好，后面还有同学，话筒传给他。

生：我想的是"为什么"和"因为"。

师：他这个也有关联性，跟前面的差不多。（指一生）你的理解呢？

生：我觉得应该填的是"不仅……还……"。

师：对，昆明的雨不仅明亮，还有好吃、不好吃的菌子……其实，我们填关联词语，就是为了理解文章两部分内容的关系。大家一起想一想，然后举手表决吧。认为应该填写"不仅……还……"的请举手。（生举手，人数不多）认为前面是结果，后面是原因的举手。（生举手略多于前）认为前面是原因，后面是结果的，举手给我看看。（生举手多于前两次）

师：看来大多数同学认为，前面是原因，后面是结果，也就是正因为这样的雨，所以才有了这样好吃的菌子，才有了这样的缅桂花，才有了这样嗒嗒的声音，这样懂得人情的人。但也有同学的观点相反。我们来听听他们的意见，为什么说后面是原因，前面是结果呢？

生：我觉得因为雨是滋润万物的，文中写到菌子、杨梅、仙人掌和缅桂花，都是被雨滋润出来的。正是因为昆明这样的雨的滋润，所以昆明的杨梅才特别特别甜，才使得昆明这么有人情味。但也可以换一个角度理解，正因为昆明的杨梅特别特别甜，昆明的小女孩特别娇，昆明的人特别有人情味，所以昆明的雨才特别让人动情，特别让人舒服。

师：有没有道理？

生：有。

师：非常有道理。这位同学太厉害了。我原来的理解也是多元的，可以是因果关系，可以是递进关系，还可以是条件关系，但没有想到还可以是倒过来的因果关系。谢谢这位同学拓展了我的思路。

师：现在的问题是，如果人家问我们昆明的雨有什么特点，大家能回答出，一是明亮，二是丰满，三是使人动情……昆明的雨真的是这样的吗？明亮，让人舒服，让人多情？并不一定。

下面请看另外一位作家写的《昆明的雨》，你看看舒服不舒服。

在昆明住了一段时间，昆明的雨几乎毁坏了我对昆明"四季如春"的美好印象。尤其是冬春之际，只要一下雨，就阴冷得可怕。夏天的雨，也很不可爱。像冒失的孩子，冷不丁就来了；你没有会过意来，它又不见了；你以为它走了，它又突然出现在你面前。虽不可恨，但有些讨厌。尤其在你心情不好的时候，就很难容忍。对于不习惯带伞的我来说，常常淋得很狼狈。有时候会连滴滴答答好多天下个不停，让人浑身难受，好像骨头都发了霉似的。对于我这样一个喜欢痛快的北方人来说，实在无法忍受。大概只有秋天好一点，可秋天的昆明是极少下雨的。

师：在这个作者笔下，昆明的雨是什么样的？（生：令人讨厌）为什么两个作者写出两种不同的雨来呢？这位同学举手太坚决了。好的，你说。

生：我觉得汪曾祺写昆明，就像老舍写济南的冬天一样。济南的冬天应该没有老舍先生写得那么好，有主观情感在里面。这篇汪曾祺写的昆明的雨，他是带有一种怀念；而那位作家由于讨厌昆明的雨，写出来就没有感情。

师：是的是的，非常好，请坐。这位同学认为，汪曾祺把昆明的雨写得这么美好，是因为他喜欢昆明。另外一位作家不喜欢昆明的雨，是因为他在昆明不太开心。这非常有可能。但是由此我们还可以看到另外一点：汪曾祺为什么喜欢昆明的雨，而那位作家不喜欢？与性情有关系。（板书：性情）

师：刚才那篇文章的作者，他说他是什么样的性情？

生：喜欢痛快。

师：对的，那么汪曾祺是什么样的性情呢？

生：比较温柔。

师：对的，刚才那位作家比较爽朗，喜欢痛快，所以看到昆明的雨老是滴滴答答地下，他就烦。而汪曾祺比较随性。有人说他是中国最后的士大夫。读汪曾祺的散文，不能不了解汪曾祺的性格。换一个角度讲，我们读汪曾祺的散文，就是要了解他这样一种性格，这种性格决定了他的风格。大家看看，你们能从课文哪个地方看出他的随性呢？

生：第10自然段的倒数第二行"我们走不了，就这样一直坐到午后"。就是说下雨了，他也并不着急回家，而是慢慢地喝口酒，等到雨停再走。

师：是的，下雨了都回不了家，但他不急不慢，你下就下呗，我喝就喝呗，你能下多长，我就能喝多长时间，很随性。他的随性表现在行文上，就是想写就写，想停就停。他写文章从来不刻意讲究结构。大家看看文章哪些地方可以不写，我觉得前面两段就可以不写。前面就写了"我想念昆明的雨"，最后还写"我想念昆明的雨"。你们老师有没有教你们，这个叫什么结构？

生：首尾呼应。

师：开头就点题，"我想念昆明的雨"，最后再来反复一下。但他开头先来一些可有可无的话。这就叫随性。（板书：随性）他写文章跟他的生活一样，从不刻意。那么，这个开头有没有用？

生：引出下文。

师：对，引出话题，起笔就更加从容。没有这两部分，很严谨，但又显得很局促。你们有没有发现哪部分还可以不写？那位女同学——

生：第6自然段和前面写的内容差不多，都写的仙人掌，可以不写。

师：嗯，好的。那位女同学，你觉得还有哪部分可以不写？

生：文章中有很多内容都用括号括了的，可以不写。

师：对了，这个加了括号的，我刚才读都没读，可有可无。是的，还有吗？

生：就是第7自然段"一盘红烧鸡枞的价钱和一碗黄焖鸡不相上下"，我觉得这里也是可以不写的，这个价钱和整篇是没有一点关联的。

生：还有那个关于火车的笑话，也可以不写。

师：是的。但是问题来了，大家再想一想，如果这些可写可不写的都不写，这篇文章好玩吗？

生：不好玩。

师：对，可能更严谨，一句闲话都没有了。但一个家庭往往就是由于爸爸妈妈经常说闲话，才更像个家庭。文章也是这样，好文章有适当的闲话太妙了，尤其是散文。如果所有可不写的都不写了，就不是汪曾祺了，就不是他随性的散文风格了。就变成谁了？就变成鲁迅了。鲁迅的每一句话都有含义，每一句话都是刀，每一句话都是枪。汪曾祺不是。

生：还有第9自然段写"缅桂花和桂花没什么关系"，也可以不写。

师：是的，那个也可以不写。加上刚才我们同学讲的，李商隐的诗和陈圆圆的石像也可以不写。但是正是由于这些可写可不写的，让我们读出了汪曾祺的一种随性的散文风格和个性。当然，让我说，最不要写的是后面喝酒的一段。我们来看看这一段。（师读"莲花池边……一直坐到午后"）如果没有这一段，文章会缺少什么呢？好，这位同学有感受——

生：少了这一段，就少了悠闲、随和的意境。

师：他用了"悠闲"，我觉得很好，当然我觉得用"闲适"也很好。（板书：闲适）

师：那么这个闲适的情味在哪里体现得最充分呢？

生：那首诗里。

师：现在你们读读这首诗，看看哪个词、哪个细节让你感受到闲适了？我找一位没发过言的同学。你发过言了吗？

生：没有。

师：好的，请你谈谈感受。

生：就是"浊酒一杯天过午"，一杯酒，过中午的时候他还在那儿喝，就特别地闲适。

师：对啊。（一生举手）你跟他不一样吗？你在哪里还读出了闲适？

生："野店"这个词读出了闲适。

师：什么叫"野店"？

生：是开在野外、郊外的店。

师：还有哪里能看出闲适吗？

生：那只鸡。

师：是的。那只一只脚着地的鸡，充分表现出一种安闲。

生：他们并不去城市那种规规矩矩的酒馆，就是散步随便遇到一家店就进去喝喝酒。

师：是的，他的解释非常好。文章最后一句话，我认为写得非常好，虽然他跟开头一句话是重复的，"我想念昆明的雨"。但是读到这个地方，我总觉得他还有半句话没说完，"我想念昆明的雨，是因为_____"，你们能把它补出来吗？高明的作家，都会写半截句子。你们将来写作文也要会写半截句子，有余味。好，那位同学。

生：我想念昆明的雨，是因为昆明带有人情味的缅桂花，小酒店里的闲适，还有各种各样的杨梅……

师：如果只写一句话，你写哪一句呢？

生：我觉得是"因为昆明"。

师：为什么？

生：因为我喜欢昆明，所以才会喜欢昆明的雨。

师：很概括，但是你们有没有觉得少一点味道？应该更具体一点。后面那位同学来说。

生：我想念昆明的雨是因为昆明的各种事物。

师：说一种具体的事物更好。这位同学，你想念昆明的雨，是因为什么？

生：是因为那种闲适的意境。

师：好的，是因为那天在那个野外的小酒店里，半天一杯酒的闲适意境。我觉得非常有道理。但问题来了，你们哪位同学知道昆明当时是什么样的昆明吗？文章写的是什么时候？

生：抗战时期。

师：对，是作者在西南联大的时候，当时，全中国烽火连天。于是有人说，汪曾祺这篇文章你们不要去读，国家被日本人蹂躏，他还坐在那个小酒馆里半天一杯酒，陶醉在那种小闲情之中。于是有人翻箱倒柜，又找出了另外一种风格的《昆明的雨》，你们听一听看，猜一猜是谁写的。

师：（朗读）在昆明住了一段时间，昆明的雨几乎毁坏了我对昆明"四季如春"的美好印象。尤其是冬春之际，只要一下雨，就阴冷得可怕。

师：你们猜得出来这一段是谁写的吗？

生：季羡林。

生：老舍。

生：鲁迅。

师：在这几个答案里，你们觉得最像谁写的？

生：鲁迅。

师：看上去最像鲁迅写的，因为鲁迅有一篇很著名的散文诗《雪》，似乎和这篇文字有点关联。你们将来一读就知道。我现在不告诉你们是谁写的。很显然，这个作者认为昆明的雨可爱不可爱？

生：（齐）不可爱。

师：为什么？

生：少一点刚强和锋芒。

师：对啊，抗战时期，日寇侵略我中华，中国人都在抗战，你在这里"浊酒一杯天人过午"。但不同的人有不同的审美。你们更喜欢哪篇呢？喜欢汪曾祺的雨的人举手。（部分生举手）喜欢充满斗志、锋芒和火药味的举手。（部分生举手）好，（指一生）你说说为什么喜欢？

生：我两次都举手了。

师：你两次都举了？那你让我为难了！那你说说，为什么两次都举？

生：我觉得这两位作家是从不同角度来写昆明的雨。

师：嗯，好的，请坐下。考你们一个问题，苏州中学有一段时间有个北大实名制推荐，黄老师是评委之一。如果今天下课我要带一个人去北大，你们知道我会带谁吗？（生指向一回答积极的同学）

师：嗯，他上课表现很积极很主动。还可能会带谁？我告诉你们，我肯定带他（师示意两次表决皆举手的学生）。是的，他有一种高层次的审美。我们的生活，需要热火和刚强；我们的生活，也需要汪曾祺这样的闲适和淡定。你看看汪曾祺自己怎么说的，是不是他就把抗日忘掉了呢？

生：没有。

师：哪里看出来的？大家看阅读提示。汪曾祺说"我想把生活中真实的东西、美好的东西、人的美、人的诗意，告诉人们，使人们的心灵得到滋润，增强对生活的信心和信念"。

大家明白汪曾祺了不起的地方了吧？是的，在民族危亡的时候，在抗日烽火连天的时候，我们当然需要刚强的战士，但我们也需要像汪曾祺这样，在危难的生活中，依然能够淡定地发现和欣赏生活中美好的人，并且通过这种美好去增强我们对生活的信心和信念。

今天，我们的生活常常看似平淡而繁琐，我们尤其要能从中感受一份美好。

师：下课之前，黄老师想到一个故事。二战时，德国人侵占了南斯拉夫，几个德国士兵到一个村庄去搜查。他们在一个破旧的屋子里看到了一对老夫妇。一个军官看到油灯旁边的墙缝里插了两支金黄的菊花。这个军官跟那些搜查的士兵讲："记住，南斯拉夫人民是不可战胜的。"大家能懂其中的道理吗？一个处于危亡时刻的民族，依然不失去爱美、追求美的心灵，这样的民族是不可战胜的，这样的人也是不可战胜的。下课，谢谢同学们！

热点应答

让任务群教学走进"真实课堂"

学习任务群，是 2017 年版高中新课程标准提出的一个概念。这次高中课程标准将"课程内容"由以前的阅读和教学等板块改为 18 个任务群。

普通高中语文课程标准修订组负责人王宁先生说："所谓'学习任务群'，是在真实情境下，确定与语文核心素养生成、发展、提升相关的人文主题，组织学习资源，设计多样的学习任务，让学生通过阅读与鉴赏、表达与交流、梳理与探究的自主活动，自己去体验环境，完成任务，发展个性，增长思维能力，形成理解和应用系统。"由教育部基础教育课程教材专家委员会组织编写、普通高中语文课程标准修订组编写的《普通高中语文课程标准（2017 年版）解读》一书中说："语文学习任务群以学习任务为导向，以学习项目为载体，整合学习情境、学习内容、学习方法和学习资源，引导学生在语言运用过程中提升语文素养。"（该部分内容署名蔡可）由这两个比较权威的表达可以看出，任务群不仅是指课程内容，更主要的是指一种教学理念和教学方式。很显然，作为一种新的教学理念，它不仅从整体和宏观上指导语文课程的实施，也引导着语文课堂教学的改革。

那么，怎样用学习任务群的教学理念指导我们的课堂教学呢？或者说，课堂教学应该如何体现学习任务群的思想呢？遗憾的是，就我们读到的有关学习任务群的文章和教学案例，似乎大都缺少"课堂教学"的意识。《普通高中语文课程标准（2017 年版）解读》一书虽然专门用"基于学习任务群的课堂教学"一节对这个问题进行了回答，但坦率地说，这里的论述更多的还是讲述理念，基本没有进入课堂讨论问题。就是说，一线老师还是不知道学习任务群如何在课堂教学中得到体现，或者说还是不知道如何实施学习任务群的教学。

那么，怎样让学习任务群走进课堂呢？本文尝试结合自己的教学实践说说我们的思考。

一、教学定位：把文本解读、知识学习和分解训练转变为学习任务完成

基于"学习任务群"的课堂教学和"过去的教学模式"有什么不同呢？王宁老师说："学习任务群与过去的教学模式有内在的区别——课程中有文本，但不以文本为纲；有知识，但不求知识的系统与完备；有训练，但不拿训练当作纯技巧进行分解训练。教师是组织者，学生是主体，师生互动。"王宁老师指出了"过去的教学模式"的三个主要问题：（1）以文本为纲。这主要是指阅读教学中把文本解读作为教学的主要目的和主要内容。教学方式，或者是以教师讲解为主，或者是以教师导读为主，或者是教师提问、学生找答案为主，或者是让学生做练习为主。（2）以知识学习为本。或者是文体知识、写作知识，或者是修辞知识、语法知识，文言文则主要是古汉语知识。常常把知识作为主要的教学内容，把知识的掌握作为主要的教学目的，热衷于知识的系统讲解，甚至陷入知识的复杂化。（3）以分解训练为主体。如果定位比较高，则注重听说读写能力的分项训练；如果定位比较低，则主要是立足知识掌握的反复训练；甚至有的也就是立足于文本理解的训练；更有甚者就是瞄准中考、高考进行解题技巧的训练。王宁老师告诉我们：基于学习任务群的教学虽然并不排除文本解读、知识学习和语文训练，但和"过去的教学模式"完全不同。

那么，基于学习任务群的课堂教学是什么样的呢？蔡可先生认为：基于学习任务群的课堂特征就是"整合"。他说："课程标准不只在界定学习任务群时提出了'整合'的要求，其他部分也多次提到整合。在课程内容方面，通过梳理和整

合，将积累的语言材料和学习的语文知识结构化，将言语活动经验逐渐转化为具体的学习方法和策略。在教学建议方面，加强课程实施的整合，通过主题阅读、比较阅读、专题学习、项目学习等方式，实现知识与能力、过程与方法、情感态度与价值观的整合，整体提升学生的语文素养；围绕核心素养，整合阅读与鉴赏、表达与交流、梳理与探究，引导学生积极参与丰富的语文实践活动。在评价建议方面，语文教师应根据实际需要，整合诊断性评价、形成性评价、终结性评价等多种方式，考察学生核心素养的发展情况。"他还从"学习情境""学习内容""学习方式""学习资源"等四个方面对"整合"的内涵作了更具体的说明。

尽管他只说明了整合是什么，并没有告诉我们应该怎样整合，应该如何将极其丰富的元素整合在具体的课堂教学中，但让我们对学习任务群教学的"整合"特征有了充分而清晰的认识：是问题解决情境和知识学习情境的整合，是文本和非文本等教学资源的整合，是精读文本、略读文本和快速浏览文本等各类文本和各类知识的整合，是阅读与欣赏、表达与交流、梳理与探究三种不同学习方式的整合，是听说读写四个基本训练的整合，是知识与能力、过程与方法、情感态度与价值观三维目标的整合，是语言建构与运用、思维发展与提升、审美鉴赏与创造、文化传承与理解四个核心素养的整合，是诊断性评价、形成性评价、终结性评价三种学习评价的整合。

显而易见，学习任务群教学，比之于"过去的教学模式"，教学内容突破了单篇，教学资源突破了文本，教学空间突破了课堂，教学方式突破了教师"讲解"，教学目的突破了文本理解、知识掌握和能力提高；文本不再是一篇一篇地教，知识不再是一个一个地学，听说读写等训练，也不是分类分项地单个进行。学习任务群教学把"过去的教学模式"从文本解读、知识学习和分解训练为主要内容和教学目标，转变为以学习任务完成为主要内容和教学目标，把文本的阅读，知识的学习，听说读写等训练，都融合在具有综合性、开放性和挑战性的真实情境和学习任务之中。

二、教学设计：用情境创设和任务设置代替问题设计、活动设计和练习设计

因为"过去的教学模式"把文本理解、知识掌握和能力提高作为教学的主要目的，教师的备课和教学设计则主要是立足于文本理解设计课堂教学的问题、活动和练习。能在吃透文本的基础上设计出高质量的问题、有价值的活动和有效的训练，是教学设计的主要追求。我们当然不能简单否定这样的做法，事实上能做到这样也并不容易。但是，根据学习任务群教学的定位，学习任务群的教学设计则必须致力于情境的创设和学习任务的设置。

那么，怎样创设学习情境和设置学习任务呢？蔡可先生提出了一个基本的设计流程。

（1）素养目标：从语文核心素养角度，学生要达到的学习目标是什么？怎样将课程的目标、学习任务群的目标转化为单元目标、课堂目标？

（2）任务情境：为了衡量学生的素养达成情况，需要创设什么样的任务情境去引发学生的言语实践行为？

（3）学习成果与表现：学生留下什么样的学习成果与言语实践表现记录，才能证明他达到了这一目标？

（4）学生学习：为学生设计什么样的语文学习活动去落实任务情境、达成目标？如何把握语文学习活动中学生自主与教师引导的关系、学习活动规定性与开放性的关系？

（5）学习资源：用哪些文选的阅读和拓展资源的学习，能支持和配合学生的学习活动？

（6）文本问题：针对这些文本与学习资源，需要解决哪些问题？

他还特别强调：新的教学设计流程要将文本放在设计环节的末端。

我们知道，作为课程专家，蔡先生的说法一定有充分的理论依据，他提出的设计流程也的确有一定的意义，但如果立足教师的教学实际进行思考，似乎还有

许多值得讨论的地方。其中最主要的问题是,如果"将文本放在设计环节的末端",教师在不接触教材、不接触文本的情况下,第一步如何凭空从语文核心素养角度确定学生要达到的学习目标?又如何将课程的目标、学习任务群的目标转化为单元目标、课堂目标?是不是每位教师都可以根据自己的理解和需要对语文核心素养进行分解切割,然后确定一个单元和一节课学生要达到的学习目标?又怎样保证在不接触文本的情况下确定学习目标、单元目标和课堂目标与教材的文本契合?如果教材的文本基本可以不加考虑,那么为什么又要编写一套"统一"教材呢?将来各级教育部门的教学评价的依据又是什么?我们有多少教师可以不依据教材而能设计教学?从我了解的实际情形来看,这是几乎不可能的。我们以为,从教师实际和教学实际出发,学习任务群教学设计比较可行的流程应该是:

(1)教材研究:弄清楚教材编排的意图,透彻把握教材所选文本及有关资源的内容。

(2)目标确定:从语文核心素养出发,将课程目标、学习任务群目标转化为本单元教学目标和课堂教学目标。

(3)情境设置:基于所制定的目标,创设任务情境引发学生的言语实践行为。

(4)提出要求:明确对学生学习成果与言语实践表现记录的要求。

(5)任务转化:基于学习目标和学生任务完成过程,将任务群的任务转化为课堂教学语文学习的具体活动。

(6)教学预设:设计课堂教学学习活动情境;制订语文学习活动中学生自主与教师引导的预案。

(7)资源准备:确定教材资源的使用安排,作好拓展资源的准备。

这个流程和蔡老师的流程的主要不同在于:(1)"教材前置",即教师的教学设计仍然从教材单元出发,立足于教材特定的编排意图和具体教学资源(含文本),思考本单元应该如何培养学生的核心素养和承担任务群什么样的任务;(2)强调要立足课堂,将任务群的任务转化为课堂语文学习的具体活动。

这个流程和适用于"过去的教学模式"的备课流程的不同在于：（1）尽管都是从教材出发，但过去是侧重于单篇的教材研究，现在是侧重于单元整体教学资源研究；过去是侧重于文本理解，现在是跳出文本的教学资源整合；过去是从单篇教材出发确定课堂教学内容和教学目标，现在是从课程的核心素养和任务群出发确定单元目标。（2）过去是从文本教学目标出发设计课堂教学的问题、活动和训练，现在是从目标出发设计任务情境，然后再根据教学需要和学生学习任务群完成过程，将任务转化为课堂学习活动。（3）过去学生的语文学习，主要是在课堂内回答问题、理解文本、接受训练，现在主要是根据要求在真实情境中自主学习，完成规定的任务，进行自主的言语实践。（4）过去学生的学习成果大多是以找答案为主的、碎片化的、不可视的，现在的学习成果更多的是物化的、可视的、整合性的。

总而言之，无论是把学习任务群看作课程内容还是看作教学理念，学习任务群教学的教学设计都要用情境创设、任务设置代替以文本学习和知识学习为中心的文本研读、问题设计、活动设计和练习设计。

三、教学过程：用真实情境中的任务驱动代替反复讲解、不断提问和简单训练

"过去的教学模式"，常常是依靠教师的讲析、提问和围绕某一个知识点或能力点的训练，来推动教学过程。而学习任务群的教学则通过学习任务来驱动学生的学习，并在这个过程中融合多种资源和多种学习活动，达到理解文本、训练能力、引导思考，进而提高核心素养的目的。

下面拟通过自己的几个教学案例来说明学习任务群教学的教学过程的特点以及与"过去的教学模式"的区别。

我觉得自己多年来的戏剧单元的教学是比较接近现在所提倡的学习任务群教学的。高中教材中，几乎所有版本都会有一个戏剧单元，而且不同版本的选文

也几乎一样。如果用"过去的教学模式",就是逐篇教过去,逐篇讲过去。比如《雷雨》,戏剧知识的学习,人物台词的品读,矛盾冲突的分析,人物形象的概括,主题思想的理解等都是要完成的教学内容。而教学戏剧知识则主要依靠教师的讲解,人物台词的品读则主要是提问,矛盾冲突的分析、人物形象的概括、主题思想的理解主要是学生讨论加上教师的讲解。而我多年的教学,则让学生选择一个剧本或者选择作品改编一个剧本进行排演,要求每位同学都必须有角色和承担一定的剧务,并完成人物性格分析、表演心得、剧评、海报等一组学习任务。先是分组排演进行评比,然后班级汇演进行评比。既评比角色,也评比剧本、剧组。然后组合最强剧组,参加年级汇演。最后要评选最佳改编剧本、最佳角色、最佳导演、最佳场务。一个戏剧单元的教学,要花一个多月的时间。学生为了排演的需要,阅读剧本,讨论角色,学习戏剧知识,参考各种资料,观看电影或者话剧;在排演过程中,大大小小会有无数次讨论,会有各种分歧和碰撞,会有不断的调整和修改。而在这个过程中,我们完成了戏剧知识的学习,人物台词的品读,矛盾冲突的分析,人物形象的概括,主题思想的理解。我以为这应该能算得上学习任务群教学。

不仅仅是一个单元,基于一篇课文的教学,也可以体现学习任务群教学的理念。《祝福》的教学就是如此。以前教《祝福》,内容极其丰富而形式非常僵化。倒叙式的情节安排及其效果,小说中几次"祝福"的环境描写,祥林嫂的几次肖像描写及三个问题,祥林嫂的命运及性格特征,鲁四老爷、柳妈等人物的性格特点及其对祥林嫂悲剧的责任,小说的主题思想,无疑都是必须完成的教学内容;而教学的形式基本都是提出问题进行讨论,所有问题都会在课堂上得到解决。后来我觉得这样的教学以讲述为主、知识为主,方法单调,学生的学习缺少真实情境,缺少深度参与,更缺少自主的言语实践。后来,我就改变了方法,要求学生课前(也有时候是课内)先观看电影《祝福》,并且做好观看笔记,记录夏衍改编的电影剧本和鲁迅的小说有哪些不同:增加了什么,删减了什么,人物有哪些不同,情节有哪些不同,主题有哪些不同,人物关系有哪些不同。课堂教学就是分专题讨论这些不同：这些改编好不好，演员演得好不好，夏衍为什么要这样改编，演员为什么要这样演，鲁迅为什么要那样写，你更赞同谁。最后每人写一篇评述文章，大多数同学能写千字以上，长的达好几千字。同学们喜欢这样的课，我也感觉不错。今天看来，似乎学习任务群的理念也渗透其中。

不仅仅是戏剧小说这样的现代文可以这样教，文言文也可以这样教学。以前教学《鸿门宴》，基本上都是让学生读读课文，看看注释，讨论一些关键词句的理解，然后再分析人物形象、情节发展和矛盾冲突。后来，我采用了一个非常简单的方法，就是课前布置学生将课文《鸿门宴》压缩到1000字以内。课堂教学中，我们就交流各位同学压缩的文章，然后比较压缩后的文本和压缩前的文本。我教学《谏太宗十思疏》就是将两种不同教材、不同版本的文本让学生比较，比较注释，比较文本的增删，然后再从语言、情感、结构和主旨等多角度进行比较。我们在初中教学《诗经·蒹葭》也是让同学比较原诗和琼瑶改写的《在水一方》，围绕这个核心任务，让学生完成了这样几个小任务：（1）从原诗中找到和《在水一方》对应的诗句；（2）讨论改写句是否成功；（3）《诗经·蒹葭》中哪些意象在《在水一方》中没有；（4）《在水一方》增添了哪些原诗中没有的意象。在完成这些活动的过程中，将这首诗要教学的内容，将学生应该掌握的关于《诗经》的知识都学习了。

实践经验告诉我们，学习任务群的课堂教学有两个关键：一是要根据具体的教学内容设置真实的学习情境，提出适当的学习任务。什么是真实的学习情境，这个问题还缺少非常权威而明确的定义。我们以为，所谓真实的学习情境，就是能够给学生的语文学习和言语实践提供一个具体明确而适宜的语言运用环境。二是要将整体性的学习任务转换为能进入课堂的具体的学习活动。从某种意义上说，这比前者更重要。因为没有这个环节，学习任务群就进不了课堂。这个环节的缺失，是很多学习任务群设计的共性问题。学习任务群，通俗地说就是一群任务，而它所辖的任务又常常是些比较大的任务。它们的价值主要是驱动学生语文学习的实践活动。但这些任务完成得如何，学生的学习过程如何，学生的学习成果质量怎么样，这些问题都要通过课堂教学来诊断、评价和引导。因此，将学习任务转换为可以在课堂教学中操作的具体的学习活动，是学习任务群教学的最为重要的一个环节。

当然，我并不能完全肯定我这里列举的案例是否都属于专家们所说的学习任务群教学，也不敢完全肯定我对学习任务群教学的理解和专家们完全一致。但有一点是肯定的：学习任务群如果不能走进课堂，它就只是一个空洞的概念而已。

第 08 节

教学实录

《装在套子里的人》

师：我们今天学习契诃夫的一篇小说《装在套子里的人》，借此欣赏契诃夫小说的风格。和契诃夫齐名的短篇小说大师还有谁呢？

生：莫泊桑、欧亨利。

师：是的，他们号称三大短篇小说巨匠。他们各有各的风格，那契诃夫是什么样的风格呢？我想，今天读了这篇小说，大家就可以有一个初步的了解。装在套子里的人，当然要从套子入手。现在我们先数一数别里科夫身上有多少个套子。（两分钟后生举手）

师：有几个？

生：七个。

师：有没有人比她数得更多呢？（一分钟过去，没有人举手）

师：那我们请刚刚这位同学来说说她数了哪七个套子。

生：第 1 自然段有一个装雨伞的套子，一个装表的鹿皮套子，削铅笔的小刀套子，因为他总是把衣领竖起来，所以他的脸也装在套子里。第 2 自然段开头，他把思想也装在套子里。第 4 自然段写到他说话的方式有一种纯粹的套子式的论调。第 5 自然段写他的床上挂着的帐子也像一个套子。

师：谢谢这位同学。还有没有同学能说说，除了这些套子，别里科夫有没有其他套子呢?

生：第 1 自然段中写到"他一坐上马车，总要叫马车夫支起车篷"。

师：对的，坐车的时候要支起车篷，这个车篷也是个套子。

生：第 5 自然段中"他一上床，就拉过被子来蒙上脑袋"，这个被子也是个套子。

师：很好，请坐。可以肯定地说，别里科夫身上，除了这些套子，还有很多套子。所以，如果让黄老师回答，我会说别里科夫身上有数不完的套子。有没有哪位同学能够说出更好的答案？

生：别里科夫身上只有一个套子。

师：非常好。什么套子？

生：一种守旧的传统。

师：是的。别里科夫总把自己装在套子里，小说主要写别里科夫哪方面的套子呢？（没人举手）换句话说，在这么多套子中，作者花费笔墨最多的是写别里科夫的什么故事？

生：婚姻故事。

师：是的，也可以说是爱情故事，当然我们可以给爱情打上双引号，因为这不是一般的爱情故事。那么，这个爱情故事特别在哪里呢？请大家给别里科夫和华连卡的爱情加上一个限定词。可以自己思考，也可以在课文里找一个词。

（生仔细翻书。）

师：黄老师给大家读一下两个人相识的这一段。（师朗读第 6 自然段）大家想一想，别里科夫和华连卡产生爱情的原因有哪几个？

生：别人的撮合和怂恿。

师：很好，还有其他原因吗？

生：一个叫柯瓦连科的人带着他的姐姐来的。

师：弟弟带着姐姐来，他的姐姐就一定会跟别里科夫产生爱情吗？这个因果关系是不成立的。如果华连卡是丑丑的、矮矮的、胖胖的、冷冷的，别里科夫会爱上她吗？华连卡有什么特点呢？

生：（齐）长得不坏，招人喜欢。

师：对的，而且她很热情，很主动。跳出这一自然段，根据小说全文，哪位同学能概括一下华连卡还有哪些特点呢？

生：乐观开朗。

师：对，乐观开朗，是一个激情四溢的姑娘，这种姑娘往往容易打动人。当然她的家庭条件也不错。这两个原因还不足以使别里科夫决定结婚，还有自身原因，他是在什么状态下决定和华连卡结婚的呢？

生：昏了头。

师：什么叫昏了头呢？就是失去理智，在不正常的情况下产生的一种想法。现在我们总结一下，别里科夫产生爱情冲动有三个原因：一是他人的撮合，二是华连卡条件不错，三是自己昏了头。（板书）故事的起因就决定了故事的结局。大家现在想一想，这种爱情从第一天开始就是什么样的爱情呢？文中写到漫画事件时有一个词，用得很好，是什么词呢？

生：荒唐。

师：对。大家再说一个荒唐的近义词。

生：滑稽。

生：变态。

生：畸形。

师：是的，这是一段荒唐的、畸形的、变态的、滑稽的爱情故事。荒唐的第一个表现是"昏了头"才爱上的。从整个爱情故事看，还有哪些地方是荒唐的？

生：故事的结束是荒唐的。因为有人画了一张丑化别里科夫的漫画，别里科夫去找华连卡的弟弟解释，被他推下了楼梯，刚好被华连卡看到，华连卡就嘲笑别里科夫，然后这段爱情就结束了。

师：很好。其实这位同学讲了荒唐故事的结局，男主角在女主角热情且充满生命力的笑声中，滚下楼梯摔死了。

生：没有摔死。

师：没有摔死吗？那别里科夫是怎么死的？

生：过了一个月之后才死。

师：如果说有人被打了一拳，一个月之后死掉了，那这一拳也是死因。所以我认为别里科夫至少是因摔而死，因笑声而死。那么大家再想一下，如果要写一个爱情故事，主体应该写什么呢？

生：写两个人相爱的过程。

师：就像《红楼梦》，写男女双方缠绵的相爱，或者是因爱产生的纠缠。在别里科夫和华连卡之间，除了刚刚说的漫画事件，还有什么事件呢？

生：骑车。

师：对，骑车事件。我们发现，这两个人爱情故事的发展，基本没有发生在两个爱情主体之间的故事，也基本与爱无关。这是荒唐的发展。大家都知道契诃夫是短篇小说大师，其实除了小说，还有一种文体他也写得很好。

生：戏剧。

师：对的，有人认为，契诃夫在戏剧上面的成就甚至比在小说方面的成就更高。很多人都说，契诃夫的小说有很强的戏剧味，有很强的戏剧性。我想大家从这荒唐的爱情故事中就能感觉到戏剧味和戏剧性。除了这样一种感觉，契诃夫还非常善于在小说中运用道具。那么毫无疑问，装在套子里的人，这个套子就是一个很重要的道具。大家想一想，在你们读过的小说中，有没有道具呢？（生思考）

师：大家还记得《台阶》这篇小说吗？里面有没有道具？

生：台阶。

师：是的。一座台阶写出一个农民父亲一生的追求，也写出一种人生的迷茫。《边城》大家应该都读过，翠翠的爷爷是做什么的？

生：摆渡的。

师：是的，既然要摆渡，那么这个渡船就很重要，很多故事就在渡船上发生。同样，在《红楼梦》中，林黛玉和贾宝玉故事中的很多纠结、冲突都与一个道具有关，是什么道具？

生：玉。

师：对，每次宝玉摔玉，故事必然紧张起来。薛宝钗对林黛玉有威胁作用的道具是什么？

生：金锁。

师：对，金玉良缘。所以很多经典小说中，都会设置道具。再回到我们的课文，这个套子在小说里起什么作用？

生：线索的作用。

师：是的，很多小说里的道具都有线索的作用。除了线索，还有没有其他作用？

生：突出了别里科夫的性格。

师：这节课开始的时候我们说要通过这篇小说欣赏契诃夫小说的风格，这个套子跟风格有没有关系呢？

生：风格就是很怪诞的感觉。

师：很好，"怪诞"这个词非常有表现力。有没有同学能换一种说法？

生：我觉得有一种讽刺的意味。

师：讽刺的方法有很多，契诃夫的讽刺往往有一种漫画的特点，主要是夸张，而且夸张得让你感觉到非常自然。如果在生活中要找一个别里科夫很难，但是大家又感觉到每一处都有这样的人。因此，我认为欣赏契诃夫的小说，把握他这样的风格，善于去理解他的道具很重要。

课前我给大家印发的小说《公务员之死》，也是契诃夫非常有代表性的作品。现在大家告诉我，《公务员之死》里面的道具是什么？

生：喷嚏。

师：是的，是喷嚏，是一口唾沫。就因为这一口唾沫，把后面的故事情节和人物行为全都串联起来了，也决定了人物的命运。没有这一个喷嚏，就没有后面的故事。大家初中学过契诃夫的一篇小说《变色龙》，《变色龙》里面有什么道具啊？

生：狗。

师：变色龙变来变去都是因为那条狗，没有那条狗就没有这篇小说。你觉得，在套子、喷嚏（唾沫）、狗这三个道具中，最成功的道具是哪一个？

生：我觉得是喷嚏。首先它非常自然，是所有人都会做的事情。但是在特定的语境和特定的人物地位之下，它又有非常重大的意义。它是一个我们可以感受到的东西，看到这个词，就感觉到它是有声音、有动作的。

师：非常专业，大家在写文章的时候也可以借鉴这种设置道具的方法。其他同学有没有不同的意见呢？

生：我觉得是套子，因为套子这个道具和小说里的人物性格以及整篇文章的语言风格是有相似性的，有一点压抑，就像这个人一样，其他两个是没有这个特点的。

师：好的，这位同学的意思我理解，就是"套子"作为一个道具，跟人物的性格特征特别契合，把人物的特征表现得特别充分。好的，两位女同学各有见解。男同学呢，有没有其他见解？

生：我比较赞同第二位同学的观点。

师：好的，你有没有补充呢？

生：因为我感觉"套子"在别里科夫身上有很多体现，比较契合这个点。

师：好的。有没有人认为"狗"是最好的？

生：我觉得"狗"比较好，因为我觉得这个"狗"其实是引出了一个警察对待一个受害者和一个上司的不同的态度，我觉得它在一定程度上反映了当时的社会风貌。

师：非常好，她认为"狗"这个道具引出了当时的社会风貌，背后的信息量很大。其实，这种现象不仅仅是当时有。好的，这几位同学各有见解，我们来看看大家的意见。认为套子这个道具好的同学举手。好的，有很多同学认为套子很好。认为喷嚏这个道具好的同学举手。有，但没有刚才多了。认为"狗"这个道具好的同学举手。好像不是太多。举手的两位男同学，你们来说说，为什么认为"狗"这个道具好啊？

生：我认为这个"狗"不仅可以作为一个线索让整个故事展开，还可以借这个"狗"讽刺这个主人公跟"狗"一样。

生："狗"不是能咬人嘛，还可以借这个狗比喻那种仗着别人的势力胡作非为的人，跟狗一样。

师：他们的意思是，"狗"具有象征意义，有隐喻性。好的，从刚才的举手情况可以看到支持"套子"的人比较多。黄老师认为三个答案都对，难分高下，各有道理。"套子"最主要的优势是把人物的特征表现得非常突出；"喷嚏"是三个道具里面最小的一个，但是这个小道具却决定了一个人的命运，非常有张力；"狗"的隐喻性很强，我也蛮喜欢。如果我投票，我会支持"喷嚏"是最精彩成功的道具。一个喷嚏飞出的唾沫，决定了一个人的命运，很有艺术的张力。

师：好的，刚才我们是立足单篇作品进行了欣赏，认识了别里科夫，认识了小公务员，认识了奥楚蔑洛夫，认识了道具的作用。下面我们跳出单篇文本，尝试一种"穿越性"阅读欣赏，就是将作品中的人物、道具、场景进行置换。有三个任务，请同学们任选一个任务尝试完成。

（1）如果别里科夫遇到了那条狗，在那个场景下，他会怎么做？

（2）如果切尔维亚科夫遇到了华连卡，会发生什么故事？

（3）如果奥楚蔑洛夫打了那样的一个喷嚏，故事会变成什么样？

生：我选别里科夫遇到了狗。我觉得在那个场景下他依然会把衣领竖起来，把自己缩在一个套子里，然后漠不关心地走过去，还要低语一句："千万别出什么乱子。"

师：作为短时间的创造，质量很不错，抓住了人物性格特征，突出了细节。——刚才在讨论的时候，你们小组声音最大，你们来说一说。

生：我们选择切尔维亚科夫遇到了华连卡。切尔维亚科夫是一个已婚男性，但华连卡是一个五品文官的女儿，如果遇到华连卡对他示爱，我们认为他首先会回家和他的妻子说，然后他可能会对华连卡说：我根本没有一点开玩笑的意思，您是一个五品文官的女儿……就是，他对华连卡非常尊敬，但同时也很想拒绝。

师：好的，就是他本意上还是要拒绝的，是吧？开始我吓了一跳，他是个已婚男性，遇到这件事情后竟然还要回家跟妻子说？（生笑）还有没有其他同学想要说一说自己的创意？

生：我选择的也是小公务员遇到了华连卡。但我的角度和刚才的同学有一点点不一样。我先假设他打算和华连卡结婚，但有一次他从楼梯上摔下来，刚好被华连卡看到了，此后他就一直去华连卡家登门致歉。

师：这个情节和课文很相近。——现在有一个很重要的问题，大家来考虑一下，切尔维亚科夫遇到了华连卡，会爱上她吗？这是个关键问题。穿越，有点荒诞，但又不是随意的，人物性格应该有他的一致性。刚才一位同学的想象，我觉得是合理的，别里科夫遇到了狗，他还是别里科夫。切尔维亚科夫遇到了华连卡就爱上了她，还是切尔维亚科夫吗？

生：我觉得会，因为他可能会害怕华连卡五品文官的爸爸。

师：也有道理。我们来归纳一下切尔维亚科夫的主要特征。一个唾沫就会把他淹死，这是一个什么样的人？

生：胆小，怕事，畏缩，多一事不如少一事。

生：我觉得不会。

师：我也是。尽管他可能害怕华连卡父亲的权力，但更害怕由此惹上麻烦。——不管你们怎么怂恿，我也不会，不能。因为他也不敢。所以，后来摔下来的事情，我认为就不会发生。当然这只是我的想法。大家再看看，如果是奥楚蔑洛夫打了这个喷嚏会怎么样呢？他会不会去道歉呢？

生：可能会，但绝不会无数次，不会一直去。道了一次歉，将军没当回事，就算了呗。

师：这样一个穿越性的创意写作告诉我们：夸张、讽刺不能违背性格的逻辑，不能随意地去把想到的夸张的情节套在任意一个人物身上。从某种意义上说，夸张越大胆越好，艺术震撼力越强，但是大胆夸张还要合理。所谓合理，就是符合性格逻辑和生活逻辑。不仅人物的一举一动如此，人物的结局、小说的结构，都是如此。

师：请大家思考，为什么作者要让别里科夫和切尔维亚科夫死呢？

生：可以充分表现小人物的可怜。

生：说明专制制度的可怕。

师：非常好。这是通过人物命运表现主题。但为什么别里科夫死了之后，小说还有不少内容，而《公务员之死》的后面就没有呢？能把这个结尾放到《公务员之死》的后面吗？或者说，能在《公务员之死》的后面也加上类似这样的结尾吗？我来读一读小说的结尾（"过了一个月，别里科夫死了。……将来也还不知道有多少呢！"），大家想一想这个问题。哪位同学说说能把这段结尾加在《公务员之死》的最后吗？

生：不能。

师：为什么？

生：因为切尔维亚科夫的死，同事们不会幸灾乐祸，不会感到开心。

师：切尔维亚科夫和别里科夫有什么不同？

生：别里科夫比切尔维亚科夫更让人讨厌。

师：为什么？

生：因为他自己钻在套子里，还想把别人也塞进套子里。

师：是的，那么《装在套子里的人》能不能不写这个结尾？

生：不能。少了这个结尾，主题就不深刻了。

师：有了这个结尾，别里科夫就是一种普遍的社会现象，他就成了一个世界经典人物，就像中国的阿Q。

师：下面请大家尝试为《公务员之死》也加一个结尾。（生讨论）有一些同学想好了。来，我们交流一下。

生：我觉得他死了之后，跟他的喷嚏一样无足轻重，不会被别人记起。

师：这位同学加了一个议论性的结尾，说切尔维亚科夫的死没有人在意。

生：很少有人去送葬，只不过是几位亲朋好友。

师：立意差不多。其他同学有没有愿意分享的？

生：有很多小公务员都来给他送葬。在路上，他们遇到了去戏园看戏的将军，所有人都向将军致意，不敢打一个喷嚏。

师：很好！其他同学有没有了？没有？备课时我也写了两个结尾，请同学们点评一下。

A. 我们从墓园回来，每个人的心情都很压抑。回到家我沉重地叹了口气。妻子问我是不是又受了上司的气。我摇了摇头说："可怜的切尔维亚科夫死了。"妻子很同情地说："是个老实人。"

"死了，都死了。"我自言自语地说。妻子莫名其妙地看着我。

B. 我们从墓园回来，一路上大家都不说话，我叹了口气说："可怜的切尔维亚科夫！"同事契诃夫看了我一眼说："有什么可怜的，早晚还不都这样。"

师：哪位同学帮我点评一下，或者说你们觉得哪个版本稍微好一点？（生举手）

生：我认为A版本好。

师：你觉得A版本好在什么地方？

生：我觉得多了一个妻子作为局外人来看待这件事情，丰富了内涵。

师：这位同学关注的是妻子，其他同学的看法呢？

生：我觉得第一个版本最后一句"死了，都死了"内涵很丰富——说明他们都知道自己的命运，但是又无可奈何。

师：他关注了最后一句话。那么，有没有同学觉得 B 版本好？

生：我觉得 B 版本比较简洁，也能够很好地表达出那个意思。还有一点，我自己想的结尾是：将军的门前每天还是有人等他出来，向他道歉。——就是说，打喷嚏是一个现象，还是有人因为各种事情登门向将军道歉。

师：主动展示自己的作品。非常好，的确很夸张。请坐。后面举手的，你的想法是不是跟他们不一样？补充一下。

生：首先 B 版本比较短，其次大家都是公务员，已经意识到了自己的命运，但是没有办法逃脱。

师：嗯嗯，好的。

生：A 版本最后一句话说，"死了，都死了"。我觉得，相对来说不太符合全文的笔调。因为这篇文章是比较戏剧性的、讽刺的。但是，"死了，都死了"这句话就显得比较沉重。

师：是的。生硬了一点。好的，他是从风格角度来分析的。同学们的种种意见都各有道理。下面说一下我创作的想法。

师：我们先看前一个片段。如果黄老师的这个片段也是个作品，我们要揣摩的是什么呢？是"死"的内涵。"死了"，实际是写切尔维亚科夫死了。对不对？（生点头）"都死了"，指的是谁？这是我们要思考的一个问题。前面切尔维亚科夫死了，是生命的终结。"都死了"，怎么可能所有人的生命都终结了呢？所以一定要解释的话，前面的死，是切尔维亚科夫的生命的终结，一口唾沫就把他淹死了。后面的"都死了"，我觉得是写当时沙皇专制统治下无数看似活着的人其实也都"死"了。切尔维亚科夫死去的是生命，而那些生活在恐怖专制制度下的人，死去的是灵魂。

师：那么，B 版本强调的是什么呢？强调的是：切尔维亚科夫是被自己的一口唾沫淹死的，我们其他人即使不被自己的唾沫淹死，同样也会窒息而死。同学们应该细细地去体会一下两者的差异。但问题是，作者为什么没有给《公务员之死》写一段结尾呢？

生：我觉得是作者认为不写更好。

师：肯定是这样的。好在哪里呢？

生：不管怎么写都只能一种，这样可以包含很多种可能。

师：非常好。你的意思是，作者是不写之写。不用写，留给作者去补充。不管作者怎么补充都在作品里。而《装在套子里的人》不写则不行。

师：下课前请大家完成一个填图任务。黄老师读完这三篇小说，脑海中就形成了一个图。下面请你们梳理三篇小说，提炼契诃夫小说的风格，完成"完形填空"。图中三个方框，代表三部作品。请同学们在2、3、4这三个三角形板块和一个圆中间填上适当的内容。好的，时间比较紧张，每位同学先在2、3、4中选一个完成。也可以合作完成。（生讨论）

师：我们先来看2应该填什么。

生：我觉得《装在套子里的人》和《公务员之死》的结局都挺荒诞的。

师：非常好。除了这一点还有没有了？大家有没有发现这两个人物的性格有一个很重要的共同点？

生：都胆小怕事。

师：他们还有什么样的共同点？

生：我觉得《变色龙》中的警官奥楚蔑洛夫和《公务员之死》中的切尔维亚科夫都很多变。

师：你已经跳到了4。性格还是情节？

生：主要是情感过程。

师：好的，这位同学说的是对的，但是表达上可以再推敲推敲。《变色龙》中有很多的"变"，《公务员之死》感觉上也有很多相似的东西，但是那个东西不叫变。《小公务员之死》中的切尔维亚科夫第一次去打招呼，被骂回来，第二次去打招呼，第三次又去打招呼。从艺术手法上来看，这就像之前我们学习过的《皇帝的新装》，是一种场景的叠加。这也是一种常用的表现方法。同学们写作时可以借鉴。

师：场景叠加有两种基本形式，一种是推进式的，一种是摇摆式的。《皇帝的新装》和《小公务员之死》是推进式的，《变色龙》是摇摆式的。你们有没有发现这两个人物性格上有什么共同点？

生：我觉得《变色龙》和《公务员之死》里主人公的行为举止多半是出于对有权者的害怕和恭维，而别里科夫是对守旧的规则的维护。

师：是的。非常有深度。大家想想奥楚蔑洛夫和别里科夫身上有哪些共同点，有没有同学来说一说？

生：我觉得奥楚蔑洛夫和别里科夫都受别人话语的影响。

师：好的。大家想一想，支配奥楚蔑洛夫和别里科夫行为的到底是什么？或者说，他们行为的出发点到底是什么？

生：他们都在维护一种什么东西。

师：是的。都在维护先有的秩序，也可以说都担心出什么"乱子"。最后我们一起来完成1。这里应该填什么内容啊？

生：夸张、讽刺。

师：这位同学的思路很正确。这个圆里面应该填写三篇作品的共同点。讽刺，夸张，漫画式的人物。除了这些，还有没有其他内容？

生：都巧妙地运用了道具。

师：这三点是契诃夫小说最重要的特征。还可以从人物的角度考虑，都是什么样的人物？

生：小人物。

师：契诃夫非常关注社会底层人物，善于塑造小人物形象。契诃夫用这种漫画式的手法写一群小人物，就是要表现一群小人物身上最可怕的东西。这种东西在我们身上也有。你们知道是什么吗？

生：都是一副奴态。

师：是的。这个东西叫奴性。鲁迅先生对此发表了很多深刻的见解。三个小人物身上都有这种奴性。别里科夫和奥楚蔑洛夫不但自己做了快乐的奴隶，还想把别人变得更加有奴性。

当然，作为一位批判现实主义作家，契诃夫的锋芒主要指向的是沙俄专制。但经典是世界的，是超越时空的。不仅俄罗斯，几乎每一个国度里都有这样可怕的制度和可怕的奴性。所以，黄老师刚才加的一个结尾才会说：死了，都死了。

师：学习这几篇小说，希望同学们能够欣赏契诃夫小说的风格，还希望你们做灵魂不死的人。

下课，谢谢同学们。

阅读教学的小任务驱动

任务驱动因其能为学生提供体验学习实践的情境和感悟问题的情境，引导学生围绕任务展开学习，成为新一轮课程改革非常提倡的一种教学方式。这种教学方式以任务的完成结果检验和总结学习过程，能够有效促进学生学习状态的改变和优化。目前备受推崇的大单元教学，其核心概念就是大单元、大情境和大任务。其实，在阅读教学中通过小任务驱动学生的阅读，达成教学的目标也是非常好的一种教学方法和教学策略。

一、小任务设计基本形式

1. 多维比较

多维比较就是从多个维度对文本进行比较阅读，让学生在活动中比较，通过体味文本，求同求异，深入思辨，发现问题。可以是同一篇文本的不同版本比较阅读，如教学《谏太宗十思疏》时，提供两个不同版本的文本，设计任务让学生围绕两个版本的字音、注释、版本增删等方面加以比较，以此加深对作品内容的理解。可以是假设性比较，即对文本进行创作假设。如教学蒲松龄的《狼》时，先后设计"假如课文就写一只狼行不行""假如是两个屠夫行不行""假如这个麦场不在野外行不行"等阅读任务，引导学生获得对小说更深入、更丰富的理解。此外，还可以是不同文本之间任务的勾连。如"李白送别诗"教学，我们以李白的《送友人》《赠汪伦》《金陵酒肆留别》《黄鹤楼送孟浩然之广陵》《渡荆门送别》五首诗为基本教学内容，以《渡荆门送别》为核心文本，在深入阅读理解核心文本的基础上，对五首诗进行多维度的比较欣赏，不仅进一步了解古代送别诗的特点，而且充分认识了李白送别诗的独特风格，极大地拓展了教学空间，充分体现了"大单元教学"的特点。

2. 创意表达

创意表达"既包括学生运用多种形式、多种媒介呈现个性化的作品内容，更强调学生在写作中表现出来的创新思维"。它需要学生成为文本的主动阅读者、真正的理解者，能够以不落俗套、别出心裁的表达分享自己的阅读收获。我们精心设计小任务，借助富有创意的活动，努力激发学生的阅读兴趣和思维活力。教学小说《桥》，一个别具创意的小任务便是给"桥"取名。教学《孔乙己》时，让学生给孔乙己写一篇碑文。同学们通过撰写碑文更深刻地认识到小说的主题。借助任务促成学生与文本的真实对话，也实现了对文本理解的螺旋上升。教学文言文《谏太宗十思疏》时，我们让同学们以魏徵的名句"以铜为镜，可以正衣冠；以史为镜，可以知兴替；以人为镜，可以明得失"为范本，让同学们续写句子"以文为镜，可以_____"，以此促进学生对文本创作意图和现实意义更加深入的理解，同时也巧妙地融入了人格教育。教学《黔之驴》时，让学生创编"黔驴技穷""黔虎识驴"等六个成语来概括其中包含的"驴的故事""虎的故事""好事者的故事"。这种种做法让学生在有趣的活动中巧妙地实现了创意表达，激发了学生主动表达的热情。

3. 角色置换

角色置换是让学生暂时转变自己的读者角色，置身于文本中某一个人或物的角色之中，同时根据这个文本角色的立场、风格、方式来说话、做事或思考。角色置换，可以让学生快速进入到文本角色的内心，实现共情共感。教学诸葛亮的《出师表》时，我们让学生"选择一个身份，要么以大臣的口气，要么以父亲的口气，要么以老师的口气，对这个愚钝的君主刘禅说一句话"，让学生与刘禅进行跨时空对话，深化对文本主题的理解。教学小说《猫》时，我们设计了"把自己当作小说中的一只猫,选择一个主人对他说一段话"和"写一段话表现被赶走的那只猫在邻居家屋顶上死去之前的心理"这样的小任务,让学生沉浸于猫的角色,怀着悲悯之心去真切体察猫的感受。教学散文《老王》时,让学生"站在老王的角度,想象一下他这时的心理,用简短的话描述他此时此刻的心情,以让学生理解在老王心中,杨绛夫妇是他的亲人"。尽管学生给出的答案不尽相同,但是他们在角色置换的碰撞中都获得了阅读感悟和阅读发现。

4. 文本变形

文本变形,就是以语言为抓手,通过文本还原、表达转换、内容压缩、内容扩展等活动,对文本形式进行加工改造,让学生在文本的解构与重建中体悟、辨析、探究,培养语感,深化对文本意蕴的理解。如教学汪曾祺的《葡萄月令》时,指导学生把课文缩写成一段忠实于原文的短文,认识文本介乎说明文、诗与散文之间,体现出一种独特的汪氏散文风格。教学张若虚的《春江花月夜》时,让学生从全诗中挑选诗句加以重组,并讨论重组的设想和依据,借此让学生领略诗歌丰富的意象所联结成的诗歌内在逻辑。教学《阿房宫赋》时,将课文内容压缩为一段话,然后留空让学生填字,引导学生感受赋这种文体所具有的"铺彩摛文"的特点。在教学李白的《蜀道难》时,我们采用编排变化的形式,去掉文本中的标点符号,让学生重新排列句子并说出理由,带领学生在吟诵中感受蜀道之难的非同一般。这些文本变形,让学生得以多角度、多层面地理解文本,活化了语言运用能力,同时也获得了独特的阅读审美感受。

5. 矛盾设置

文本的矛盾往往是发现文本秘密的突破点。在教学《谈中国诗》时,我们指出文章的题目似乎有问题,引导学生重新为文本拟写题目。待师生花大力气重新拟好标题时,我们又追问:"如果我们心平气和地想一想,是不是我们就真的比钱钟书高明呢?"随后带领学生重读文本,发现重拟题目与文本矛盾冲突太多,反倒是钱钟书的标题举重若轻，看似随便，实则恰到好处。有时文本本身并没有矛盾，我们就通过小任务设置矛盾，有意造成文本解读的冲突，进而激发学生细读文本，以强烈的阅读动机去破解矛盾，最终实现文本解读的突围。如讲授余光中的《乡愁》时，我们带领学生为诗歌续写第5自然段，表达诗人在新时代对乡愁的感慨。有的说"乡愁是一张小小的机票"，有的说"乡愁是一层薄薄的屏幕"，有的说"乡愁是一座长长的桥梁"。我们借助诗人"乡愁是一种思而不得的情感"这句话引导学生深入理解乡愁，发现若是能够通过飞机、桥梁、视频重返大陆与家人联系，那么乡愁就会消失，续写便会与主题矛盾，甚至引入作者自己续写的环节进行讨论否定。设置矛盾，让阅读学习真正发生，学生在思维碰撞中逐步逼近文本的内核，并获得深度学习的可能。

二、设置小任务应体现这些基本原则

1. 立足文本，力求发现"这一篇"的独特价值

阅读教学中，教师要用专业的眼光去发现"这一篇"文本的教学价值，是我们阅读教学始终追求和坚持的原则。要针对不同的文本设计小任务，引导学生在文本中恣情邀游，努力实现深度阅读。要努力"发现和设计具有新意的教学方法与教学活动，必须能基于具体作品的个性设计教学方法和组织教学活动。只要能够找到最适合'这一篇'的教学方法和教学活动，一定是新颖的、有质量的"。有篇才有类，有篇才有"群"，有篇才有大单元。教好了《阿房宫赋》，才能深入理解赋"铺采摛文，体物写志"的整体特点；教好了《黔之驴》，才能深入认识古代寓言的问题特征；教好了《装在套子里的人》，才能真正理解契诃夫漫画式的小说风格和他笔下小人物的命运及其丰富的社会意义；教好了《葡萄月令》，才能深入欣赏汪曾祺散文像诗像说明文的风格，才能领略作者乐观豁然的人格魅力，培养学生在逆境中积极生活的态度。而在大单元教学中，核心文本的单篇教学更具有支撑全单元教学的重要作用。

2. 立足文体，力求呈现"这一类"的体式教学

文体是进入文本情感内核的重要抓手。我们一贯强调：不同的文体要有不同的姿态，有不同的阅读规律和教学价值，必然也要有不同的阅读方法和教学策略。对于不同的文体，阅读小任务设计的理念也不尽相同。对于小说教学，更多的是要引导学生通过读"虚构的故事去认识复杂的生活世界"；对于散文教学，更多的是指导学生"解读作者对人生、生活的个性化体验和感悟"；对于现代诗歌教学，要努力培养学生敏锐的诗歌触觉，在分享学习中把握"诗人的情绪特质"……教学《猫》时，我们通过小任务设计，让学生认识这类以动物为主角、写日常生活琐事的小说风格特点，实现把特点归纳变成借助文本学会读这类小说。教学蒲松龄的文言小说《狼》时，我们通过漏补关键语句、文本变形改造等小任务，充分体现"小说"的文体特点。总之，小任务的设计依体而设，通过一篇打通一类，力求给学生更专业的阅读指导。

3. 立足阅读，力求突出"细细读"的阅读导向

阅读教学的根本指向，最终还是"阅读"。在阅读中感受、理解、欣赏和评价文本，是阅读教学的主要目的。无论是培养学生独立阅读文本的能力，还是深度解读文本的能力，都离不开教师带领学生"细细读"这一文本对话的过程。课堂上常常叮嘱学生"静下心来默读""反复读才会有收获"，努力培养学生精读、略读、朗读、默读的习惯，充分保证课堂阅读的时间，同时积极创设情境，激发学生阅读的兴趣。我们设计阅读教学小任务，出发点和归宿点都是"阅读"，从不喧宾夺主搞一些花里胡哨的活动。教学《蒹葭》时，我们让学生对比阅读该诗与琼瑶《在水一方》的歌词，通过文本差异发现、主要形象比较等多项阅读小任务引导学生在多层次的细读中领略《诗经》重章叠唱的特点以及比兴的手法。教学《春江花月夜》时，扣住标题五个意象带领学生逐句朗读全诗，最后设计"用'丰'组词来概括唐诗的特点"阅读小任务，将阅读推向高潮。

4. 立足活动，力求调动"每一个"的真实参与

积极开展各类活动，让学生在课堂上动起来，是对学生阅读积极性的充分调动，体现的是对学生阅读水平、阅读潜力的尊重，以及教师正确把握学生阅读"这一篇"课文时的阅读困难。不同学生的生活阅历与生命体验不尽相同，对阅读文本的感知也存在一定的差异。寻找学生阅读的"最近发展区"，然后开展有针对性的阅读活动，才能实现阅读的起跳、跃升。我们在阅读教学中设计的小任务，充分考虑学生参与阅读活动的广度、深度，有助于学生在亲历体悟中获得终生难忘的阅读收获。教学"赠别"主题诗歌时，设计"赠诗给我们"的活动，让全班学生在生活化的活动中参与阅读交流，获得语言的建构和能力的提升。教学杜牧的《阿房宫赋》时，我们让学生从课文中挑出三个字来概括全文的内容和结构，最终与同学们经过热烈的讨论确定"奢、亡、鉴"三个字，极大激发了每一位同学的学习热情。在设计活动时，我们特别尊重学生个体差异和群体需求，寓教于乐，寓学于思，引导学生在"有意义"且"有意思"的活动中开展深入的阅读探究。

第 09 节

《挑妈妈》

师：同学们，知道今天上什么课吗？

生：作文课。

师：我们班同学，有多少人喜欢写作文呢？（生大多举手）这么多人喜欢写作文，你们肯定遇到了一个非常好的语文老师。喜欢写作文的同学一般作文都写得比较好，对不对？（指一生）我们来看看他有什么经验。你觉得怎样才能把作文写好呢？

生：多看课外书，多积累一些字词句，然后多用写作的方法。

师：他的经验是多看课外书，多积累好的语言，还要多运用一些写作的方法。（指一生）这位同学，你觉得要写好文章什么最重要？

生：写人的话，就正面描写、侧面描写，还要描写人的语言、动作、神态、心理活动。

师：（指一生）这位同学，你有什么经验？

生：我的经验就是多积累词语，多看课外书，作文里就会有更多的好词好句。然后，在作文里多引用古诗，会让作文更出彩。

师：应该说，这两位同学的很多观点是一样的：多看书，多积累。是吗？那么，要把作文写好，除了多看书，多积累，还要注意什么呢？我们来读一首小诗。

（PPT 出示小诗《挑妈妈》，指名朗读。）

你问我出生前在做什么
我答我在天上挑妈妈
看见你了
觉得你特别好
想做你的儿子
又觉得自己可能没那个运气
没想到
第二天一早
我已经在你肚子里

师：好，请坐。我们这位同学读诗读得很好，将来如果写得好就更好了。这首诗，我相信大部分同学都喜欢。你们最喜欢哪个句子啊？（生七嘴八舌）

生：想做你的儿子／又觉得自己可能没那个运气。

生：没想到／第二天一早／我已经在你肚子里。

师：是的。不同的同学喜欢的句子不一定一样。现在大家想一想，要把作文写好，除了多看书，多积累，从这首诗中，你得到什么启发呢？

生：要想象。

师：对呀，还要大胆想象。我现在想看看我们班同学会不会大胆想象。现在我要问你们一个问题：你们的妈妈，是你们挑来的吗？如果是，请举手。（一生举手）你妈妈是你挑的啊？

生：是的。是我挑的。

师：你怎么挑的？

生：我还在天上的时候，还没到妈妈肚子里的时候，我觉得应该挑一个爱我的妈妈。我挑了半天，挑到了我现在的妈妈，然后到她的肚子里，果真她很爱我，我挑对了。

师：这位同学好厉害。我估计她的作文写得也非常好。你看她的想象，有感受，有情感，回家好好写。其他同学的妈妈都不是自己挑的。那么如果现在有机会让你重挑一个妈妈，你要不要？

生：（齐）不要。

师：都不要？那么有没有同学对妈妈不太满意的？（一生举手）

师：不满意也不重新选吗？

生：不要。

师：大家想一下，他对妈妈不太满意，我让他重新挑他还不挑，为什么？

生：因为我还是觉得现在的妈妈好，虽然她老是冤枉我，但她还是很爱我。

师：他的理由是，妈妈有缺点，但是妈妈很爱他，所以他就坚决不重新挑。其他同学挑不挑？

生：不挑。

师：不挑是吧。那么，如果黄老师出的作文题目就叫"挑妈妈"，你们挑不挑？

生：不挑。

师：妈妈爱你，你爱妈妈，就不能重新挑妈妈吗？

生：是的。

师：同学们很可爱，但挑妈妈，就不能表达对妈妈的爱吗？就不能写妈妈爱我吗？现在所有同学帮他想一想，妈妈有缺点，妈妈爱我，我也爱这个有缺点的妈妈，能不能挑？怎么挑？

生：能挑。

师：好的。挑还是不挑，大家自己决定。现在请大家想一想：你最爱什么样的妈妈？你心中的妈妈是什么样子的？写几句话描述一下她的样子。

（学生思考。）

师：哪位先发言？

生：我觉得我爱的妈妈，应该是非常爱我的。

师：这是肯定的，妈妈爱孩子，就像老师爱学生，这是无条件的爱。怎么爱你呢？还不够具体。

生：我希望她对我很有耐心，我作业写错了，她也不发火。

师：对，这就具体了。还可以丰富一点。其他同学呢？

生：我心中的妈妈，我最喜欢的妈妈，不一定是最能干的，也不需要是最漂亮的，而是健康的，最有爱心的，最能够懂得孩子的心，懂得我的心。

师：看来这位同学很理性，考虑问题很有条理，也比较全面。（一生举手）好，这位同学说说。

生：我最讨厌我爸爸抽烟和酗酒，我希望我妈妈不要太懦弱，能够把我爸爸管好，不影响我学习。

师：看来这位同学不太喜欢爸爸，那么你也可以写一篇"挑爸爸"的作文。你是希望有一个能干的妈妈，对吗？——我建议你回去和妈妈一起培养爸爸健康的生活习惯。好吗？

生：好的。

师：真实具体的感受是展开想象的基础和出发点。现在大家想一想，如果让你们为自己挑一个妈妈，你们会怎么挑呢？

（学生思考。）

师：好的，我们现在展开交流。哪位同学先说说？

生：我觉得，可以在天上挑个妈妈，挑的妈妈，跟自己现在的妈妈对比，然后还是觉得自己的妈妈最好，这个就有情感了。

师：能不能这样写？

生：能。

师：我小时候也有过这种感受。我很调皮，上学天天跟人家打架。不管我跟谁打架，回家后，妈妈都说我不对。妈妈冤枉了我，我就想能重新换一个妈妈就好了。我再来问一位同学，（指一生）你妈妈有没有缺点？

生：没有。

师：你妈妈一点缺点都没有？

生：没有。

师：我才不相信世界上有没有缺点的人。

生：因为我觉得我的妈妈对我最好，她就没有缺点。

师：妈妈对你最好，所以妈妈就没缺点，有缺点也不是缺点了？

生：嗯。

师：爱妈妈是对的。但这个认识不对，世界上所有人都有缺点。知道妈妈有缺点并不等于不爱妈妈，挑妈妈也不等于不爱妈妈。对吧？

师：写想象的文章，关键还要具体。刚才那位同学想象得非常好，但还不够具体。哪位同学能说说具体是怎么挑的吗？

生：先用一个 App，每一个妈妈都设置好程序，各有各的特长和缺点，接着跟你住一个星期。

师：还有试住的。

生：对。

师：和妈妈试住也不错。

生：最后发现，什么样的妈妈都没有自己家的妈妈好。

师：好的，请坐。这位同学的思路，是利用了现代科技 App 去挑妈妈。（一生举手）好，这位同学，你来说说你的想法，你怎么挑妈妈？

生：有一个挑妈妈机，就像挑娃娃机一样的。

师：设计一个挑妈妈的机器，和 App 也差不多。（一生举手）这位同学，你有什么想法？你用什么办法挑？

生：可以跟着一个天上的使者下凡。

师：跟一个天上的使者下凡，刚才是科技版，这个是神话版。

生：下凡看看那些妈妈们的生活习性。

师：好的，看看妈妈们的生活习性，一个个看，然后挑一个。（一生举手）你有什么思路？

生：我希望我有一双火眼金睛，直接可以从天上望到地下，看到所有的妈妈各有什么缺点。

师：这个思路也蛮好的，是科技版加神话版。

师：刚才同学们的思路，概括起来就是两种：一种是科技版，用机器和 App；一种是神话版，在天上挑。我看还可以有童话版，在生活中去挑。现在大家想一想，哪个思路好呢？喜欢科技版的举手。（生都举手）都喜欢科技版。我以语文老师的名义告诉你们，语文老师大多数不喜欢科技版，更喜欢童话版的作文。

师：想象要大胆，但想象不是胡编乱造，必须从真实的生活感受出发，想象必须表达美好的感情，想象还应该以真实的生活为基础。

（一生举手。）

生：老师，我想到了一种方法。

师：什么方法？

生：就是可以到花店去买妈妈的种子，如果你细心照料的话，你会种出一个好妈妈；如果你不精心照料的话，你就会种出一个不好的妈妈。

师：这位同学太不得了了，他的想象太独特了。你们觉得呢？

生：很好。

师：这个想象不是一般的想象。但有一个问题，你这个思路不是挑妈妈，而是——

生："种"妈妈。

师：不过，种妈妈也很好。等你作文写出来了就寄给黄老师。一篇写"种"妈妈，一篇写挑妈妈，两篇都写出来，一定非常好。

师：我记得，刚才有一位同学说，妈妈很爱他，他觉得妈妈没有缺点，所以就不挑妈妈了。我想问大家，如果妈妈真的没有缺点，挑妈妈的文章能不能写？（生摇头）你们的意思是，作文就不写了？

生：如果是我的话，我会挑一个年轻的妈妈，因为妈妈已经很老了才生了我，还要花很多精力照顾我。我挑一个年轻一点的妈妈，这样她就有更多的精力去照顾我，就不会太累了。

师：你的意思是再挑一个妈妈，一共两个，对吧？

生：不是，就是换妈妈，就是挑一个年轻一点的，这样就不会让妈妈太累了。

师：因为妈妈太累了，就另外找一个把她换了？那前面的妈妈怎么办呢？她会愿意吗？

生：不愿意。

师：对呀。妈妈照顾我们不嫌累。因为妈妈太累了，年纪大了，先另外挑一个，把她换掉。尽管你很爱妈妈，但妈妈肯定是很伤心的。如果我是你妈妈，我宁可累也不要被你换掉。对不对？

生：就是挑一个不会生病，也不会老去的妈妈。

师：挑一个不会老去的妈妈。大家都很善良，但挑完了以后，现在的妈妈怎么办呢？这是个问题，对吧？

生：不知道。

师：不知道就是没想好。挑，是个过程，最后的结果是最折磨人的。挑到以后怎么办？大家想想，挑到最后能不能换？能不能两个妈妈同时都要？

生：不能。

师：如果你很爱你的妈妈，你必须明确，挑是可以的，挑到最后是坚决不能换的。对不对？

生：对。

师：例如刚才那位同学，我们帮他想一想：忽然接到班主任通知，我们每个人都可以有一次重新挑妈妈的机会，然后我想我妈妈照顾我太累了，然后我去挑一个，挑一个身强力壮的，但是发现把她挑回来以后，走到路上就想，挑了这个妈妈回来，我原来的妈妈怎么办呢？身强力壮是不是做妈妈的最主要的条件？想啊想，你终于清楚你不能离开生你养你的妈妈，妈妈太累，我要努力让妈妈少操心，我对妈妈的爱，要通过其他的方式来回报，而不是换一个妈妈。对不对？

生：对。

师：有没有同学的思路比黄老师更好？

生：我先一个一个换，有很多的妈妈都没有缺点，但我就想，虽然有这么多没有缺点的妈妈，但她们可能都不爱我，所以我还是会选之前的那个妈妈，因为那个妈妈很爱我。

师：好的，她说是挑，挑那些没缺点的妈妈，但是她们还是没有我的妈妈爱我，所以我就不换了。这边这位同学，你有什么思路？

生：我挑好后也没有换，第二天发现，这个妈妈竟然还是以前的妈妈。

师：就是精心挑来的妈妈，就是原来的妈妈。这个思路好不好？

生：好。

师：真是太好了。新颖的想象，巧妙的构思，表达了对妈妈的爱。

师：同学们，快要下课了。现在我们明确了，可以挑，但不可以换。写法有两种：一种是挑一个没有妈妈好，再挑一个也没有妈妈好，再挑一个还是没有妈妈好。最后还是我的妈妈好，就不换了。还有一种思路，挑一个没有妈妈好，再挑一个，就觉得比自己妈妈好，就动心了——世界上一定有比你妈妈还漂亮的，比你妈妈性格好的——这时我们就动心了——但是后来想,什么是妈妈呢?就是生我养我,和我血肉相连的人,不管别人有多好,那都不是妈妈,妈妈生了我们,就是世上最好的妈妈,不管她有没有缺点,最后还是不换了。大家觉得,有这样一个心理波动好,还是没有这样一个心理波动好?

生:有好。

师:所以通过想象写文章,这一点也很重要。(两生举手)有两位同学还有好的思路要交流,但很可惜下课时间已经到了,(现场老师:没关系)那好吧,我们再听一下他们两个人的思路。

生:我想的是,我想挑一个我并不爱的富翁妈妈,当上她的女儿之后,把她所有的钱,全都资助我原有的那个妈妈。

师:你有点像卧底间谍啊。看来你妈妈的家里钱不是太多,是吧?

生:嗯。

师:所以你要去挑一个有钱的妈妈。然后,把她的钱弄过来,给你原来的那个妈妈。大家觉得这个好不好?

生:好。

师:我觉得不好。爱妈妈是应该的,但你这样做会伤害另一个妈妈,我们不能因为爱一个人去伤害别人。既然你让她做了你的妈妈,你就要像爱你妈妈一样爱她。大家能听懂吗?

生:嗯。

师:但是,这位同学的思路挺开阔的。(指举手的另一生)你还有什么好的想法?

生:就是和自己挑的这个妈妈相处了一段时间,发现脑海里一直浮现出原有的妈妈,就是忘不了她。

师:你们有没有注意到,这位同学从自己的感受写起就特别细腻,那妈妈可能有缺点,这妈妈可能没有缺点。有机会挑妈妈时,我就挑了。挑过以后,一开始新鲜感挺足,这个新妈妈给我带来了新的体验和爱。但是后来能不能忘掉原来那个有缺点的妈妈?

生:不能。

师：不能，不管她有钱没钱，不管她有没有打过我屁股。晚上躺在床上，眼前总是原来那个妈妈的样子。所以最后换不换了？

生：不换。

师：马上就回到了妈妈的身边，投到妈妈的怀里，轻轻说一句什么话？

生：妈妈，我爱你。

生：妈妈，您是世界上最好的。

师：妈妈，您是世界上最好的妈妈。刚才我们通过挑妈妈来理解想象作文怎么写，也更深刻地理解了妈妈的爱。其实最好的办法，是在出生之前就把妈妈挑好，或者说，我们每个人的妈妈都是我们来这个世界之前就挑好的。现在还有一个问题要讨论，就是觉得自己的妈妈非常好，能不能挑妈妈？

生：能。

师：为什么？

生：因为挑一个新妈妈，并不等于要换掉原来的妈妈。

生：也可以，挑来挑去，挑不到更好的妈妈。

师：非常好。挑妈妈不是为了换妈妈，而是为了更加爱现在的妈妈。今天的课后作业就是以"挑妈妈"为题写一篇作文，文体不限。有没有同学能借鉴我们开头欣赏的《挑妈妈》，现场也写一首小诗？大家可以酝酿一下。

（学生思考，开始写诗。）

师：好的，有同学有灵感吗？先写个初稿，回家再推敲修改。

（一生举手。）

师：好的，就这位同学。

生：我有一个好妈妈／她勤劳美丽又漂亮／她很爱我／我也很爱她／千挑万挑我才挑到了她。

师：哪位同学评点一下？

生：很好，但漂亮和美丽重复，"她很爱我，我也很爱她"，不像诗。

师：不错，很有感情，朗朗上口。但是平了一点，缺少转折、变化，也还可以更具体一点。几分钟就能写成这样，很不错。还有哪位同学分享？

生：我有个啰啰唆唆的妈妈／我和爸爸商量换了她／可是挑来挑去还是她／我和

爸爸很惊讶/妈妈说：这是前世的注定/没有人能换了她。

师：哪位同学评点一下？

生：很好玩，但是没有感情。

师：写得很有趣味，但自己的感受、感情以及对妈妈的爱表现得不够。下面我们请同学们评点我们班的两位同学写的两首小诗《挑妈妈》。

（PPT出示两首小诗。）

A.我想挑一个新妈妈/她很温柔/她很美丽/我的要求她会满足/挑呀挑/那一天，我终于遇到了她/在她怀抱里我睡得特别特别香——"起床了！"烦人的闹钟吵醒了我/看来，那样的妈妈只能是一个梦

B.我很想挑一个新妈妈/我按照自己的要求设计了她/漂亮温柔/是个完美无缺的好妈妈/趁她睡着了，我想亲一亲她的嘴巴/可是，冰冷的嘴唇让我害怕/没有呼吸，没有心跳/听到的只是机器的滴答滴答

师：说说你们对两首诗的评价。

生：我喜欢第一首，想象很丰富。

师：是的。这首诗想象很丰富，可是第二首有没有想象？

生：（齐）有。

师：（指一生）你喜欢哪一首呢？

生：我觉得这两首诗挑妈妈的过程都写得不具体。

师：很有道理。如果我们写作文，一定要把过程写得更具体。大家还能看到这两首诗的优点吗？

生：感情都很真。

师：都很喜欢妈妈，对吗？大家还要注意，这两首诗的结构都有一个转折。有同学发现了吗？

生：第一首诗被闹钟闹醒了。

师：对。被闹钟闹醒，实际上是表现了一种失望。第二首诗的转折在哪里？

生：是想亲亲妈妈。

师：亲到了什么样的妈妈？

生：冰冷的。

师：同学们，妈妈的主要特征不是漂亮，更不是溺爱，而是温暖，温暖的脸颊，温暖的怀抱。所以，同学们一定要真正懂得妈妈的爱，懂得爱妈妈。那么，你们更喜欢哪一首呢？好的，喜欢第一首的请举手。（少数学生举手）喜欢第二首的请举手。（大多数学生举手）好的，哪位同学说说理由？

生：第二首更真挚。

生：第一首有点太巧了。

师：同学们的意见都很好。我觉得两首诗都富于想象，结构都有转折，情感都很真实，它们的主要区别是第二首诗对妈妈的爱理解得更深刻。希望同学们都能借助想象写一篇表达爱妈妈的好作文。今天我们这节作文课就上到这里。

生：谢谢老师。

师：谢谢同学们，大家作文写好后可以联系我。

作文教学的情境设置

热点应答

真实的语言运用情境到底怎么理解，阅读教学是否每篇课文、每个单元的教学都需要设置一个大情境，这个问题讨论的空间很大。但作文教学必须设置具体的写作情境，则是我们一贯的观点和做法。

一、作文教学的情境设置常见类型

1. 现场情境

作文教学中，教师利用教学现场作为学生的写作情境，也是情境设置的一种基本方法。王安石《伤仲永》中的仲永能够"指物作诗立就",大概"指物作诗"就是以现场的某一个东西作为写作话题。曹植"七步作诗",由"煮豆持作羹"切入,写出"本自同根生,相煎何太急"的名句,或许也是取材于现场。

于永正老师有一个经典课例就是以教学现场作为写作教学的情境。上课铃声响了之后,于老师故意没有进课堂,让一位女教师走进教室告诉学生:"我是鼓楼区文教局的老师,局长让我通知你们于老师,要他带着教学计划参加一个座谈会,时间是今天下午两点,地点是文教局一楼会议室,请于老师按时到会,不要迟到。我还有别的事,不等他了。等于老师来了,请大家转告他,好吗?"这节课,于老师利用教学现场巧妙设置了一个写作情境,让大家根据现场要求完成写作任务。

我教学《写出人物的特点》也是采用了这样的方法,整节课的教学内容就是让同学们认识我的特点,写出我的特点,从而认识写出人物特点的基本方法。

由于现场的局限性,以教学现场为情境,教师要根据写作需要,突破现场空间,进行适度的拓展和丰富。比如写出我的特点,尽管在教学开始时我通过自己名字的介绍进行铺垫,但几分钟的交流对一个人的认识总归是比较表面的。于是我在教学过程中便穿插介绍了煤气灶事件、学生为我起绰号和写碑文等材料,引导学生深入了解我的性格特点,并从中体会对材料的审读和使用。

2. 生活情境

我执教的《背后的目光》这节作文课就是这类情境。那是我目睹的一个真实事件,一位母亲送儿子去国外读书,母亲一直把儿子送到国际航班的入口通道,目光一直追踪着儿子的身影。儿子的身影早就看不到了,母亲还依依不舍。但那高大帅气的20岁左右的儿子沉浸在出国留学的兴奋之中,没有回过头来看母亲一眼。这场景看得我很是心酸,并由此联想到很多类似的目光和场景。于是我就把生活中的这个场景作为一次作文课的写作情境。《一则材料的多种使用》也是如此,那是我女儿的一次真实经历,她在几个朋友的怂恿下参加了班长竞选,结果那几个朋友一个也没有投她的票,于是她深感"人心叵测"。我在引导她正确理解同学们的做法、知道自己还不适合做班长的同时,觉得这个材料对于学生的成长和写作都特别有意义,于是我就用这个材料设置了一个写作情境,教学效果非常好。

生活情境,有如古人的"即事"写作。"即事"是古人写作的重要取材方式,孟浩然有《清明即事》,白居易有《闲游即事》,明代才子解缙的《藤县即事》、元代诗人萨都剌的《早发黄河即事》,直面现实,揭露社会问题,都堪称名篇;而作为伟大的现实主义诗人,杜甫大量的诗作都是"即事"取材。几十年前,我读小学,就经常写类似的作文题。清明节写祭扫烈士墓,五一劳动节写劳动,暑假写暑假趣事,都是基本的作文题目。尽管老师们都不会讲所谓的写作情境设置,但本质上很类似。但我们这里说的生活写作情境和之前老师的做法并不完全一样。这里的生活情境更具有"设置"性,即经过一定的筛选和加工,使之更具体、更集中、更具有典型性,也更能激发学生的写作欲望。这要求我们老师要善于敏锐地在生活中发现有意义有价值的"故事",还要基于学生写作的立场和作文教学的需要对生活场景进行提炼改造。否则,"故事"不适合学生,或者缺少触发点,不能点燃学生的写作激情,则教学效果就很难保证。

3. 拟事情境

拟事情境,也可以称为模拟情境,就是假设发生了什么样的事情。我曾经执教过一节作文课《记叙中的描写》,就是假设你在教室里丢了一个心爱的东西,你会怎么做;如果以此为材料写一篇作文,你会怎么写。整个教学过程安排了多次描写活动:丢了一个什么样的东西,丢了东西之后的心情,试图找回东西的行为,与事件相关的人的表现和态度。这些写作活动都是基于假设的丢东西的情境所进行的。特定的情境激发了学生写的欲望和写的活动,也提出了写的具体要求,约束了写的形式。我执教《议论性材料的审题与立意》也是在拟事情境中进行的写作活动。虚拟的情境是："一个人走可以走得快，一群人走则可以走得更远"，这是一句非洲格言，但对这句话，不同的人有不同的理解。有人认为应该选择一群人一起走，走得更远；但也有人主张应该一个人走，追求走得更快。学校学生会以"一个人走还是一群人走"为主题组织了一场辩论会。如果你参加这个辩论会，你会选择什么观点，准备怎样论证自己的观点，驳斥对方的观点。

需要注意的是，拟事情境或者模拟情境，必须尽可能接近真实的实际生活，用王宁老师的话说，就是"对学生而言是真实的，是他们在继续学习和今后生活中能够遇到的"情境。目前语文教学情境设置的主要问题就是"假"，就是严重脱离生活实际，设置一些不可能遇到的甚至是现实生活中基本不可能存在的情境。

4. 文本情境

读写结合是语文教学的一条传统经验。从某种意义上可以说，读写结合是一种文本情境的写作活动。我们知道，《普通高中语文课程标准（2017年版）》和《义务教育语文课程标准（2022年版）》，都已经没有了写作教学的专门板块。这可以理解为，写作教学都应该融合在阅读和其他语文实践之中。这就使得文本情境的写作活动更加普遍。

在我们的作文教学实践中，设置文本情境组织写作活动，是很常见的做法。最典型的案例是《写出事物的特别之处》。鲍尔吉·原野是一位深受中学师生欢迎的散文作者。他有一篇散文《雪地贺卡》，写的是作者和一个叫李小屹的小男孩之间，以及他们两个人和一个雪人之间的一段非常美好的故事。文章曾经入选北师大版七年级语文教材。我的教学是把学生带进文本，让他们以作者的角色和李小屹进行交往，在这个过程中进行写作策略的选择，开展多次写作活动。更多的时候，我是借用学生的习作设置写作情境，开展写作活动。《记叙文故事情节的展开》的写作情境是根据班级一位同学的习作《满分》设置的。教学过程就是让学生把文章的第一部分内容作为情境，分级让学生进行情节的续写，把学生带进"真实"的写作情境进行写作决策，引导思考和碰撞。三次写作活动基本完成了一个比较完整的写作过程，也是非常典型的文本情境。实践证明，学生兴趣浓厚，投入感很强，效果比较理想。《在别人的树上开自己的花》的教学，既可以说是生活情境（奥巴马访华，中国大学生和他对话的事件引起强烈反响），也可以说是文本情境，因为写作活动的开展，是基于一位同学的习作《我为分数狂》设置的情境。

《自我提升和再度写作》《让观点更鲜明》《用情节表达主题》等课例都是借用文本设置情境开展教学的。也可以说，在我们提倡的共生写作教学中，文本情境是一个最基本的类型。

5. 想象情境

情境认知理论认为，真实情境不仅仅是真实的生活情境，既包含真实的已经发生的、正在发生的生活情境，也包括模拟的应该发生的情境，甚至包括想象的未来生活可能发生的情境。它也是学生写作活动和作文教学的一种常见的情境。1999年高考语文作文《假如记忆可以移植》；2019年浙江舟山中考作文题，以"研学"为话题，提供了三个题目让学生选择，其中一个题目是：你梦想过到海底、地心、月球等地方研学吗？请你发挥联想和想象，编写一个引人入胜的故事，参加班级故事大王擂台赛。尽管它们都只是作文命题，但都通过设置想象的情境引导学生的写作活动。

我教学的《挑妈妈》，就是一个设置想象类情境的案例。先通过分享诗歌《挑妈妈》设置情境：如果让每位同学有挑妈妈的机会，你挑不挑？然后让同学们分别说说自己的理由，以"我心中妈妈的样子"为中心写一段话描述自己想要的妈妈，或者现在的妈妈的特征。再分组活动，制订方案，想象一下如何挑妈妈，挑到一个"最好妈妈"之后怎么办。最后以"挑妈妈"为题写一首小诗或者写一段话，并分享交流。这节课的教学情境和学生写作的情境都是通过想象设置的。

想象类情境的设置，尽管不是真实存在的生活情境，但也有一个是否"真实"的问题，它的"真"主要表现在"合理"，合逻辑。这个"合理"，是指合情理；这个逻辑，既指生活逻辑，也指文学逻辑和审美逻辑。《西游记》是"不存在"、不真实的故事，但因为合理、合逻辑，所以大家都觉得是真实的。

6. 写作情境

根据生活需要进行写作，这是"真实的语言运用情境"的一种体现；而根据特定的写作要求完成写作任务，也可以看作一种"真实的语言运用情境"。我们知道，有人并不认同这样的"情境"是写作情境。事实上，人们的写作活动或者是出于自己的需要，或者是出于别人的需要，当然也可以说前者是写作主体的主动需要，后者是写作主体的被动需要。特别是以提高写作能力为目的的写作活动，具体的写作要求就是一种写作情境，甚至可以说考场作文的题目就是一种写作情境。我执教《议论文思路的展开》，就是以2015年高考江苏卷的作文题作为写作情境的。2015年江苏卷高考作文题是：智慧是一种经验，一种能力，一种境界。和大自然一样，智慧也有他自己的样子。请以此写一篇不少于800字的作文，题目自拟，文体不限，诗歌除外。我们的写作活动就是围绕"智慧"展开的，先让每位同学用一句话说说自己对"智慧"的理解，然后对大家的理解进行归纳梳理，再对每组理解进行归纳概括，接着是对一些内涵丰富的句子进行分解，在这个过程中适当进行分析、讨论和引证。我执教《写出感受和认识的变化》也是比较典型的例子。教学主要有四个环节：（1）以"我最喜爱的"为题写作；（2）以"我曾经最喜爱的"为题写作；（3）以"我还是最喜爱"为题写作；（4）仍然以"我最喜爱的"为题写作。四个写作环节都聚焦不同的写作要求，引导学生学会思考生活，写出认识的变化。

二、写作情境设置应坚持的原则

1. 指向生活

好的写作情境，应该能够引导学生关注生活，思考生活，正确认识写作和生活的关系，培养学生让生活激活自身写作，让写作服务于生活的写作意识。指向生活，某种意义上就是指向"真实"。但什么是"真实"，几乎是一个说不清楚的问题，或者说是见仁见智的问题。我们不能说"客观存在的就是真实"，合理的假想当然也是真实的，完全客观存在的或许并不真实。正因为对"真实"理解的不一致，使得作文教学的情境设置呈现品质不齐的局面。比如下面两个写作情境，我们以为都是不真实的。

（1）中央电视台纪录片《舌尖上的中国》将播出《中学生最喜爱的美食》，围绕中学生对美食和生活的美好追求，用具体的人物故事讲述中国各地中学生的美食生态。作为江西中学生的一员，请你向该栏目组推荐一道自己爱吃的江西美食，并为这道美食配上解说词。

（2）如果你有一座时光博物馆，你想把什么放进去？在你的成长历程中，一定有几样难以割舍的物品，有几个珍藏至今的纪念品……请选择你的珍藏品，向老师和同学讲述你和它的故事，字数不少于600字。

第一个情境，看上去很贴近生活，但"中学生最喜爱的美食""中学生对美食和生活的美好追求"是一个非常虚假的命题。从饮食的角度看，中学生并不是一个非常明确的群体，不用说全国的中学生，就是一个学校的中学生对美食的"美好追求"也是不一致的。还要用"具体的人物故事讲述中国各地中学生的美食生态"，这就更假了。中学生美食的形成能有什么样的故事呢？是美食的故事还是中学生的故事呢？即使有故事又是如何流传和形成的呢？如果有，大概也只是中学生喜欢美食的故事，而不是"中学生的美食生态"的故事。

第二个情境，"如果你有一座时光博物馆"也是非常虚假的情境。时光博物馆是什么样的呢？它有什么价值和作用呢？什么样的人才会有博物馆呢？从命题中看不出，至少我们说不清楚，或者想象不出。从命题角度看，如果删去"如果你有一座时光博物馆，你想把什么放进去？"这句话，整个命题没有任何影响，这也就说明这样的虚拟情境是多余的，是虚假的，和学生的写作几乎没有关系。

2. 指向学生

所谓指向学生，就是要求写作情境的设置要能贴近学生的生活实际和写作实际，针对学生写作的问题，激发写作热情，激活写作思维，引导学生精神自省和自我审视，进而促进精神成长，实现写作育人的追求。

当下语文教学有一股好"大"之风，作文教学的情境设置也存在着简单化地喜欢大生活、大事件、大场景。比如某校初三中考模拟试卷有这样一道作文题：俄罗斯对乌克兰采取了特别军事行动，大批俄罗斯士兵远离家乡奔赴乌克兰战场。请你以一个俄罗斯战士的身份在战场上给家人写一封信。我们想，从未经历过战火的初三学生除了胡编乱造是无法完成这样的写作任务的，即使年龄稍大的高三学生也无从下笔。因此，无论是真实或是拟真的情境都需要贴合学生的学习和生活，切近学生的感情世界和精神世界，提出的要求也要切合学生的写作能力。

有人从写作目的的角度把情境写作分为两类：一是侧重写作主体自我表达的倾诉式的写作；一是侧重特定场合的交互表达。我们以为，这样的分类是有一定道理的。但不管是前者还是后者，情境的设置和写作的指向，都应该是学生这个群体主体。应该符合他们的身份，尤其是作为作文训练的作文教学，情境设置一定要针对学生写作中的具体问题和思想成长的特点，通过具体情境激发他们写作的欲望，通过具体任务激活他们的写作思维，引导他们的人生追求和成长。

3. 指向写作

毫无疑问，写作情境的设置都是为学生的写作活动服务的，也是为教师的写作教学服务的。也就是说，设置写作情境是为了引导学生明确写作要求、促进写作任务完成；而学生完成写作任务则是为了培养写作能力，提高写作素养。而写作能力和写作素养的基本要素就是能根据具体情境的需要采用适当的表达形式表达自己的思想感情。所以，设置写作情境时，要强化表达意识、能力意识和文体意识，要有具体明确的写作要求和评价指标。从写作的基本要素和学生实施写作活动的角度看，还必须有明确的写作话题、写作目的、主体角色和隐含的读者对象；一般来说，还要尽可能地为学生提供一定的写作支撑。否则，即使设置了所谓的情境，哪怕很真实，也意义不大，甚至是毫无价值的。上课铃声响了十几分钟，有位老师故意迟迟不进教室，在教室里乱糟糟、学生纷纷猜测老师不出现的原因时，老师才假装急匆匆地走进教室，什么话也不说，在黑板上写下作文题目"老师迟到之后"便要求学生写作。看起来这位老师的做法和于永正老师非常相似，其实有着质的区别。不仅情境的设置非常做作，很容易给学生表演作假的印象，而且缺少明确的写作指向，是典型的无目的的写作教学。

再如下面这道中考作文题，虽然也是一道情境作文题，但因为缺少明确具体的写作指向，便不能发挥训练写作能力或者考查写作能力的作用。

> 学校要求同学们将社会实践活动等材料上传到"综合素质评价"网络平台上，初三学生王晓阳正准备自己动手上传，妈妈却说："听说这些材料关系到中考录取，很重要的。这些事还是让你爸爸替你做，这样我们会更放心一些。"上面的材料引发了你怎样的联想、感触或思考？请自选角度，自主立意，自拟题目，写一篇文章。

题目的材料说的是学生现实生活中的事情，应该说情境是真实的。但要写一篇什么样的文章，却不得而知，写作要求和表达对象都不明确，或者说写作要求和评价标准都与这里的情境没有关系。从考查的角度看，考查什么样的写作能力不清楚；从写作训练的角度看，训练什么样的写作能力不清楚。这就势必影响它的命题价值和教学价值。

4. 指向教学

需要强调的是，我们这里讨论的是作文教学的情境设置，而不是作文命题的情境设置。这两者有着非常紧密的联系和高度的一致性，但又是两个不同的话题和范畴。前面的三个"指向"，某种意义上和作文命题的情境设置是基本一致的，而这里则是强调作文教学情境设置和作文命题情境设置的不同之处。

尽管基于一道作文题设计一节作文课，一节作文课常常用一道作文题来支撑，是作文教学的一种常态，但一个作文题和一节作文课毕竟不是一回事。两者主要的区别在于：一道作文题，只要考虑适合学生写作就行；而一节作文课，更多的是考虑怎样才能让学生喜欢写和会写。这就要求作文教学的情境设置，要充分考虑教师的教，要充分体现教学的价值。比如我们前面提到的《挑妈妈》，作为一道作文题，我们只要用几句话把情境交代清楚就行了。而作为一节课，我们就要根据教学内容和教学对象预定适合的教学目标，合理组织学习活动和教学过程，设计适当的写作任务和评价方案，预设学习错误的发生和纠正办法。作为一节课的教学，并不把写一篇完整的文章作为主要目的，而在于解决学生写这类文章的常见问题，提高他们这类写作的基本能力。比如"挑妈妈"的写作，会有孩子认为自己的妈妈很好，所以不愿意挑；而很多孩子挑妈妈是认为妈妈有缺点，想挑一个妈妈把现在的妈妈换掉；有的孩子不能跳出对自己妈妈的描写展开想象；有的孩子则胡编乱造，信口开河。作为一节课，这些问题都必须高度关注，并通过教学活动加以解决。

作文教学的情境设置有非常大的选择空间，甚至可以说有无限的可能，相信经过大家的努力探索和实践，一定还会有更多的新形式出现。

第 10 节

"李白送别诗"

（课前印发李白的送别诗《送友人》《赠汪伦》《黄鹤楼送孟浩然之广陵》《金陵酒肆留别》。）

师：今天我们来欣赏一首古诗《渡荆门送别》。通过这首诗，我们一起来学习李白送别诗的风格和特点。诗歌从题材的角度有很多种分类，比如说山水诗、田园诗等。从题目可以看出这首诗属于什么题材？

生：送别诗。

师：我相信同学们一定读过很多写送别的诗，但李白的送别诗有他自己的风格，有他自己的特点。对这首送别诗，有诗评家进行了质疑，他们认为这首诗根本就没写"送别"。我们班有没有同学也认为这不是送别诗？（一生举手）你认为它是什么诗？

生：思乡诗。

师：你从哪里看出它是思乡诗呢？

生："仍怜故乡水，万里送行舟"，表达的是思乡之情。

师：你的欣赏能力很好。但能不能说表达了思乡之情，就是思乡诗呢？大家想一想，思乡诗和送别诗的区别在哪里呢？

生：写思乡诗，诗人在外乡。

师：写离开家乡的送别诗，诗人在哪里呢？

生：家乡。

师：当然，送别诗也会表达思乡之情。那么，《渡荆门送别》到底是不是送别诗呢？我们还是先从送别诗基本的元素入手，判定一下它到底是不是送别诗。课前给同学们发了一张讲义，是李白另外几首大家公认的送别诗。请一位同学读一下这四首诗，其他同学归纳一下送别诗的基本要素。

师：哪位同学来读一读这四首诗？（一生举手，读诗。）

师：同学们交流一下，从李白这四首典型的送别诗中，我们可以看出送别诗的内容应该有哪些元素？

生：首先我觉得它必须有地点，就是送别离开的地点。

师：送别地，就是在何处送。非常好，除了这个元素呢？

生：还有就是谁送。

师：非常好。这位同学归纳了两个要点，一个是送别地，还有一个是谁送。比如说《赠汪伦》是李白要走了，谁送他的？汪伦。《送友人》的题目告诉我们，这是李白送别人。这就告诉我们第三个要素——送谁。

生：我还读出了送别时的那种环境，还有诗人或者是他送、送他的人的一种情感。

师：还要写送别的情感，非常好。

生：还有送别的环境。

师：这个环境呢，除了在何处送，还有何时送，是晚上还是早上。有时候还包括天气，是下雨，还是刮风。四首诗中哪个句子表明了送别时间？

生：烟花三月下扬州。

师：烟花三月，是送别时间。

生：还有去哪里，"黄鹤楼送孟浩然之广陵"，是去广陵。

师：现在黄老师读一读课文，你们对照送别诗的五个要素，看看《渡荆门送别》有没有这样几个要素。（背诵《渡荆门送别》）

师：哪位同学从这首诗里发现了送别的要素？（一生举手）你从这首诗里发现了哪些送别的要素？

生：我首先发现的是送别地，在荆门，还有就是送谁，是送"我"。

师：送诗人，不是送别人，对。

生：情感可以从"仍怜故乡水"的"怜"字看出，有对故乡的一种不舍。何时送也有，从"月下飞天镜"看出是晚上。

师：是晚上送的，好的，请坐。这位同学找到了三个要素。他从最后一句"仍怜故乡水，万里送行舟"中体会到诗人对故乡的深深的不舍。在哪里送呢？在荆门。送谁呢？是送诗人。其他同学有没有补充？

生：我认为这里也有谁送。在"仍怜故乡水"一句里，可以看作故乡水在送诗人，一路把诗人送出家门。

师：你从哪里看出来哪里是诗人？

生："仍怜故乡水，万里送行舟"，行舟上载的就是诗人。

师：他对诗的表现手法体会得非常到位。行舟就是诗人，诗人——被送行的那个人，就在船上。这是一种很常见的手法，叫借代。以舟代人。好的，既然送别诗的要素都有了，为什么有人不认同它是送别诗呢？现在请大家自由阅读，看看能不能发现什么问题。

（学生自由诵读，交流讨论。）

师：好，我们现在交流分享。

生：刚才一位同学说了是水在送诗人，这就不符合送别诗的要求。

师：不符合什么要求呢？

生：既然是送别，肯定是一个人送另一个人。

师：一般是这样，当然也可能是几个人送一个人，或者一个人送几个人，几个人送几个人。可见这是不一般的送别"人"。还有吗？

生：在哪里送也不对。荆门是楚国的战略要地，地方很大。

师：是的。荆门是座山，楚国曾建国于荆山，是楚蜀的咽喉之地，可以说是楚国之门，古代的荆州是楚国的国都。一座山，一座城，到底在哪里送呢？不具体。

生：我觉得时间也有问题。"月下飞天镜"，像是晚上。可是，"云生结海楼"，晚上能看见海市蜃楼吗？

师：我觉得有道理。既像是晚上，也像是白天。时间的确不明确。还有新发现吗？（学生没有反应）看来作为一首送别诗，疑点不少，时间不确定，地点不确定，送行的人也不具体。那么为什么会出现这么多疑问呢？

师：请大家自由朗读诗歌，我们抓住诗的主要意象、意境再深入欣赏这首诗，看看能不能找到根本原因。（学生自由朗读）

师：好的，我们交流一下大家圈画的诗歌意象。

生：荆门、楚国。

师：荆门、楚国能作为意象吗？也可以，但意象是融入诗人情感的具体物象。荆门、楚国比较大，也不具体。

生：山，平野。

生：江，大荒流。

师：大荒，奔流的大荒。

生：月下飞天镜，云生结海楼。

师：这就是意境了。像飞天镜一样的月，像海市蜃楼一样的云。

生：行舟，故乡水。

师：有人说，这首诗句句写蜀，又句句写楚。你们能说出哪个意象是蜀，哪个意象是楚国吗？

生：我觉得"山随平野尽，江入大荒流"里的山，是指蜀国的，因为四川那边就是四川盆地，周围都是山。平野和大荒应该是指的楚国。

师：你认为山是蜀国，平野和大荒指的是楚国，请坐。大家同意吗？（部分学生点头）我不完全同意。他的理由是蜀国四川山多，有山就是蜀国。那么楚国就没有山？

生：有。

师：是啊。肯定有，楚国也有山。更重要的是，我们要根据文本解决问题，不要根据你的地理知识，而且你的这个地理知识也不完全对。我们要从诗的角度找依据。（发言的学生举手）你要自己更正一下吗？一个人能更正自己了不得。

生：我觉得还有一个理由就是"山随平野尽，江入大荒流"，它是从山然后到平野。

师：这就对了。"山随平野尽"，告诉我们平野慢慢过来了，山慢慢地远去了，远去肯定是故国的山，对不对？这就对了，根据文本。（一生举手）这位同学你有什么发现？

生：我觉得"山随平野尽"，山和平野都是蜀国的。山是随着平野一起消失的。"江入大荒流"，大荒是楚国的，他顺着江坐船顺流而下，向着大荒去。

师：抓住关键词语去品读，这才是读诗的最主要的方法。"山随平野尽"，那山慢慢退后了。你们觉得平野，是眼前楚国的平野呢，还是蜀国的平野呢？这是一个值得讨论的问题。有没有同学愿意分享一下？

生：我觉得平野应该是楚国的。眼前是平野，两边的山才会顺着你往平野走过去，往后倒。

师：除了"尽"，还要抓住哪个词？

生：随。

师：非常好。一个"尽"，一个"随"，告诉我们山是蜀国的山。如果我们用散文的语言描述一下这两句诗的意境怎么描述？就是随着一片片的平野迎面而来，一座座的高山渐渐向后隐去。其他同学呢，有没有发现？

生：水是蜀国的。

师：是的。这是故乡的水。还有吗？

生：行舟是蜀国的。

师：是的。这个应该没问题。我们把"月下飞天镜，云生结海楼"这两句再读一读，你们觉得云和月，是楚国的还是蜀国的？提醒大家要用诗人的眼光而不能用地理的眼光才能发现。

生：注释说了，月亮倒映在水中，犹如从天上飞来一面明镜。我觉得这个月亮可能是在远处，随着行舟的过程，越来越靠近行舟，所以它应该是在楚国的。

师：我觉得有道理。随着船向前面行去，天上的月亮怎么样，天上的云怎么样。我想问一个问题：天上有几个月亮？

生：（大多数）一个。

师：是的。地理老师认为天上只有一个月亮，语文老师认为，天上有无数个月亮——每个人心中都有一轮明月——至少有两个月亮。为什么？杜甫说：露从今夜白，月是故乡明。李白这里的月亮，更多的是楚国的月亮，是他来到楚国看到的月亮。

生：我认为也是故乡的月亮，他看到楚国的月亮，也就是看到了故乡的月亮。

师：这也是一种很有诗意的理解。我们现在能说说为什么这首送别诗所有要素都有，又所有要素都不明确吗？

生：这首诗写的都是想象的内容。

师：是的。这是一次没有发生的送别，是一次作者想象出来的美丽的送别。所以，送别的时间是不明确的，送别的地点是不具体的，送别的人是拟人化的故乡，所以有人认为这根本就不是送别诗。

师：请同学们齐读全诗，体会诗人想象出来的美好意境，说说你们觉得诗中哪些句子的想象最美。（学生自由读）哪位同学来说说，哪些句子的想象最为美丽？

生：（齐）月下飞天镜，云生结海楼。

师：是的。这两句的想象非常奇特瑰丽。你看，天上的月亮，倒映在滚滚流动的长江水中，就好似天上飞来的明镜，在水中飘忽沉浮；天上的云变幻无形，如同缥缈虚幻的海市蜃楼。大家想象一下这两句诗的意境，看看能不能从另外四首诗中发现同样富有想象力的诗句。

生：孤帆远影碧空尽，唯见长江天际流。

师：意境的确阔大，但这是想象出的意境吗？

生：浮云游子意，落日故人情。

师：相似在哪里？

生：云，月，意象差不多。

师：都写云，月和日相近，意象很相似。还有别的相似之处吗？你描述一下意境。

生：天边的白云，徘徊不定，就像游子不肯离去，夕阳缓缓落下去，就像老朋友们的心情。

师：很好。还有什么相似之处？

生：夸张。

师：有夸张，主要不是夸张。

生：想象。

师：对，是想象。还有相似之处吗？

生：拟人。

师："浮云游子意，落日故人情"，是有一点拟人的味道，但主要不是拟人，"月下飞天镜，云生结海楼"更没有拟人。在脑子里再想象一下意境。

生：比喻。

师：主要是比喻，说比拟当然也可以。这个云，就像游子不愿离去，这个落日就像故人不忍游子离别。同学们还能从四首诗中发现和这首诗中相似相近的诗句吗？

生："山随平野尽，江入大荒流"和"孤帆远影碧空尽，唯见长江天际流"。

师：这两联相似在哪里？

生：都写长江。

师：是的，意象相同，而且意境都很阔大，这是李白送别诗的另一个特点。李白的送别诗和王勃的"无为在歧路，儿女共沾巾"，和王维的"劝君更尽一杯酒，西出阳关无故人"都不同，李白的送别诗意境更加雄奇，感情也更加深厚。大家一定读了不少送别诗，能说说古诗中的送别诗常用的意象是什么吗？

生：柳。

师：对。"柳"和"留"谐音，所以古人送别，会折柳相送。这就是文化。还有什么？

生：酒。

师：古人送行，几乎都要喝酒饯行。还有，比如"离离原上草，一岁一枯荣"。

生：草。

师：芳草萋萋，是情意绵绵的象征。弘一大师李叔同的《送别》会唱吗？"长亭外，古道边，芳草碧连天……晚风拂柳笛声残，夕阳山外山"。

（师生说意象：长亭，古道，芳草，晚风，柳，笛声，夕阳，山……）

师：是的。这些都是古代送别诗常用的意象，下面请同学们再阅读李白的五首送别诗，看看李白最喜欢用什么意象。

生：青山，白水。

生：舟。

生：云。

师：最喜欢用的是哪一个意象呢？

生：水。

师：哪些诗句有水？

生：白水绕东城。

生：桃花潭水深千尺。

生：唯见长江天际流。

生：请君试问东流水。

师：是的。李白送别诗写到水的诗句很多。为什么他写送别喜欢用水这个意象呢？

生：水源源不断，就有种藕断丝连的感觉，一直伴随着你。而这个故乡的情感也是同水一样伴随在你的身边，割不断，舍不得。

师：说得很好，但是我觉得你没有扣住"李白"。李白为什么喜欢用水？

生：我觉得首先古代交通不发达，所以通常去一个地方都要——

师：打住。（示意暂停）还是没有扣住"李白"。我问的是为什么李白写送别喜欢用水，那杜甫也是古代的呀，他没有这么喜欢用水。

生：李白是浪漫主义诗人。

师：这就扣题了。什么叫浪漫主义？浪漫主义风格体现在哪里？（生：想象）浪漫主义风格都善于想象，这是表现手法。浪漫主义的感情特点是什么呢？你看，不仅是形式的问题，还有情感的问题。李白的情感有什么特点？你看，王勃是"无为在歧路，儿女共沾巾"，王维是"劝君更尽一杯酒，西出阳关无故人"，李白是"仍怜故乡水，万里送行舟"，是"桃花潭水深千尺，不及汪伦送我情"，是"请君试问东流水，别意与之谁短长"。

生：李白的感情更为强烈。

师：浪漫主义诗人的精神最为自由，感情特别丰富，就像桃花潭水，就像无尽长江，奔流不息，汹涌澎湃，只有水才能表达这种情感。

师：最后一个任务，黄老师下课后就要和你们告别了，请你们从这几首诗中选一联为我送别，你们选哪一联送给我？

生：桃花潭水深千尺，不及黄师送我情。

师：这是我送你还是你送我？（生笑）这个好像有点错位，但是情感上很真，而且能作适当加工，这是古诗的一种创造性引用，非常好。

师：这位男同学，你用哪一联诗送我？

生：我想用《黄鹤楼送孟浩然之广陵》的"孤帆远影碧空尽，唯见长江天际流"。

师：很贴近，你知道我的名字啊？

生：对。

师：怪不得，有道理，这就有意思了，对吧？"唯见长江天际流"。

师：最后换个角色，如果我要送一联诗给你们，你们估计我会送哪一联？

生：《金陵酒肆留别》的"金陵子弟来相送，欲行不行各尽觞"。

师：很好。改为"江阴子弟来相送，欲行不行各尽觞"更好。其实，用后边两句似乎更加贴切，"请君试问东流水，别意与之谁短长"。

<热点应答> **如何开发大单元教学的多种课型**

　　大单元教学的核心价值就是把以教为中心、以知识为中心的课堂变为以学为中心、以培养人的核心素养为中心的课堂。只有在体现大单元教学核心价值和基本特征的前提下开发出大单元教学的多种课型，才能让大单元教学走进更多教师的课堂，为促进课堂教学改革发挥更充分的作用。

　　立足自身的教学实践和探索，我们梳理出大单元教学主要有这样一些基本课型。

一、任务前置的大单元教学和任务后置的大单元教学

　　所谓前置型大单元教学，就是先布置任务再启动教学，通过大

任务驱动教学。我们教学鲁迅先生的小说《祝福》，就是采用了这样的方式。开始学习前，我们就布置任务：比较夏衍改编的剧本《祝福》和鲁迅先生的小说原作，写一篇评述文章。我是让同学们先自读小说，根据教材的"提示"和"练习"思考有关问题，再安排两节课观看电影，并要求学生随机做一些笔记，记下剧本和小说不同的地方。因为那时候没有电脑，更没有网络，学生要看电影，只有由学校电教老师统一安排。然后列提纲，再小组交流，写文章。接着结合作文评讲，结合同学们的不同意见，再带着大家读小说。多年来我们都采用这样的教法，自以为效果很好，印象中还在《语文学习》上介绍过这个教学思路。

有时候虽然教学设计也是有任务的，教学过程也是通过任务驱动的，但我们常常开始并不明确向同学们提出任务，而是到教学的后半程才提出任务让同学们完成。比较典型的案例有《孔乙己》。我们教学这篇小说有几个不同的版本，开设过大型公开课都具有一定影响的就有两个版本。第一个版本我们是由一个"笑"字入手一路到底，记得当时的反响也是很好的。但回过头去看，还不是问题驱动。第二个版本应该就是典型的任务驱动。其主要任务，一是在小说中补写孔乙己的手和集体创作孔乙己死的场景，二是为孔乙己写中式、西式两种碑文。但这两个任务在教学开始时我并没有明确提出，而是围绕大任务先进行一系列学习活动，为大任务的完成作好充分的铺垫，在教学的后半段再启动大任务的完成。

二、基于教材的大单元教学和基于学生语文学习活动的大单元教学

基于教材的大单元教学就是以教材编排的单元为基础进行大单元教学。

用过人教社老版高中语文教材或者作为学生读过这套教材的人都应该记得当时的高中教材有一个戏剧单元，其中的课文有《雷雨（节选）》《茶馆（节选）》《威尼斯商人（节选）》和《窦娥冤（节选）》等。我们苏州中学的老师当时教学

这个单元基本都要用一个月左右的时间。我的做法是,单元教学开始之前,就要求同学们自由组合,选择一个剧本的片段,或者自选课文改编剧本,当然创作剧本也可以,成立剧组排演剧目。在今天看来,这就是所谓的大任务吧。各剧组先在班级汇演,选出最佳剧目、最佳创作(改编)剧本、最佳男女主角、最佳导演、最佳剧务等。记得有一次我被一个剧组邀请参演了《雷雨》,角色是周朴园,自以为演得还不错,但我们的剧目居然没有获奖,我自己也没有获奖。然后全班推出能代表班级水平的剧目,到年级去参演,再选出最好的剧目参加学校的艺术节(戏剧节)。那段时间,班级上,语文组,大家的话题都是演话剧。有些老师可能在我以前的文章和专著中看到过对这个案例的介绍,可惜是多少年前的事了,当时既没有整理实录,更没有录视频。

还有的大单元教学,则是基于当时的语文活动进行的。比如我们教的班级每学期都会出一本作文集,每届学生都要出一本诗集,每人都要有一本读书笔记,每位同学都要参与一份小报的编辑。作文集和诗歌集都是学生自选作品,集子的名字和序言也是每人写一篇,然后选出一篇作为正式的序言。自己的读书笔记,也是有题目、有序言,小报从报名到栏目,从排版到插图,都是学生自己完成。至今我家里仍然保存了一些学生的诗歌集和作文选集,也保存了不少学生自编的报纸。

前一类依托于教材,后一类完全是自己开发。这些活动都充分体现了今天大单元的核心追求,似乎都可以算是大单元教学。

三、基于单篇的大单元教学和基于整本书的大单元教学

前面列举的《祝福》《孔乙己》等都是单篇的例子,它们虽然都是单篇文本的教学,但都努力体现大概念、大任务和大情境,体现了现在大单元的教学理念和基本特征。这里再举一些整本书阅读的例子。

非常典型的是《论语》的整本书阅读。学习的大任务就是熟读《论语》,研

读《论语》中的一个人物，以"我看_____"为题写一篇论文。班级统一买了杨伯峻的《论语译注》，要求学生每人再买一本不同版本的《论语》。这样就保证班级上有了很多种版本。我们向同学们介绍了我们所了解的和自己所读的几种版本；对同学们的阅读，提出了这样几项小任务：（1）认真通读全书，勾画标注，列出文本理解中的问题；（2）记录阅读《论语》的心得；（3）读完全书后，完成"读《论语》，说孔子"的交流提纲；（4）品读《论语》中写到的人，选择自己准备深入解读的人物。

整个教学活动的重点，是阅读共享。我们分为这样几轮开展活动：第一轮是问题讨论。学生依次主讲，依次交流，提出问题，表达自己的理解，组织讨论。每个学生主讲一次，时间则不拘长短。第二轮是心得交流，主要是谈阅读《论语》的心得体会和对有关问题的思考。每个同学选择一两则自己有思考的章节谈自己的心得体会，其他同学也可以向主讲人提问，和他交流不同的见解。第三轮是"读《论语》，说孔子"。每位同学谈谈读了《论语》之后对孔子这个人物的印象和理解，并且要以《论语》中的材料作为主要依据。第四轮是"《论语》读人"。每个同学重点解读《论语》中的一个人物，如果几位同学解读的是同一个人物，我们就让大家集中交流，可以互相进行比较，使得大家对这个人物有更为深刻的认识。每一轮活动，基本都包含了这样几个层次：一是个别交流；二是小组交流；三是全班分享。

从体量来看，这是我们的大单元教学中比较大的；从教学形式来看也充分体现了大单元教学的理念和特征，应该可以说是非常典型的大单元教学了。

四、由语言形式切入的大单元教学和由人文主题切入的大单元教学

从某种宽泛的意义上说，所有的语文教学都应该立足语言学习，或者说人文和语文总是融合在一起的。但从大单元教学的具体形式来说，有一些更侧重语言

学习，常常直接从语言学习入手，也有一些更侧重于人文主题的学习，更多从人文主题入手。

前者典型的案例是教学《谏太宗十思疏》。我们教学时，主要学习任务是比较经国家教材委员会审定、当时全国通用的苏教版高中语文新教材中这篇课文（标为 A 版）和语文版高中语文新教材中该课文（删改版，标为 B 版）两个版本的异同，核心问题是删改版所删的内容能否删除。主要教学活动，一是注释比较，学生课前研读课文，标注两个版本同一个字词的不同注释，如"臣闻求木之长者"的"长"，A 版注音是 cháng，而 B 版上注音是 zhǎng；"浚"，A 版注的是"疏通"，B 版注的是"深挖"；"下愚"，A 版注的是"愚昧无知的人"，B 版注的是"没有……的人"。二是朗读的比较。我让学生比较了一位名家和我自己的朗读，让学生体会不同版本的情感和表现力。重点是比较文本的删减。学生课前标出被删掉的语句，并思考比较前后的不同表达效果。课堂上引导学生从主旨、结构、语言、气韵等方面进行讨论，在比较过程中穿插朗读和关键语句的理解，体会作者的强烈情绪，感受文章骈散的语言特点，深入理解文章主旨，把握文章的结构特点。由语言形式切入的大单元教学常常还从文体特征切入。比如《黔之驴》的教学可以从"寓言"切入，《阿房宫赋》的教学可以从"赋"切入。

由人文主题切入的大单元教学，比较典型的教学案例是"李白送别诗"的教学和蒲松龄《狼》的教学。前者的教学，我们选了李白的五首送别诗《渡荆门送别》《送友人》《赠汪伦》《黄鹤楼送孟浩然之广陵》《金陵酒肆留别》，由此拓展到一般意义的"送别诗"，其核心任务是认识李白送别诗的情感特质和抒情特点。教学过程是：第一个任务是提出探究问题：对这首诗题目中的"送别"有不同理解，清人沈德潜认为"诗中无送别意，题中二字可删"；明代唐汝洵也认为题目中的"送别"两字是误用，送别诗该写的内容这首诗都没有写。那么，这首诗是不是送别诗呢？第二个任务是概括送别诗的基本要素：（1）送谁；（2）谁送；（3）送往哪里；（4）在哪里送。第三个任务是研读《渡荆门送别》的"送别"：有没有写送别？在哪里送？送何人？何人送？送往何处？第四个任务是研读《诗经·小雅·采薇》、刘禹锡《杨柳枝词》、郑谷《淮上与友人别》、王维《送元二使安西》等古诗，归纳古代送别诗的意象特点。第五个任务是再读李白的五首送别诗，明了李白的送别诗的意象特征。第六个任务是探究李白喜欢用"水"作为送别诗的意象的原因。第七个任务是选一个角度对五首诗进行分类（从诗歌形式、送别诗的要素的角度）。第八个任务是选诗赠别：（1）如果老师和你们分别，你们选哪一首诗送给黄老师？（2）猜一猜，老师和你们分别，会选择哪一首诗送给你们？《狼》的教学，虽然在课堂上呈现的只是课文和我改写的一篇《狼》，但我这篇《狼》是根据蒲松龄"狼三则"中的另外两篇《狼》改写的，所以课堂的教学文本实际是四篇《狼》的阅读。因此这节课是以"狼"为主题组织了一个大单元教学，核心任务是探讨蒲松龄小说中"狼"的内涵和寓意。

其他还有由阅读切入的大单元教学和由写作切入的大单元教学。前面所列举的案例都是由阅读切入的大单元教学，由写作切入的典型案例有《包身工》《六十一个阶级弟兄》等，都以同一个材料的写作如何组织材料、如何安排文章结构更能表现主题这个大概念、大任务驱动学生的学习。

以上是我们从教学实践和探索中梳理出的大单元教学的一些基本课型。我们相信，只要我们立足大单元教学的核心价值和基本特征不断探索，一定还可以探索总结出更多更丰富的课型。

第 11 节

《谏太宗十思疏》

[除苏教版高中语文新教材这篇课文(标为 A 版)外,课前为学生提供语文版高中语文新教材该课文的复印件(标为 B 版)。]

师:今天和同学们一起学习一篇文言文《谏太宗十思疏》。

平时老师和同学们学习文言文都是一种版本,今天黄老师给你们发了同一篇课文的两个版本,希望你们通过比较两个版本的注释去理解文义。刚才我问了一位同学,他说通过两种注释已经把课文理解得很好了。文章的注释是理解文意的帮手,更重要的是,注释本身也是学习的资源。通过对不同的注释加以比较,可以非常有效地提高我们阅读文言文的能力。

平时,有些同学经常跟我说,黄老师你讲的跟书上不一样,或者课本跟参考书上不一样,他就表现出十分痛苦的样子。我说你应该因此有一种学习的幸福感。如果一位同学,读一篇文言文,先看一个注释之后,然后看到不同的注释就认为都是错的,这就是缺少一种真正的学习能力,对不对?两个注释一比较,就会加深我们对文本的理解。我想请两位同学交流一下,你们在看两种不同注释的时候,有没有痛苦,有没有矛盾?好的,哪位同学先来说说看了两个版本不同的注释的"痛苦"?(一位同学举手)好的,这位同学有痛苦。你说一说哪一词的哪一个解释让你痛苦？

生：痛苦的不是解释，是注音。"臣闻求木之长者"的"长"，A 版本注音是 cháng，而 B 版本注音是 zhǎng，让我感到不知所措。

师：你倾向于哪个？

生：我倾向于 zhǎng。

师：说说理由。

生：因为"臣闻求木之长者"，"长"，可解释为"生长"，我觉得根据后面文意趋向于"生长"。

师：请坐，这是非常好的一种方式，比较中有自己的思考。有没有同学倾向于读 cháng 的？（一位同学举手）好的，你也说说理由。

生："根不固而求木之长"，让我想到了一个寓言故事，就是《揠苗助长》，那个故事中的主人公，他把那个苗使劲地拔高以后，是想让它变长，但是没有"固"到它的根，所以这里用 cháng 也许会更好一点。

师：这叫旁证，也是解读文言文的一种方式。同学们记住，今后我们更多的是靠内证。根据"揠苗助长"是否就读 cháng？"让它变长"到底该读什么音？都是还要讨论的问题，我们暂且放一放。能不能从文章中找到依据？（有同学举手）好的，这位同学。

生：我们看下一句，"欲流之远者"，我觉得这里面的"远"和前面的"长"对应，所以读 cháng 相对会比较贴切一点。

师：这个方式好，看下文来确定。这篇文章排句特别多。排句是我们求证文意很重要的一个依据。下面对应的是"远"，"远"是形容词，那么这个地方"长"理解为形容词读 cháng 更好。再下一句还有一个"安"，"安定团结"的"安"。其实还可以从字义本身来看。"固根本"是为了追求"木长"。长得慢，长得快，长得矮，长得高，都是"长（zhǎng）"，对不对？而这里强调的不仅仅是"长（zhǎng）"，而是要长得高，古人称"高"常常谓之"长（cháng）"，对不对？所以，我也倾向于这里读 cháng。我们当然不能说"长（zhǎng）"就不对。语文很多东西并不是非此即彼的。

师：好，其他同学有没有痛苦？有没有遇到矛盾？又是怎么解决的？其实，还有很多。——我举一些例子，和大家一起来看看怎么选择，怎么来推敲。比如，后面有一个"浚"，A版本注的是"疏通"，B版本注的是"深挖"。想一想，"疏通"好，还是"深挖"好呢？当然都可以，哪个更好？倾向于"深挖"好的举手给我看看。

（有一位同学举手。）

师：哦，这位同学说"深挖"好，但我跟大多数同学一样倾向于"疏通"好。因为这个地方我们不在于挖多深，当然有时候需要就挖得深。关键只要疏通了，那就流得远了，对不对？你把一个地方挖多深，没疏通，能远吗？不会远。一琢磨意思就明白了。再如"下愚"，A版本注"愚昧无知的人"，B版本注"没有……的人"。要不要加"的人"？就是说这个当名词好呢，还是当形容词好呢？——应该是加好。其实B版本呢，它后面的"明哲"就注为"明智的人"，对应的位置"下愚"，也就是"下愚的人"。从注释的合理性看，要么两个全注，要么注前面一个加"……的人"，后面一个不加"……的人"，对不对？其他还有"戒奢以俭"，两个注释的意思不同，大家有没有注意？B版本注释为："戒奢侈，行节俭。""以，用，行。"支持这个注释的同学举手。

（少数同学举手。）

师：看来大多数同学不大喜欢，应该说，这个注不是很好。这个"以"恐怕应当是相当于一个文言虚词"而"更好，对不对？一方面要厉行节俭，其实同时就是"戒奢"。这个注释前后是有矛盾的。好了，如果一一比较下去，课文里有很多注释都值得我们如此比较，如果有时间如此推敲，必然对你的文言文学习有很大帮助。当然所有的问题不一定在课内来解决，大家有兴趣，可以将此作为一个课题，课后再深入研究。

师：这两个版本，除了注释不同，文本也不同。A版本里有很多内容B版本都删了。我看很多同学已在A版本上画出来那些删掉的内容。现在我想就这个问题展开讨论。大家觉得总体看是删好还是不删好？认为不删好的同学举手。好的，大多数同学认为不删好。再请认为删掉好的同学举手。（部分同学举手）请一个代表说说为什么删掉好。

生：我觉得删掉以后并不影响全文意思的表达。

师：这位同学非常严谨。如果影响表达，就不能删；如果不影响表达，当然是越简越好。现在我们讨论一下：删是不是影响表达呢？刚才很多同学都说不删好，哪位同学来说说不删为什么好呢，或者说删了以后为什么影响表达呢？（过了好久，一位同学举手）好的，后面这位男同学。

生：哦，我觉得删好。

师：也请说说理由。

生：因为经过删繁从简，使文章的总体思路更加清晰和明了，也不会破坏原文的主旨，就是告诉皇上要"居安思危，戒奢以俭"，我觉得删了以后就不会感到杂乱。

师：尽管这位同学没有听清楚老师的要求是让认为不删好的同学发言，但是我还是很欣赏他的发言。他的内容跟前一位同学差不多，认为删掉不影响，反而更明了。但他说得更具体，认为并不影响文章主旨"居安思危"的表达。我们刚才有那么多同学倾向于不删的，你们也想一想你们的理由。我们应该从哪些方面评价它删好还是不删好？讨论这个问题，应该有一个清晰的思路。刚才这位同学就提供了一个角度。

师：大家首先从主旨的角度看删掉和不删掉有什么区别。当然，我们还可以从结构的角度，从语言的角度，从文章气韵的角度来看，删了以后到底有没有影响。

（师板书：主旨 结构 语言 气韵）

师：我们就先来看主旨吧。刚才那位同学已经说了，删改不影响文章"居安思危"这个主旨的表达。同学们回顾一下文章的内容，你认为这篇文章的主旨是不是"居安思危"？有没有不同的理解？有的请举手。（无人举手）一个都没有？全班同学都认为文章的主旨是"居安思危"？——这位女同学好像有点犹豫。不要犹豫，你认为是"居安思危"吗？

生：我认为不应该是"居安思危"。"谏太宗十思"是要告诉太宗应该怎么做，而不只是这一点。

师：你的意思是"居安思危"还不足以概括"十思"，对不对？

生：对。

师：非常好，至少这是一个很好的思路。这篇文章全文其实是扣住一个字展开的，哪一个字？（有学生说"思"）对，有哪位同学细心地数过全文有多少"思"？我数过的，如果我没有数错的话，应该是 14 个。除了中间的 10 个以外，开头一段有 2 个，最后一段还有 2 个。这 14 个"思"之间是什么关系呢？我们先看最后的 2 个"思"："总此十思，宏兹九德。"你说这个"思"起什么作用？（有学生说"总括"）对，总括。再看开头第一个"思"在哪里呢？"思国之安者，必积其德义"，这个"思"有什么作用呢？声音大点。

生：我认为是引起下文。

师：是总领，对。所以，从文章的脉络来看，14 个"思"，总分总的逻辑关系很清楚。我们再看文章开头的几个句子：从句式角度讲，它是用了排句；从修辞方法角度讲，它用了什么方法？（有学生说"排比"，有学生说"比喻"）对，它是用了排比和比喻。那么，说"木之长者""流之远者"这两句话的目的和作用，是为哪一句话服务的？对，后面一句话，前面两个喻体，所以后面一句话是关键。从文思角度看，这个"思"是总领，是核心句。所以，我们可以看出，全文的观点应该是什么？

生："积其德义"。

师：同学们想一想，应该发现"积其德义"比之于"居安思危"更能概括"十思"的内容。那么在这个基础上，我们回过头去看一看它删掉的那些句子到底有没有影响呢？大家看第 1 自然段接下去删去的一个句子是什么呢？是"德不处其厚，情不胜其欲"。第 2 自然段还有"殷忧而道著，功成而德衰"。这些都是引出反面的没有"德"的例子。可见把观点唯一地理解为"居安思危"，正是由于受文本删减的影响。文本不删，让我们更容易准确地把握的主旨是"积德义"。（板书：积德义）

师：我们再从结构角度看。开头先比喻，引出"积德义"重要；然后再说反面的情况，引出反面的举例；最后一段，"宏兹九德"再加以重申和强调，说"代下司职，役聪明之耳目，亏无为之大道"。从结构来看，前后的照应更加周密，"德"的主线更加清楚。（板书：周密照应）

师：我们再来看语言，同学们有没有注意到本文的语言特点，从句式角度看，主要有什么特点？

生：排比。

师：你是从修辞角度说的。如果从句式形态角度讲，除了排比句，还有什么？对，还有对偶句。能不能有一个句式的特点把排比、对偶都概括进去？

生：骈体句。

师：这位同学用了一个很典雅也很准确的概念，叫骈句。如果不知道这个骈句的话，其实知道"整句"这个概念就行了。所谓"整句"就是句式整齐。但是如果单单是整句的文章会有什么不足？大家想一下，如果一篇文章全是整句好不好？（有学生说不好）为什么不好？有没有同学想到？一篇文章全是整句，要么排比，要么对偶，那么这样的文章你读起来会有什么感觉呢？对，句式就会很单调，读起来就会呆板，感情的表达就不丰富。本文是以骈句为主，夹杂一些散句，骈和散的结合，就使文章气韵的表达有非常好的效果。（板书：骈散结合）

师：比如第3自然段B版本删掉了一句"奔车朽索，其可忽乎？"大家看一看，如果删掉了这一句和"君人者"三字，后面的文句就起得有点突然。对不对？大家可以比较着读一读。——有了这一句散句，后面一气呵成十个整句，节奏的变化就更丰富了，情感表达就更到位了。当然我们对课文气韵和情感的感受，不能靠老师讲，也不能靠说。下面通过对比诵读让同学们来感受。我们先听一段课文的诵读录音，是一位专家读的，他读的是B版本。请同学们认真听，注意感受，听完以后再听一个人读A版本，比较一下效果。（播放B版本朗读录音）

师：好的，刚才同学们听了一位专家朗读的B版本，下面听黄老师读一下A版本。大家注意比较两次诵读所体现的不同效果和两个文本的不同。

（师示范读A版本，生鼓掌。）

师：谢谢同学们。同学们的掌声是因为黄老师读得好，还是因为A版本好？

生：都有。

师：都有？这位同学很聪明。但我想他的观点还是鲜明的。我们两个人读的最大的区别是什么？有没有同学能概括得出？普通话不要说了，他比我好；嗓音也是他比我好。从文本的感情处理角度看，两个人最大的区别是什么？这位同学。

生：我觉得A版本读起来比较抑扬顿挫一点，感情上处理得也比较丰富。

师：A版本的感情表现和我的诵读更激昂，情绪更外显，更强烈；B版本的处理更内敛更沉稳。那么，这就有一个问题：读这篇文章，读这篇奏议——"疏"是一种奏议——该不该激昂？我们要了解背景。唐太宗是个好君主，才立国的时候，对自己要求非常严，后来经济恢复了，国家安定了，他也开始享乐了，大造宫殿。很多大臣进谏，魏徵也进谏，他很生气，说：你们再随便进谏，我对你们不客气了。其他人吓得不敢进谏了，只有魏徵一个人还在一次又一次地进谏。气得唐太宗跟夫人说：魏徵这个人太不识相，下一次如果再乱进谏，我非砍了他的头不可。可是他遇到了一位很贤惠的夫人，夫人说：人家之所以敢冒死进谏，就是因为你英明。——当然这话魏徵并不知道。魏徵仍然是冒死进谏。所以这个"疏"我们读起来应该是慷慨激昂的。所以，文章的气韵应该是很激昂。对不对？（板书：激昂）

师：古人说读文章要"因声求义"。这篇文章忠诚恳切的情感在文字之间流淌。我们诵读时应该把这种情感表现出来。

师：太宗接受了魏徵的建议，两个人联手创造了"贞观之治"的盛景。后来魏徵死了，太宗说了一段话，成为千古名言。同学们应该知道是哪几句话。他说："以铜为镜，可以正衣冠；以史为镜，可以（有两个说法），一个叫'知'，一个叫'见'兴替（知道国家兴衰的规律和道理）；以人为镜，可以知得失。"

[板书：以铜为镜，可以正衣冠；以史为镜，可以知（见）兴替；以人为镜，可以知得失。]

师：读《谏太宗十思疏》，我就常常想起这句话。这一次备课的时候，再想到这句话，我也附庸风雅，在后面接上了一句。看看我们班同学能不能跟我一起把这句话接上。"以铜为镜，可以正衣冠；以史为镜，可以见兴替；以人为镜，可以知得失"，以什么为镜，又可以怎么样呢？——当我读到这样的文章，我就顺其自然地会想到："以文为镜，可以怎么样？"有没有同学可以接下三个字？——这有点难，我的想法也未必就对。同学们能不能尝试一下？（一位同学低声发言）好，那位同学在说——大家能不能跟在后面续写一句话？

生：学知识。

师：这话不错，而且是放之四海而皆准的道理。那具体到这篇文章呢，我们重要的可能不是学知识，在学知识的同时，还可以……

生：积德义。

师：这位同学很聪明，接受了魏徵的进谏，我们也可以积德义。有没有不同说法？你怎么想？

生：冶性情。

师：都挺好。还有吗？

生：善始终。

师：他取其中的一个"善始终"。如果想一个说法把你们所说的都涵盖进去，有没有？你看你们从魏徵的"十思疏"中得到了这么多的教益。——哦，这位同学要发言，我还是让他先说。

生：知一切。

师：聪明聪明。但你"知一切"不行，还要让你的孩子也"知一切"，那怎么办？——黄老师续写的句子是"以文为镜，可以诫后人，可以诫来者"。对不对？（板书：以文为镜，可以诫后人）

师：《谏太宗十思疏》对我们是一种很重要的精神资源和文化资源。这篇课文中有很多话已经成为成语和格言。其实，我们不仅可以学习前人的成语，也可以根据古人的文献来创造成语和格言。黄老师读到文章中"念高危，则思谦冲以自牧；惧满溢，则思江海下百川"这个句子，脑子里就跳出了"谦冲自牧"四个字。后来一个书法很好的学生，为我写了一个条幅，我挂在书房里了。（板书：谦冲自牧）

师：知道"谦冲"的"冲"是什么意思吗？（有同学说是"谦虚"）对，从"谦"到"冲"，"冲"是冲淡、平和。"自牧"呢，是什么意思？是个倒装结构，是克制自己，把握自己。我这个人坏毛病很多，其中一个毛病，是有时候不太谦逊，也有时候得理不饶人。所以，我就以这个条幅经常自诫——"谦冲自牧"。

师：现在请同学们根据这篇课文的具体句子概括格言，看同学们能写出多少个格言，当然写得越多越好。可以想到一个写一个，想得不好再加工。（学生概括、提炼格言。）

师：我们交流的时候，凡是别人已经说过的我们就不重复，好吧？现在我先来看看，有没有同学想到五个以上的，有没有？一个都没有？想十个以上的有没有？有同学笑我了，五个没有，十个肯定没有。（就近问一位同学）你想了几个了？

生：我还没数好。

师：你是没数还是没数得过来？那还是挺多的，请你说说。

生：求木固根，浚源流远，积德安国，殷忧道著，功成德衰，竭诚待下，纵情傲物，知止安人，谦冲自牧，慎始敬终，虚心纳下等。

师：挺好。要注意的是，成语或者格言既要语言简练，又要意思比较完整。像"浚源流远""积德安国"就很好，像"求木固根"意思就不够完整。应该怎样改一改？

生：根固木长。

师：很好。如果你们班有位同学，将来成了一个企业家，你要送一个条幅给他，你觉得送哪个比较妥帖？

生：殷忧道著，功成德衰。

师：是不错，告诫他事业越是成功越是要注重"道"和"德"，但说"功成德衰"是不是有点绝对了？你们觉得如果从本文中加工一个四字格言，送给一位老师，哪一个最好？有没有同学想到？（学生没有反应）——看来我的框框定得不大好——那么我们就再接着交流，刚才那位同学说过的以外，其他同学有没有补充？（一位同学举手）这位男同学有补充。

生：我觉得如果送给企业家，应该是"诚以待下"。我补充的是：固其根本、源远流长、居安思危、戒奢以俭、殷忧道著、功成德衰、择善从之、简而任之。

师：简什么？

生：简能任之。

师：这样改一下很好，表意更完整和明确。

师：大家看看读文言文真有意思，我们不仅仅是背诵理解，学习古人写文章的方法；我们还要去把它内化，这样就可以成为我们自己的东西。

师：作为一位老师，我读到文章最后一段话，觉得"不言而化"四个字送给老师最好，这应该是教育的最高境界吧。

师：当然，送给不同的对象，肯定有不同的选择。（一位同学举手）好的，这位同学有补充。

生：送给老师还有一个四字格言比较好，"奔车朽索"，把那个"朽"改为"锈"更好一点。"锈"，那个绳索不是腐烂了，我觉得是：用腐烂的绳索，可以是老师教育学生的一种方法；"疾驰的马车"就是怎样把学生管理好。

师：你这样劝我们老师怎么做啊？

生：可以用一些新颖的方法。

师：哦，就是不要用老车，不用老的方法？这位同学的见解很特别，但一下子不好理解。不过作为老师，我还是接受你的建议。再找下去，我们一定还能找出很多个闪现思想火花的成语格言。这就要好好感谢魏徵了。难怪魏徵死了，太宗特别伤心。他极为伤感地说："今魏徵殂逝，遂亡一镜矣！"（板书：今魏徵殂逝，遂亡一镜矣！）

师：但是我想，当我们读着这篇著名奏议的时候，魏徵这面镜子并没有丢失。只要我们"以文为镜"，来告诫后人，即使魏徵死了，这一面镜子也永远在我们的心头。（板书：以文为镜，一镜永在）

师："书读百遍，其义自见"。这句话怎么理解呢？自然是"书"要在"读"中去见其"义"，但是这个"读"是指什么呢？这个"义"又是指什么呢？我觉得"读"，一是指诵读，古人称为"因声求义"。你看，我们通过同学们读、老师读、录音读，从读中求其义。更重要的是，我们还要学会"研读"，同学们通过不同注释、不同版本，去比较，去讨论，这叫"研读"，"研读"是"以我观文"，用我的心去读文章，这样我们得到的"义"，就不仅仅是作者的"义"，还有更丰富的"义"。

师：谢谢同学们，下课。

大单元教学的三个支撑点

　　大单元教学理念的先进性自不待言，但就整体而言，目前的大单元教学设计大多以"大"取胜，以"多"见长；有面无点、知识教学缺失、文本解读肤浅零碎、写作教学名存实亡、语文实践活动虚化的问题比较突出。大单元教学要改变这样的现状，以在课程改革中发挥更好的作用，必须强化三个支撑点。

一、用必备语文知识的学习支撑学科实践活动

语文知识的教学是一个长期被争论的复杂问题。首先是对知识的定义就有许多不同的理解。有人认为学科的一切内容都是语文知识。而更多的人持一种狭义知识观，即语文知识就是语法知识、修辞知识、逻辑知识和文体知识。当然还有很多其他不同观点。长期以来，语文知识的教学也呈现出非常严重的两种极端。一种是把语文知识（狭义的）的学习作为语文课程的主要内容，热衷于句子成分的划分、修辞类型的识别、逻辑关系的分析、文章体式的讲解、追求知识的系统化和复杂化。一种是无视甚至鄙视知识的教学。前一轮课程改革，在明确提出知识与能力、过程与方法、情感态度与价值观三维目标的背景下，仍然有很多专家名师打出"淡化知识"的旗号，也有很多课堂呈现无知识状态。这一轮课程改革，因为以核心素养的培养为主要目标，于是淡化知识更是走到了极端，在大单元教学中则表现得尤为突出。

我们认为，无论持什么样的知识观，以知识为中心、追求知识系统化的教学是不对的，放弃或者所谓淡化知识学习、否定知识学习的价值，同样也是不对的。不管什么样的语文教学和语文学习活动都离不开一定的语文知识支撑。这就是我们所说的必备知识。比如，要写调查报告，总要知道什么是调查报告；要写内容摘要，你总要知道摘要的基本要求；要欣赏诗歌或者小说，就要知道诗歌和小说的基本特征及其常见表现手法，否则就不可能完成有关学习任务。

但强调语文知识学习对完成语文学习任务的必要，绝不是要和学生系统地讲解知识，也不是把知识的掌握作为教学的主要内容和学习的主要目的，而是要借助这些必备知识的学习组织和支撑语文实践活动，并在语文实践活动中学习语文知识、运用语文知识。我们曾介绍过自己戏剧单元教学的案例，其主要活动就是学生改编剧本，创作课本剧，然后分组表演，并由小组到班级，由班级到年级，层层汇演，最后评选最佳剧本、最佳男女主角、最佳配角、最佳编剧、最佳导

演、最佳场务。很显然，在这个过程中，学生不懂得关于戏剧的知识是不行的；换一个角度说，学习在完成各项任务的过程中了解剧本和戏剧的相关知识也是应有的学习内容。但如果让学生系统学习戏剧知识显然又是没有必要的。我们的做法则是在各个活动环节中随机渗透和融入相关知识的学习。比如在剧本创作和改编的教学中，就会融入剧本的相关知识；在各类奖项的评选中，则会融入和项目相关的戏剧知识。

我们还常常以知识为支撑点来建构整个教学过程，组织学生的语文实践活动。教学《谏太宗十思疏》，我们给同学们提供了两个版本的课文，一个是当时学生使用的苏教版高中语文新教材（标为A版），另一个也是在全国使用的语文版高中语文新教材（标为B版）。第一个环节课文读音推敲，比如"臣闻求木之长者"的"长"，A版本注音是cháng，而B版本注音是zhǎng，到底怎么读呢？第二个环节是注释比较。先以"浚"为例作了比较，A版本注的是"疏通"，B版本注的是"深挖"，让同学思考比较"疏通"好还是"深挖"好，并说说理由。两个版本中，有很多注释不一样，我们就让同学们借助资料和工具书进行斟酌取舍。第三个环节是比较版本的增删。A版本里有很多内容B版本都删了。是删好还是不删好？先自由讨论，然后全班级交流，我提示同学们要从文章的主旨、结构、语言、气韵几个方面进行思考和讨论。第四个环节是讨论教材"提示"所说的"居安思危，戒奢以俭"这八个字是不是文章的主旨。第五个环节是朗读比较。先听一个专家的B版本朗读，然后听教师朗读A版本，同学们比较异同。大家发现我朗读A版本的感情表现得更激昂，情绪更外显，更强烈；专家朗读的B版本更内敛，更沉稳。让同学们根据文本内容、进谏背景和作者的个性特点思考：读这篇奏议，该不该情绪激昂？第六个环节是引出唐太宗在魏徵死后写下的名句"以铜为镜，可以正衣冠；以史为镜，可以知（见）兴替；以人为镜，可以知得失"，让同学们续写句子"以文为镜，可以_____"。第七个环节是让同学们用文章中的句子加工格言以自勉或赠人。大家应该发现，整个教学过程都是由学生一连串的语文实践活动组成，而这一连串语文实践活动的开展是由一连串的语文知识的学习支撑的。我们相信，学生在完成这一连串任务的时候也学习了许多必备的语文知识。

二、用学科关键能力的培养支撑学习任务的完成

什么是语文学科的关键能力呢？有两个基本层面的理解。

一是课程层面的理解。《义务教育语文课程标准（2022年版）》在"课程理念"部分指出："义务教育语文课程……以识字与写字、阅读与鉴赏、表达与交流、梳理与探究等语文实践活动为主线，综合构建素养型课程目标体系。"《普通高中语文课程标准（2017年版）》在"课程理念"部分也指出："语文课程作为一门实践性课程，应着力在语文实践中培养学生的语言文字运用能力。……通过阅读与鉴赏、表达与交流、梳理与探究等语文实践，积累言语经验，把握语文运用的规律，学会语文运用方法，有效地提高语文能力。"基于此，我们认为，语文关键能力就是"语言文字运用能力"，主要包括识字与写字、阅读与鉴赏、表达与交流、积累与梳理四个方面，就中学而言主要就是后三个方面。如果再加以具体化，语文学科的关键能力就是以思维能力为核心的听说读写能力。

二是教学层面的理解。立足具体的教学活动，"关键能力"还指完成具体学习任务所需要的能力。假设任务是读完一本学术著作后写一篇内容摘要，那么整体把握一本书主要内容的能力，梳理一本书基本结构的能力，提炼一本书主要概念以及厘清概念关系的能力等，都应该是关键能力的体现。没有这些能力就不能完成写内容摘要这样的具体任务。

毫无疑问，不管是哪个层面的理解，语文关键能力都必须在语文实践活动中才能得到培养。不管是什么样的教学形式，在学生语文学习的过程中，或者说在语文教学过程中都应该加强关键能力的培养。

但很多大单元教学设计只有目标、内容、情境和任务，而看不到培养关键能力的过程，常常只有教学设计而没有"语文实践"，既没有教师"教"的实践，

也没有学生"学"的实践，甚至阅读教学没有阅读，写作教学没有写作，学习评价没有评价。在这些大单元教学设计中，隐含的逻辑前提是，教师的任务就是"设计"，只要教师布置了任务，所有目标都能顺利达成，所有学习过程都很顺畅，所有任务都能圆满完成，所有学习成果一定非常优秀。但教学的常识告诉我们，这一切都是不确定的：知识不一定能掌握，文本不一定能读懂，作文不一定能写好，任务不一定能完成。

因此，大单元教学必须通过关键能力的培养支撑学习任务的完成，在任务完成过程中培养关键能力。我们的《论语》整本书阅读应该说是比较典型的大单元教学。教学过程主要分为三个阶段。第一个阶段是学生自读，主要学习任务是：(1)认真通读全书，勾画标注，列出文本理解的问题。(2)圈画摘录自己喜欢的句子，写出自己的心得体会。(3)完成"读《论语》，说孔子"的交流提纲。(4)梳理《论语》中涉及的弟子，选择自己准备深入研读的人。第二个阶段是阅读共享，主要分三部分：(1)问题讨论。学生依次主讲，每人组织一次，提出阅读中的疑难问题，表达自己的理解，并组织讨论。(2)心得交流。每位同学选择一两则自己有思考的章节谈自己的理解体会，其他同学可以向主讲人提问，交流不同的见解。(3)品读孔子。交流阅读《论语》之后对孔子这个人物的认识和理解，并且要以《论语》中的材料作为主要依据。第三个阶段是专题研读，主要分三个环节：(1)确定自己准备深入解读的人物，梳理《论语》中涉及这个人物的章节，借助资料解读相关文本，形成对人物的初步评价。(2)研读分享。和同学交流人物研读的初步成果，征求老师和同学的意见，并互相提建议。(3)报告答辩。每位同学都将自己的读书思考写成书面文稿，向全班同学报告，其他同学对报告人提问题，报告人对同学们的问题进行解答。而在整个读书过程中，我都是"在场者"，在学生需要的时候充分发挥我的角色作用，或者解决疑难（比如疑难字句的理解），或者调停引导（比如学生分歧的解决），或者示范指导（比如人物研读和论文写作），或者提供学术支持（比如资料的使用）。不难看出，在这个教学过程中，我们始终聚焦"语言运用能力"这个学科最关键的能力，始终以阅读与鉴赏、表达与交流、积累与梳理三个关键能力的培养为主线，所有学习任务也都紧紧围绕这些关键能力设计和组织，学生完成各项任务的过程也是培养关键能力的过程。

三、用核心文本的透彻阅读支撑单元学习资源的整合

应该说，绝大多数大单元教学设计的"目标内容"中都有对文本阅读的要求。但整个教学设计常常没有对应目标的阅读教学活动和过程，看不到学生的阅读过程，更看不到学生学会阅读的过程。学生有没有读懂文本，是如何读懂文本的，会出现什么问题，又是如何解决的，皆不得而知。而所谓的阅读常常是为完成任务的鸡零狗碎、浮光掠影、东拉西扯的阅读。这样的文本阅读对文本缺少应有的尊重，更没有按照文本阅读的基本规律进行阅读，而是"为我所用，取我所需"，在文本中随意挖洞，在不同文本中随意穿梭。这样的阅读不仅无益于具体学习任务的完成，更不能培养学生"阅读与鉴赏"这样的关键能力。

毫无疑问，大单元教学的文本阅读也绝不能采取各篇独立、篇篇用力、逐篇讲解的方法。提倡大单元教学的初衷之一就是要突破逐篇讲解、以文本理解为主要目的的单篇教学。我们在教学实践中发现，大单元教学中的文本阅读比较适宜的做法是用核心文本的透彻阅读支撑单元文本及其他学习资源的整合。

那么，如何确定大单元教学的核心文本呢？

一是根据文本的基本价值确定。阅读教学的文本分类问题，是教材编写和语文教师教材处理的一个很重要的问题。"精读篇目"和"略读篇目"，"讲读篇目"和"自读篇目"，是教材经常采用的方法。王荣生老师采用的是定篇、例文、样本、用件的四分法，而我们更提倡分为经典篇目、一般篇目和辅助篇目。而所谓的经典篇目基本就是王老师所说的"定篇"，这样的篇目必须好好读好好教，要读透教透。我有一个比较保守的观点，如果一学期能把十篇八篇经典读透教透，一个学生12年能够好好读过200多篇经典作品，语文素养就不会太差。

二是根据具体单元的学习资源、教材的编写意图和教者的教学理解确定。目前绝大多数老师的大单元教学还是基于教材进行的，自建单元的还不是很多。因此教材的单元资源、编写意图也是确定大单元核心文本的重要依据。比如高中统编教材必修上的第一个单元，其教学资源都是文本，主要篇目是毛泽东的《沁园春·长沙》、郭沫若的《立在地球边上放号》、闻一多的《红烛》、昌耀的《峨日朵雪峰之侧》、雪莱的《致云雀》、茹志鹃的《百合花》和铁凝的《哦，香雪》。标为自读篇目的是昌耀的《峨日朵雪峰之侧》、雪莱的《致云雀》和铁凝的《哦，香雪》。教材单元的人文主题是"青春的价值"，对应的是"文学阅读与写作"学习任务群。因此，结合教材编者的意图，确定核心文本只能在另外四篇中选择。如果是我教学，就会选择《沁园春·长沙》作为核心文本。

确定大单元教学的核心文本之后如何进行核心文本的教学呢？首先是核心文本要读透彻。也就是要充分发挥核心文本的学习价值，让学生从核心文本的阅读中获得尽可能多的收获，对学生核心素养的提高发挥最大作用。其次是要借助核心文本带动其他文本的阅读，进而发挥不同文本资源、不同类型课程资源的价值，充分落实相关任务群的课程要求。

我们的"李白送别诗"专题教学，是自主建构的大单元教学。教学文本是教材中的《渡荆门送别》《送友人》《黄鹤楼送孟浩然之广陵》《赠汪伦》和《金陵酒肆留别》。我们以《渡荆门送别》为核心文本组织了这样的教学过程：（1）设置问题情境：从题目看这是一首送别诗，可是有诗评家认为它的内容并没有写送别，不是送别诗。那么，这首诗是不是送别诗呢？送别诗应该写哪些内容呢？（2）分组研读另外四首诗归纳送别诗的内容要素。（3）对照送别诗的内容要素，初读《渡荆门送别》，归纳这首诗写送别的独特之处。（4）再读《渡荆门送别》，深入理解诗歌句句写蜀国又句句写楚国的特点，体会作者写故乡水千里相送，表达自己浓厚的思乡之情和恋乡之情。（5）比较欣赏"月下飞天镜，云生结海楼"和"浮云游子意，落日故人情"，深入理解《渡荆门送别》化静为动、以静写动、想象瑰奇、借景抒发情感的特点。（6）交流熟悉的古代送别诗，梳理古诗写送别常用的意象。(7)圈画五首诗的主要意象，归纳李白写送别诗最喜欢的意象及其原因。(8)根据古诗的分类和送别诗的内容要素，选一个角度，对李白的五首送别诗进行分类。(9)假设情境，引述古诗送别。整个教学过程既突出单元主题，又聚焦核心文本；既对核心文本的内容和形式有比较透彻的解读和欣赏，又通过核心文本带动了其他四首古诗的阅读欣赏；既聚焦于李白送别诗的阅读欣赏，又指向"文学阅读与创意表达"任务群"引导学生在语文实践活动中，通过整体感知、联想想象，感受文学语言和形象的独特魅力，获得个性化的审美体验；了解文学作品的基本特点，欣赏和评价语言文字作品，提高审美品位"的总体要求，以及7—9年级"阅读表现人与自然的优秀文学作品，包括古诗文名篇，体会作者通过语言和形象构建的艺术世界，借鉴其中的写作手法"的学段要求。

  大单元教学的优势是"大"而"多"。我们相信，大单元教学如果能强化三个支撑点的教学，便可以避免教学的浅表化，扬长避短，取得好的效果。

第12节

> 教学实录

《乡土中国》

师：同学们，今天这节课，我们一起来读一本书——费孝通先生的《乡土中国》。这是一部学术类著作。语文课程标准要求高中生至少认真读一部学术著作。今天要通过这本书的阅读，理解这本书的内容，学习怎么读学术著作，还要完成两个具体任务：

（1）为这本书写一个600字左右的摘要。

（2）以某一个村庄为调查对象，考察今天的乡土社会是否还保存着"教化权力"。

前一个任务我们争取当堂完成，后一个任务，课后完成。

师：阅读学术著作，我们常常从概念入手，"乡土中国"就是一个概念，而且是作者提出的一个创造性的概念。那么，什么叫作概念呢？现在请大家看这本书序言的第3页。看书要养成先看序言的习惯，有时候不仅要看序，还要看书后的跋。

——请同学们看第3页，完成一个小任务。第3页有这样一段话："我这种尝试，在具体现象中提炼出认识现象的概念，在英文中可以用 ideal type 这个名词来指称。Ideal type 的适当翻译可以说是观念中的类型，属于理性知识的范畴。"请大家根据这段话说一说你对概念的理解。哪位同学愿意试一下？

生：我觉得概念是个人对现象的主观认识。

师：非常好。其他同学还有没有不同的说法？

生：我觉得概念并不算是一个完全的主观认识，我认为概念其实是能从客观角度把这个词语定义之后，再到人的一种理解，然后引申出的想法。

师：说得非常好，她认为概念更多的是对客观现象的认识。两位同学说得都很有道理，把两位同学的想法合起来更有道理。因为对客观现象的认识和表达具有主观性，而你主观性的表达不是妄想出来的，一定是对客观事物的认识。所以费先生的意思是：概念是对具体的客观现象和社会现象的认识与抽象。

师：《乡土中国》就是费孝通以一个社会学家的眼光对传统的中国社会调查研究后提出的一个概念。同学们将来有很多人要搞研究。什么叫研究？研究就是对各种现象的认识和抽象。研究的结果就是成果。什么是成果？成果的形式常常是发现和提出了一个新的概念，这就是科学发现。请大家想一想，马克思发现了一个什么概念？

生：科学社会主义。

师：还有谁在什么领域内发现了什么概念？

生：牛顿发现了"万有引力"。

生：达尔文在生物学领域发现了"进化论"。

生：哥伦布在地理学领域发现了"新大陆"。

师：非常好。现在，请同学们说一说读了这本书之后印象比较深刻的有哪些概念。哪位同学先说呢？我来写到黑板上。（把学生说到的概念板书到黑板左侧）

生：差序格局。

师：这是对传统中国社会结构特点的抽象概括，是书中很重要的一个概念。

生：在《文字下乡》《再论文字下乡》两篇中提出了"字、词、文化、记忆"的概念。

师："记忆"和"文化"都是概念，但并不是作者提出的概念。当然，费孝通在这本书中给予这两个概念新的理解。好的。接着说——

生：面对面社群。

生：长老统治。

生：血缘，地缘。

生：空间阻隔，时间阻隔。

生：横暴权力，同意权力，教化权力。

生：我补充一个，时势权力。

师：非常好。

生：团体格局，熟悉社会。

生：团体结构。

师：合上书之后，大家能回忆起这么多概念，说明大家对这本书已经比较熟悉了。现在放宽条件，大家看着书的目录，还能想到哪些概念呢？

生：礼俗社会，法理社会。

生：家庭，家族。

生：熟人社会。

师：还有没有同学补充？

生：欲望，与"需要"。

生：还有"男女有别"。

师：现在同学们基本上已经回忆出全书的主要概念。

师：现在我们一起想一个问题，在这些概念中最主要的是哪个概念？

生：差序格局。

师：有道理。"差序格局"的确是全书中一个非常重要的概念。但全书的主要内容都是围绕"差序格局"这个概念展开的吗？一本书中的核心概念就像一棵树的根和干，其他的概念都长在这棵树的根和干上。用"差序格局"能不能把所有概念都连上？看，那位同学摇头了，他不同意。那么这本书中最主要的概念是什么呢？

生：乡土社会。

师：是的。这部学术著作的标题"乡土中国"就是全书的核心概念。这本书一开始就说，中国社会是乡土社会。——这是作者的研究成果，是作者的研究发现。对这个判断，人们提出的第一个疑问就是：什么是"乡土社会"？为什么中国是"乡土社会"？这本书就是要回答这两个问题，就是要论述这两个问题。所以，这本书最核心的概念是"乡土社会"。读学术著作，发现书中的核心概念是基本要求。

师：要把学术著作读通，还要建立概念之间的联系，厘清概念之间的关系。现在请同学们看看，你们能从这些概念中发现与核心概念有直接联系的外围概念吗？哪位同学先说说？

生：面对面社群。

生：差序格局，空间阻隔，时间阻隔。

师：好的，我现在把这些概念都写在核心概念的周边。其他同学呢？

生：血缘。

生：熟悉社会。

生：家庭和家族。

师："家庭"和"家族"都是第一圈概念吗？

生：我觉得"家族"是第一圈概念。

师：为什么呢？

生：是纵向的关系，是"家族"。

师：我觉得这位同学的推敲非常有意思。是的，乡土社会是由家族组成的，而不是由家庭组成的。这个问题，我们后面还要讨论。——其他还有放在核心概念外围第一圈的概念吗？

生：礼俗社会。

生：教化权力。

生：我觉得"长老统治"应该放在第一圈，而"教化权力"是在"长老统治"底下的。

师：很有道理。大家想一想，什么样的概念放在第一圈？应该是和核心概念联系最直接的。用逻辑学上的话说，就是有一种邻近的属种关系。我们给一个概念下定义，都会让它和最直接的上级概念形成判断。比如"人是一种……动物""钢笔是一种……书写工具"。一般不说"人是一种……生物""钢笔是一种……东西"。因为这样的定义和判断对说明事物更准确，但有时候也会越级判断。比如，我们说一位年轻人好，可以说"这是一位好小伙子"，也可以说"这是一位好人"。因为这本书告诉我们什么是乡土社会，应该说，凡是可以直接回答"乡土社会是……"这个问题的，我们都可以放在第一圈。比如"乡土社会是礼俗社会""乡土社会是长老统治"，当然说"乡土社会是教化权力"也可以，只是两者的角度和侧重点有所不同，而且要看两个概念的关系。

师：那么，"教化权力"和"长老统治"哪一个概念和"乡土社会"的联系更直接呢？或者说，是因为"教化权力"才出现"长老统治"呢，还是因为"长老统治"才出现"教化权力"呢？

生：因为"教化权力"才出现"长老统治"，因为教化权力依靠的是经验、传统和地位，所以才出现长老统治，因为长老有经验，懂得传统，而且在乡村有地位。

生：作者前面介绍了横暴权力和同意权力，可以看出作者是从权力的角度介绍乡土社会的。

师：非常有道理。

生：我认为，乡土社会不能说是一种权力。

师：你是从搭配角度分析的？

生：不是。乡土社会是一种社会群体性质，但权力是——我不知道要怎么定义，但是你不能把它们画等号。就算要说，这个命题也应该表现为，乡土社会是使用教化权力，我们不能以偏概全。

师：你的意思是中国乡土社会并不都是教化权力？

生：乡土社会其实并不具备权力。

师：这位同学的意思是，乡土社会是倚靠教化来维持秩序，但是她认为这中间没有权力。

请大家注意对"权力"的理解。费孝通先生关于这个问题有过间接的表达。权力有很多种理解，一般理解为赋予某一种特定的身份和角色来管理群体与社会，比如校长的权力、法官的权力、交警的权力等。但是在另外一个语言范畴中，权力不是明确固定角色的一种管理能力的资格，比如说，大自然在发展过程中，就没有说谁管谁。但是事实上，在社会运行过程中，某些角色、某些因素在起主导作用，它其实就具有一种权力，影响别人，影响群体，这就可以称之为权力。

生：我有一个小小的想法，其实，我认为乡土社会并不是以集合化形式出现的一个社群，因为乡土中国是以个体劳动、个体家族为权力集团，所以教化权力应该存在家族之中。

师：说得非常好。她对书中的知识掌握得很好。但如果说传统的中国社会是以家族为基本单位组成的社会，就应该承认，中国的乡土社会主要的权力是教化权力。传统的中国社会由无数个家族组成，而在每个家族中起到权力决策的人，是长老，而他们依靠的往往是教化。那么我们就可以说，这样的社会就是靠教化起到统领秩序的作用。——不过这种权力和一般的行政权力有所不同。在这本书中，作者一共说到了几种权力？

生：横暴权力。

生：教化权力。

生：同意权力。

生：时势权力。

师："乡土社会"是"横暴权力"吗？

生：不是。"横暴权力"靠专政。

师：是的，"横暴权力"要养一个强大的政府，依靠专政，乡土社会没有。"乡土社会"是"同意权力"吗？

生：不是，当时不具备这个条件。

师：是的。"同意权力"的基础是社会契约，强调的是权利和义务。那么"乡土社会"有没有"时势权力"呢？更没有。"时势权力"出现，"乡土社会"就要走向变革了。所以，乡土社会是一种"教化权力"。

师：刚才我们找到了全书中最核心的概念"乡土社会"，理出了和核心概念关系最直接最紧密的第一圈概念。一部内容丰富的学术著作，它的概念关系是很复杂的。这些外围概念身边也常常围着不少概念。大家能发现这些外围概念身边的概念吗？

生：围绕"家"这个概念的有"家族"。

师：大家想一想，能不能这样说？乡土社会是由"家"组成的社会？

生：我觉得家庭不能体现中国乡土社会的特点。

师：说得对，但有些模糊。同学们思考一下，中国社会的所谓的家庭和一般社会学上的家庭、一般国家的家庭是不是相同的？

生：不同。

师：不同在哪里？

生：一般社会学上的家，尤其是西方社会的家是只包含一代的亲子关系。

师：对。这就是中国人经常说的一个概念——"小家庭"。小家庭就是亲子关系的组合，你和你的爸爸妈妈，你和你的儿子女儿。而费孝通研究中国乡土社会时发现组成中国社会的是大家庭，伯伯、叔叔在其中，堂哥、堂弟也在其中。所以说，中国的家庭其实说的是家族。——四世同堂，五世同堂，是家族兴旺的象征。大家见过福建土家族的土楼吗？那是一个家族的"家"。那么，这说明组成中国社会的基本单位，或者叫基本社群，是什么呢？

生：家族。

师：是的。中国的乡土社会是由家族组织的，它不是生育性的亲子社群，而是"绵续性的事业社群"。"李家村"全是姓李的，"蔡家寨"都是姓蔡的。在村子里，长老是什么都管的，祥林嫂改嫁就是家族逼的。这是非常典型的乡土社会特点。——应该说，"家族"是"乡土社会"的外围概念，"家"是家族的外围概念。好的，大家按照刚才的要求，继续发现第二圈的概念，即以第一圈概念为核心概念再建一个圈。

生：教化权力外圈可以是礼治社会。

生：差序社会是以己以私为中心，水波式的。

师：很好。作者用了两个比喻说明两者的社会格局。用水波纹形容差序格局，还用一个什么比喻形容另一个和差序格局对应的概念？

生：用一捆柴形容团体格局。

师：是的。这位同学对书的内容很熟悉。这本书有两个概念，我觉得很好玩，你们注意到了吗？一个叫"浮士德式的"，一个叫"阿波罗式的"，你认为它们应该和哪个概念形成紧密关系呢？（学生没有反应）先看看，这两个概念是在哪个部分。

生：是在第七篇。

师：这部著作是多篇演讲稿的汇编。可以说是在第七篇《男女有别》中。乡土社会为什么要男女有别呢？

生：是为了男性为中心的社会的稳定。

师：非常好。抓住了关键。乡土社会差序结构，在家族这个"绵续性的事业社群"中，是以男性为中心的。如果男女太亲密，就会影响父子、兄弟、叔侄之间的关系，就会破坏社会结构。——很多小说就反映了这种冲突——所以要"男女有别"，让男女之间有距离。那么，作者引出"阿波罗式"和"浮士德式"是干什么的呢？

生：是为了说明人与人的关系。

师：那么，乡土社会人与人的关系是"阿波罗式"还是"浮士德式"的呢？（学生没有反应）这两种关系各有什么不同的特点？

生：一种是古典的，一种是现代的。

师：是的。"阿波罗式"是古典的，强调人和人之间是熟悉的，关系是稳定的；"浮士德式"是现代的，是充满激情和创造的，是不断探险的。——同学们注意，真正的爱情，是一种不断的追求和探险，所以爱情要保鲜很不容易。——所以这两个概念是谁的外围概念？

生：男女有别。

师：是"男女有别"的外围概念。

师：当我们阅读学术著作时，首先找出最关键的概念，然后找到和它联系紧密的概念，最后再去寻找紧密概念的外围概念。这样，概念的关系就清楚了，作者的观点也就清楚了。下面我们的任务是，请你从书中选两个概念，说一个判断句。比如：中国社会是乡土社会。

生：差序社会是以己为中心的像水波纹一样向外推展的圈子。

师：是的。很好。所以孟子说"幼吾幼以及人之幼，老吾老以及人之老"，就是这个道理。

生：乡土社会是礼治社会。

生：乡土社会是面对面社群。

生：乡土社会是一种空间组织。

生：乡土社会是一种血缘联系。

生：乡土社会是长老统治。

生：乡土社会是一种"私人的道德"。

生：乡土社会是一种"男女有别"的社会。

生：乡土社会是一个熟悉的关系。

生：乡土社会是差序格局。

生：乡土社会是一种教化权力。

生：乡土社会是一个家族的组合。

师：应该说，同学们的判断都是成立的。但要表达准确，还要增加一些限制。比如，乡土社会人和人是一种血缘联系，乡土社会的基层结构是一种差序格局。同学们可以在"乡土社会是长老统治""乡土社会是一种'私人的道德'""乡土社会是一种'男女有别'的社会"中间增加适当的限制吗？

生：乡土社会是一种缺少共同标准的"私人的道德"。

生：乡土社会是一种让男女之间产生隔离的、"男女有别"的社会。

师：这样就更准确。现在大家基本明白了主要概念之间的关系，也基本了解了乡土中国的主要特点。我们把同学们说的这些句子加以组合，就基本可以说是这部学术著作的内容摘要了。

> 中国乡村社会是一个乡土社会。乡土中国是一个无需文字的"面对面社群"，是一个熟人社会。社会的基本结构，是一种以自我为中心的差序格局。在这种社会中，维系着一种缺少共同标准的"私人的道德"。乡土社会的基本社群是沿男性亲属差序扩大的"绵续性的事业社群"。乡土社会是一种"男女有别"的社会。它是一种"礼治"社会，它的理想是通过教化的手段达到"无讼"，追求一种"无为政治"。乡土社会主要是长老统治的"教化权力"。

师：现在大家看看黑板上还有哪些概念是我们没有提到的？有没有同学能把我们没有提到的这些概念也组合到这段话中？

生：乡土中国的社会形式是与团体结构相对的差序结构，以教化权力为主，横暴权力为辅，但是当时还没有出现时势权力和同意权力。

师：这位同学非常智慧。可见，语言是一个非常有趣的魔方。其他同学还有补充吗？

生：乡土社会是以己为中心的差序格局，而不是像一捆柴式的团体结构；乡土

第 12 节　243

社会是教化权力，而不是横暴权力和同意权力。

生：乡土社会是差序格局，而不是团体格局，是教化权力而不是横暴权力，也不是同意权力，而当时势权力出现的时候，乡土社会已经走向蜕变，迎接一个新的社会的到来。

师：非常好。用这样的方法进行，我们的内容摘要更加全面了。

师：传统的中国社会是一个乡土社会，乡土社会的基层结构是差序式的结构。你们觉得今天的中国社会还有差序格局的影子吗？

生：有，主要体现在人际关系上。比如在公司工作，给上司跑跑腿。

师：我觉得你的观点是对的，但后面的例子不够好，因为给上司跑跑腿可能会涉及个人品性和交往方式问题，未必是差序格局特点的体现。大家回顾一下，差序格局的特点是什么？

生：是圈子。

师：不错，是圈子，但还不够全面。这个圈子还有一个很重要的特点。哪位同学说说这个圈子是个什么样的圈子？（学生没有反应）看来大家还没有真正掌握传统中国社会基层结构的特点。作者用一个比喻来说差序格局，是什么比喻？

生：像水波纹。

师：这个圈子像涟漪一样向外扩展。这个涟漪一定有一个中心。这个中心是谁？

生：是"我"。

师：对的。是"我"，是自己，而且这个"我"是男性，是以男性为中心，不断向外扩展。我—我的家庭—我的家族。现在请同学们以你爸爸为中心，画一个差序格局的涟漪图。哪位同学到黑板上来画？

（生画，师评点差序格局的涟漪图。）

师：这种差序格局在今天还存在吗？

生：存在。农村比较多。

生：落后的地方比较多。很多地方还在搞祭祖。

师：有道理。祭祖和差序格局有一点关联，还不是一回事。从祭祖中我们的确可以看到差序格局的影子，但它更多的是一种家族文化的延续和呈现。它说明传统的乡土社会是由绵续性事业社群组成的。今天，差序格局，似乎更多地演变为一种以我为中心的圈子文化。一个人常常会有很多圈子，这种圈子有大有小，有远有近，圈圈相套，形成了复杂的人际圈子：以我为中心的家族圈，以我为中心的同学圈，以我为中心的同事圈，以我为中心的职业圈，以我为中心的邻居圈，以我为中心的娱乐圈，而且这些圈子还可以再分解为不同的小圈子，比如小学同学圈，中学同学圈，大学同学圈……同学们有时间可以看看自己有多少个圈子。

圈子是不是贬义词呢？我觉得不是，这个要看你如何去处理。我相信你们的爸爸妈妈都有自己的圈子。问一个涉及家庭隐私的问题，你们可以不回答，你们家里交往圈的核心是以爸爸为主还是妈妈为主？

生：爸爸。

师：有没有以妈妈为主的？（学生没有反应）

师：这就是中国传统社会的以男人为中心的社会痕迹。但据我了解，也有的家庭妈妈的事业发展得更好一点，社会交往更多一点，这就是社会发展在家庭中的变化。再问一个问题，过年吃年夜饭是在爷爷家还是在外公家？

生：爷爷家。

师：对的。中国人的传统是在爷爷家吃年夜饭更好，这就是以男人为中心的家族社会的痕迹。当然现在也有了新的变化，女性在家庭中的角色开始得到强化，甚至已经超过男性，于是也就出现了以女性为家庭圈子的核心。大家说说，这和什么权力的出现有关？

生：时势权力。

师：非常对。什么是时势权力？在家里话语权更强的妈妈，往往是妈妈的社会地位比较高，经济实力比较强，更能干——当然有的是因为个性强悍。这告诉我们，时势权力的出现是社会发展的特征。时势权力一出现，教化权力便弱化了，男性中心也弱化了。

师：好的，我们这节课的学习内容基本结束了，下面还要借助板书完成两个任务。第一个任务是，看看书的目录，参考黑板上的板书图，简要分析这本书的结构（分为几个部分，互相之间是什么关系）。

生：四个部分，第一部分1—3篇主要从熟人社会角度讲，第二部分4—7篇主要说中国社会结构，第三部分8—11篇是讲乡土社会的权力形式，剩下部分主要讲乡土社会从哪些地方开始发生变化。

师：非常好。借助板书的概念关系图，我们完成了全书的内容梳理。那么，这四个部分之间是什么关系呢？（学生没有反应）是时间的先后吗？是并列的关系吗？

生：都不是。

师：是的。这本著作是由作者的14篇文章组成的，某种意义上缺少严谨的结构，但作者又不是随意排列的，它是按照内容的内在逻辑安排的。社会基层结构决定了权力结构，权力结构发生变化，社会便开始变迁。第二个任务是，根据板书，你能发现费孝通这部著作的主要说理方法吗？

生：我认为是从大到小，不断具象，一开始介绍中国乡土性的原因，然后深挖到差序格局，由差序格局深挖到人与人之间公私的对立关系，再深挖到权力关系。

师：这位同学的理解非常有深度，首先告诉我们作者的研究方法。从现象入手，一步一步向前理性推进，然后不断抽象，不断抽象就是对事物认识研究的不断深化。这是费孝通的治学方法，也可以说是这部著作的内在结构。那么，作为学术著作，它主要的说理方法是什么？

生：我觉得是定义，不断给很多概念定义。

师：是的。这部学术著作中有很多定义，当然也有的不一定是很精确的定义，而是阐述和描述。其他还有吗？

生：比较。比如，亲密接触的阿波罗式社会和激情的浮士德式社会；以自己为中心的差序格局和以个人为中心的团体格局；是教化权力，而不是横暴权力，也不是同意权力。

师：是的，是比较。同学们写摘要，也要把作者的治学方法和著作的说理方法写进去。最后一个任务，看看今天黑板上的板书图和这部著作的内容有什么关系。

生：根据这个板书可以知道全书的主要内容。

生：根据这个板书可以知道全书的结构。

生：根据这个板书可以知道作者的治学方法和主要的阐述方法。

师：大家是在重复刚才的内容。其实，我们这个板书图示，就是一个以核心概念为中心的涟漪，就像传统中国乡土社会基层结构——差序格局。好的。下课！

基于整本书阅读教学的教师阅读

毫无疑问,整本书阅读教学要有好的效果,教师要能真正引导学生好好读书,教师自己必须把书读好。那么,教师应该怎样基于整本书的阅读教学读书呢?

一、教师的整本书阅读是一种课程开发

整本书阅读,从语文课程标准的角度讲是一个任务群,但从教师教学的角度讲应该就是一门课程。如果从一门课程的角度讲,就必然包含教学目标、教学过程、教学内容、教学评价等基本要素。因此,教师的整本书阅读,首先便是要确立一本书阅读的教学目标,或者说发现这本书阅读的学习价值在哪里。要明确学生为什么要读这本书,读这本书对他们来说有什么意义。其次是明确这本书阅读的教学内容,或者说是发现和选择一本书阅读的教学资源,即这本书里有哪些应该让学生获得的学习资源。有可能一本书,我们看到的就仅仅只是一本书,作为教学和学习的一个任务群,让学生学什么做什么并不清楚,这就需要教师在阅读中去发现。如果还是像以前的阅读教学一样,完全借助参考资料进行教学,则可以预见,新课标新教材的语文课程改革又将是换汤不换药的闹剧。比如《论语》和《呐喊》这样以语录和单篇组合而成的名著,如果我们的整本书阅读教学,还是一段段地学习,一篇篇地教学,则完全违背了语文课程标准确立整本书阅读这个任务群的初衷。也有可能,一本书有很多的学习资源,而哪些是应该让学生获得的呢,也需要教师进行一定的选择,哪怕教材组编写了理想的教材参考书,对于教师的教学来说也一定有一个教学内容发现和选择的问题。而这些

内容往往又是很丰富的，它们之间是什么关系呢？应该怎么进行处理呢？这还需要教师进行组合和整合。比如《红楼梦》，可以读可以教的内容实在太多了，但并不是所有内容都适合、都需要、都能够作为教学内容和学习内容，即使都可以，时间也是有限制的。这就要求教师先好好读一读，读进去了，读出来了，才可能有好的选择，才能对学生进行适当的指导。而选择之后的内容也涉及许多方面，怎么在教学中进行组合，这更需要教师自己必须先有深入透彻的阅读。换一个角度看，教师自己阅读的过程，本身就是非常有价值的教学资源。而一本书的阅读，无论是作为一个任务群还是一门独立的课程，教学评价都需要得到重视。一本书的阅读，学生要采用什么样的学习方式，要完成哪些学习任务，教师又采用怎样的评价机制和评价方式比较合理。如果教师自己没有亲历阅读，没有先把整本书读好读透，这些问题就很难解决，更难有理想的效果。

二、教师的整本书阅读是一种阅读方式的尝试和示范

语文课程标准把整本书阅读作为一个很重要的任务群，对于学生的语文素养和综合素养提高固然有多方面的意义，但我以为让学生会读书也是主要价值之一。而根据自己的特点、根据不同的书、根据不同的读书目的采用不同的读书方法，应该是会读书的很重要的指标。所以我们认为，语文教师立足语文教学、立足教学生整本书阅读的读书，还应该是一种读书方式的示范。从某种意义上说，这也是整本书阅读的课程内容的一个很重要的方面。

读书的方式，既指一般的读书策略，具有普遍意义的读书方法；也指一些针对性的甚至个性化的读书方法。古人总结了很多读书的方法，既有一般的读书方法，也有非常具体的读书方法，前者如先博后专，后者如钩玄提要。我带领学生读《论语》，首先是因为它是一本高中生必须好好读的书，一个中国人应该好好读的书，也因为它是我自己好好读过的书，而且是我在读书方法上有点心得的书。正因为如此，便有了我和学生一起读《论语》的整个活动。我们见到的关于

《论语》的专著，绝大多数是对它进行逐章甚至逐句的疏解，在疏解中表达自己的见解，融进哲学、文化、历史等方方面面的内容。但也有一些不同的读法，是抓住某一个点对《论语》进行纵向的阅读。我觉得这样的读法可能更适合高中生，既可以节约时间，也可以充分体现研究性阅读的特点。但我不想照搬别人从孔子的教育思想、孔子的辩证哲学等角度让学生选题阅读。一方面，这些话题都比较大；另一方面，学生选择的空间也比较小。在我自己读《论语》的过程中，我发现《论语》虽然是语录体，但中间却活跃着一个又一个人。于是我自己先尝试着从"人"的角度对《论语》进行纵向阅读，把文化思想的著作读成小说。应该说，越读越享受，后来组织同学们也采用这种以人为点进行综合阅读的方法。实践证明效果非常理想，我自己出版了专著《论语读人》，得到了专家认可；更为欣喜的是，班上同学的阅读也收获了丰富的成果，他们的小论文质量也非常可观。

当然，整本书阅读中教师的阅读方式示范，不仅仅是阅读形式的方法尝试和示范，而是整本书阅读的思想方法的尝试和示范。我认为，整本书阅读这个任务群最大的课程意义和教学价值在于教学生在读书中思考。如果一定要从读书方法角度进行解释，也就是既要能够读进去又能读出来。读进去，就是读懂、读通、读透、读深入；读出来，就是不拘于前人之说，能够有自己的思考和见解。从人的角度综合阅读《论语》，如果也只是罗列前人对孔子及其弟子的定评，意义也就不大。我的拙著能够出版，很重要的原因是我对《论语》中的每一个人都有自己的解读。更让我欣慰的是，我们班级的同学，绝大多数有他们自己的既不同于前人也不同于我的解读。我想这对于学生无论是读书还是治学，意义都是非常大的。

三、教师的整本书阅读还是适合的教学形式的发现

整本书阅读，无疑必须以学生自主阅读为主，以学生课外阅读为主。但只有

学生的阅读，只有课外的阅读，便不能说是课程，更不能说是教学。有些理念先进的学校和老师，他们看到了阅读对于学生语文学习的重要性，便专门留出时间开设阅读课。但什么是阅读课呢？就是把学生带进图书馆，或者是给学生开一个书单，有的再搞一点读书活动。从某种意义上说，学生进了图书馆，就是一种熏陶；开个书单给学生，再有一些检查和活动，肯定也会有一定的益处。但若从课程角度、教学角度看，这样做都不是理想的形式，也不会有好的效果。我曾经跟踪过所谓的"阅览课"。学生进了阅览室，先是找书，然后再阅读，下课前提前将书归还原位。姑且不说学生找书还书的磨磨唧唧，读书过程中的相互干扰，其他问题就很多。比如读书的随意性，上次看什么书，这次看什么书，常常没有连贯性，很多同学都是随意拿一本书就看了起来。如果按照计划一本一本读，每次要找以前的那本书，并不是一下子就能找到。再说，一本书读了一部分，停下来一周，等下一次阅览课接着读，效果也不是很好。更重要的是教师教学作用的缺失。因为学生看的书不一样，教师也不熟悉，所以就没有办法给予有效的指导和引导。至于开一个书单，搞一点活动，要保证学生都能按要求读书，就更没有保证。现在学生的学习环境，能够用一点时间读书的学生实在太少，即使有点多余时间，他也是觉得先完成作业更重要，所以放养式的自由随便的阅读，很难保证读书的质量和效果。

所以，整本书阅读，并不是提提要求，布置一点作业就能解决问题、达到目的的，教师要努力寻找针对不同的书和不同的学生的教学形式。我指导初中生的整本书阅读，便采用过读书抢答会的形式。我要求同学们在读书过程中围绕书的内容出不少于 5 道简答题（内容、形式上我会有具体的指导和要求），并且准备好答案。准备好后交给我和课代表，我们从中选择 50 道题（被选中有奖励），然后在课堂上组织抢答。抢答后，命题人公布自己的答案，命题人和答题人可以进行讨论，再让同学们评判，怎样答更有道理。这种形式既简单、容易操作，效果也比较好。我在高中最常用的方法是读书报告会。先报告，后回答专家（邀请语文老师、高年级同学或校外专家担任）和同学们的提问。在报告会中，对每位同学的提问次数也有要求。我先是根据书面报告打分，再根据报告会现场报告、答问和提问三个方面的表现打分。这样做的效果也不错。当然除了抢答会和报告会，还有多种形式。比如我指导学生读《论语》就是让学生按人物选择专题进行研究，然后完成论文，很重要的形式便是选择同一个专题的同学分小组进行研讨，我则轮流参与和指导。在我的"本色语文·共生教学"研究团队中有几位老师对整本书的阅读很有研究，开发出非常丰富的课型，比如阅读启动课、阅读推进课、阅读分享课、读写共生课等。毫无疑问，整本书的阅读形式是多样的，课型是丰富的，但只有教师自己好好读了，读透了，才能发现适当的教学形式。我教学《红楼梦》之所以有"《红楼梦》中的三角关系""贾宝玉和林黛玉的爱情表白"等丰富多彩的、深受学生喜爱的活动，是因为我前前后后不知读了多少遍，才慢慢有了这样的发现。

　　毫无疑问，整本书阅读的教学，教师也必须读一点相关的书。《论语》也好，《红楼梦》也好，相关的书我读了几十本。同样的道理，我们读这些相关的书，也是为了发现教学资源和适合的教学活动，切不可被这些书拐跑，让这些书搅乱了自己的思路，动摇了自己的定位，代替了自己的思考。

第 13 节

教学实录

《红楼梦》

师：上课。今天我们一起来读《红楼梦》。古人说，开谈不说《红楼梦》，读尽诗书也枉然。《红楼梦》是中国人必读的一本书，也是高中课程规定必读的文学巨著。先看看有多少同学已经把《红楼梦》读完了。（一生举手）有一位同学读完了，还不错。不管有没有读完，请每位同学用一句话说说阅读《红楼梦》的感受。

生：有好多内容搞不明白。

师：嗯，搞不明白。《红楼梦》是个迷宫，能把《红楼梦》读懂的人不多。好的，哪位同学能说点明白的？

生：我觉得金陵十二钗各有各的特点。

师：嗯，金陵十二钗是《红楼梦》中最主要的一个人物群，的确各有各的风采，各有各的个性。请坐。

师：找一位男同学说一下。

生：多情。

师：概括得非常好。"多情"，这就是男生的眼光。

师：如果黄老师说"《红楼梦》就是一场梦"，有没有同学数过《红楼梦》中一共有多少次梦？

生：很多。

师：鲁迅读《红楼梦》说"悲凉之雾，遍被华林"。他从《红楼梦》中读出来一个字，就是悲，悲凉。毫无疑问，《红楼梦》是一部悲剧。但不同的人看到的是不同的悲剧，请同学们说说你们读《红楼梦》看到的是个什么样的悲剧。

生：可能是一种悲欢离合的那种悲剧。

师：悲欢离合的人际遭遇。曹雪芹精心塑造的两个人物：贾宝玉，他是喜聚不喜散；林黛玉跟他相反，她是喜散不喜聚。其实这两个人本质上是一致的。哪位同学来说说？

生：林黛玉喜散是因为她害怕聚了之后会散。

师：是的，本质上两个人都是怕散，都有一种孤寂感。人孤寂以后有两种行为：一种希望成天和别人在一起，还有一种是干脆不要和别人在一起。好的，其他同学有没有要补充的？

生：我觉得有很多。

师：很多种悲剧？

生：对。

师：第一重是——

生：爱情悲剧。

师：除了爱情悲剧呢？

生：世事变迁，树倒猢狲散。

师：大家族哗啦啦一下完了，一个大家庭的悲剧。还有吗？

生：生命悲剧。

师：爱情悲剧往往发生在年轻的男女身上，所以有人认为这里也是青春的悲剧，青春是生命的代表，因此也是生命的悲剧，非常有道理。大家读下去，还会看到更多重的悲剧。

对小说的人物关系进行文学性的审美解读，是阅读长篇小说的主要任务，也是阅读长篇小说的重要策略。我们今天一起从文学角度研读《红楼梦》中主要人物的关系。

师：如果我们要排出小说主角，毫无疑问第一号人物是谁？

生：贾宝玉。

师：是的，家族，是讲他的家族；爱情，是他的爱情；人生，也是他的人生。除了贾宝玉，二号人物呢？

生：林黛玉。

师：有没有不同意见？

生：薛宝钗。

师：你们俩有空可以辩论一下，你们俩代表了典型的两种观点。因为在《红楼梦》中，她们俩并列金陵十二钗之首，两个人的判词也是合在一起的。红学界一直就有"拥林派"和"拥薛派"，势力不相上下。——三个主角出来了。现在请大家做一道数学题，用一个几何图形来表示贾宝玉、林黛玉、薛宝钗三个人之间的关系。读文学名著，就是读人物关系。大家想一想，让你们用一个几何图形表示三个人的关系，你们会选一个什么样的几何图形？

生：我觉得是三角形。

师：你为什么说是三角关系？

生：是因为三个人都有……首先就是相互纠缠，而且都有一定情感上的联系。

师：说得非常好。首先是三个人有情感上的联系，大家要注意，路上的三个行人不能说是三角关系，因为他们没有联系，更没有纠缠。纠缠，我们用一个文学的表达叫什么？叫矛盾，对吧？《三国演义》大家读过吗？三国是哪三国？

生：魏、蜀、吴。

师：魏、蜀、吴是不是三角关系？（生：是的）对，他们都想得到天下。再考一个问题，刘备、关羽、张飞是三角关系吗？

生：不是。

师：对，不是。他们有的是高度的统一性，有联系，但没有矛盾。下面的问题是，三角形有很多种，直角三角形、钝角三角形、锐角三角形，还有等腰三角形、等边三角形，是吧？现在大家想一想贾宝玉、林黛玉、薛宝钗三个人的关系更像哪种三角形？

生：是钝角三角形，而且两条边不一样。

师：为什么？

生：因为我觉得贾宝玉和林黛玉之间的纠缠更深。

师：就是有一条边比较长？贾宝玉跟林黛玉的纠缠深于跟薛宝钗的关系。

生：书里说，他跟林黛玉是"冤家"。

师："冤家"，是中国传统文化对爱情的一种表达。非常好，他是凭感觉的。有没有感觉不一样的？好的，你觉得他们是什么三角形？

生：我觉得是等边三角形，至少也是等腰三角形。

师：就是贾宝玉跟林黛玉和薛宝钗的情感纠缠差不多，是吧？

生：薛宝钗是生活的狗血，林黛玉可能更像诗和远方，一个金玉良缘，一个木石前缘。

师：两位同学见解不同，思路都非常好，答案并不重要，思路更重要。思路，确定他们的关系是什么样的三角形，根据就是三个人之间的纠缠，主要是看贾宝玉跟她们两个人情感纠缠的深度。

（此处略去解读三个人之间纠缠关系的部分。）

师：现在请大家分别用一个词来概括这三个人的性格，我相信每一位同学都应该有自己的表达。先说说宝玉吧。

生：性格乖张。

生：率真，多情。

生：超凡脱俗。

生：叛逆。

生：不通人情（呆），不合时宜。

生：讨厌功名。

师：都很有道理。小说里的人物对宝玉也有很多评价，王夫人说他是混世魔王，李纨称他是怡红公子，宝钗称他是无事忙、富贵闲人。黛玉呢？

生：敏感。

生：多愁善感。

生：清高自傲。

生：蔑视世俗。

生：聪明美艳，诗人气质，崇尚自然。

生：孤高自许，目下无尘。

师：那宝钗呢？

生：端庄优雅。

生：成熟稳重，处事周全。

生：随分从时。

生：性冷无情。

生：理性，冷静。

师：非常好，看来大家对三个主要人物都有自己的理解。三个人物的三角关系，主要是围绕一个"情"字构成的，所有的纠缠和矛盾也是因为"情"引起的，如果我们聚焦"情"字来概括他们的性格特征，更利于理解他们的关系和冲突。从这个角度看宝玉，他的特点非常突出，是——

生：多情。

师：是的。第五回中警幻仙姑称他为"天下古今第一淫人"，这里的"淫"某种意义上可以理解为多情。脂砚斋批注为"情不情"，意思是用情很泛，爱一切女子，不管这个女子跟他什么关系。那么黛玉呢？

生：痴情。

师：应该说宝玉很痴情，和黛玉一样痴情。但他们的痴情有什么不同之处？哪位同学能说说？（学生没有反应）因为黛玉只钟情于宝玉一人，所以脂砚斋批注为"情情"。我觉得批注得非常好。"情不情"，是对什么人都倾注全部的情，所有美好的女孩子都爱；"情情"，就是只爱一个，把全部感情倾注在一个所爱的人身上。这就有了矛盾。他们俩身上有许多共同点，但这一点截然不同。那么宝钗呢？从情的角度看，她的特点是什么？

生：无情。

师：宝钗很"冷"，这是很容易发现的。"冷"是理性，也是无情，她的花签令就是"任是无情也动人"。应该说，就三个人之间的矛盾纠葛而言，宝玉与黛玉的关系更复杂，但如果就三个人物的性格冲突来看，我觉得三个人的关系完全可以看成是等边三角形，至少是等腰三角形。

三角是小说人物关系的一种常见形态，在《红楼梦》中更是有着复杂的、多维度的、多形态的三角关系。现在请大家以这三个人物中任意一个为核心人物发现新的三角。

生：我觉得宝玉与袭人、王夫人有三角形关系。

师：宝玉、袭人和王夫人能满足三角关系"有联系、有纠葛矛盾"的条件吗？我觉得她们俩同一性更多，王夫人对袭人非常欣赏，把她内定为宝玉将来的第二夫人，她们两人的目的都是圈住宝玉，而不是争夺宝玉。但是你的思路可以给大家一个启发，大家想一想，如果宝玉、袭人和另一个人有三角形关系，这个人是谁？

生：（齐）晴雯。

师：对，晴雯。这三个人也是一个典型的三角关系。其他呢？宝玉和黛玉除了与宝钗有三角关系，还和谁有三角关系？

生：史湘云。

师：对，史湘云。不少红学家认为，最后和宝玉结婚的应该是湘云。宝玉和宝钗、湘云是不是三角关系呢？

生：是的。

师：可以算，但这个三角关系张力不是太大。张力不大的原因，你们知道吗？因为宝钗为了壮大自己与黛玉竞争的力量，她很快就把湘云发展成同盟军，对不对？宝钗自己掏钱替湘云请客，用这种手段，湘云很快站在了宝钗这边，所以宝钗和湘云的矛盾就消失了。其他有没有了？你们觉得，跟宝玉、黛玉和晴雯比较相似的三角关系是哪三个人的关系？

生：是宝玉、袭人和晴雯。

师：对。本来我们可以好好梳理一下宝玉、袭人、晴雯三个人的关系，但现在时间不允许。刚才我们都是局限在男女这样一个模式中发现三角关系。其实三个女人之间也可以有三角关系。比如——

生：黛玉—湘云—宝钗。

师：是的。刚才我们以三个主角为核心人物发现了多组三角关系。现在请大家在这些三角关系中找一个和"宝玉—黛玉—宝钗"相似的三角关系。

生：宝玉—袭人—晴雯。

师：看来大家对《红楼梦》还是比较熟悉的。在红学界一直就有"晴为黛影，袭为钗副"的说法。下面我们跳出以宝玉、黛玉和宝钗为中心，大家还能发现哪些三角关系？

生：秦可卿、王熙凤，还有秦可卿的公公。

师：秦可卿和公公有纠缠，而且中间有悬案。但是秦可卿的公公和王熙凤有什么纠缠？

生：秦可卿去世后，贾珍请王熙凤管事。

师：但是两个人并没有形成矛盾。这只能说是有关联，但没有纠缠和矛盾。

师：你看出了哪个三角关系？

生：贾琏、平儿和王熙凤。

师：这是个典型的三角关系，但是矛盾张力不大。张力不大的原因是什么？

生：平儿退出了竞争。

师：是的，按常理，封建社会妾和妻的矛盾常常是最激烈的，但是平儿退出了竞争，就没有"戏"了，矛盾就淡化了。其他同学有没有发现？刚刚一位同学说到了王夫人，大家看看王夫人和谁有三角关系？

生：王夫人、贾政、赵姨娘。

师：是的。贾环对宝玉的嫉恨，王夫人对贾环的讨厌，都是这个三角的折射。有没有同学想过王夫人、贾母和谁构成三角关系？

生：邢夫人。

师：对，这也是典型的婆婆和两个儿媳妇之间的关系。王熙凤除了跟平儿、贾琏有三角关系，王熙凤和谁的三角关系更有纠缠，更有张力？

生：尤二姐。

师：对，那是生死之争，是血淋淋的矛盾冲突。王熙凤还和谁有三角关系呢？你们知道王熙凤和王夫人是什么关系？

生：侄女。

师：对，王熙凤是王夫人的姨侄女。但是贾琏是不是贾政生的？

生：不是。

师：是谁生的？

生：贾赦。

师：那王熙凤平时和谁近啊？她和王夫人亲，是吧。所以王熙凤和王夫人、自

己的亲婆婆邢夫人也构成了三角关系。这里面也有很精彩的故事。有没有想到贾赦和哪些人形成三角关系呢？（学生茫然）

生：和贾母、贾政？

师：是的。贾母—贾政—贾赦，也是一组三角。是的，这就写出了封建大家庭的悲剧。母亲和两个儿子竟然也是三角关系。有一个情节，中秋晚宴贾母让大家讲故事，贾赦就讲了一个母亲偏心的故事。其实他是有所指的。同样，贾政—贾宝玉—贾环，也是一组父子三角。你们有没有注意，贾赦对贾环特别好？这就是上面两个三角矛盾的延伸。可以说，《红楼梦》中处处都是三角，处处都是复杂的矛盾。所以黛玉生活在中间，时时在意，处处小心，最后还是非常痛苦，才会感慨"一年三百六十日，风剑霜刀严相逼"。现在我们思考一下，人物之间复杂的三角关系在小说中有什么作用。你先举手，你先说。

生：更多纠缠，更容易形成人物冲突。

师：对，所以我说，写小说没有三角形不行。（指一生）你来说。

生：三角形使人物力量更容易相互制约。

师：其实你说的还是人物之间的冲突，三角关系可以使人物关系更复杂，矛盾更尖锐。还有谁可以补充？

生：不同人物的行为表现可以突出人物的性格。

师：对。举例说说。

生：宝钗的性格就在和黛玉的对比中更加突出，晴雯和袭人也是，她们的矛盾突出了双方的性格。

师：是的。王熙凤的歹毒，在害死尤二姐的时候才得到充分表现；袭人的心机，在和晴雯的矛盾中就得到了很好的表现。人物之间的三角关系还有一个最基本的作用，也是最直接的作用——推动情节发展。假如宝钗始终不出场，就写不下去了。所以，写小说常常通过添加人物来推动情节发展，当然情节发展了，所谓的主题就更丰富了。

师：一部《红楼梦》，处处都是三角关系，现在让你们参照三角关系的基本作用，评选《红楼梦》中最有表现力的三角。

生：宝玉、黛玉、宝钗。

师：可以，这的确是全书最重要的三角，支撑了全书的结构。但最有张力不等于最重要。最有张力是指三个人的矛盾最为激烈。

生：王熙凤与尤二姐、贾琏。

师：他们的斗争是生死之争，很残酷，但我觉得尤二姐基本上没有竞争力。最好的三角应势均力敌，表现力才更强。我认为还有一个三角更有表现力和张力。这位同学想说。

生：晴雯，宝玉，还有袭人。

师：我非常赞同。大家觉得呢？为什么呢？

生：宝玉对晴雯和袭人的依赖差不多，也都很喜欢，而且袭人和晴雯的矛盾比黛玉和宝钗的矛盾更尖锐。

师：的确如此。我读《红楼梦》，觉得最有表现力，写得最成功的三角是这三个人。为什么呢？刚才这位同学已经作了简要分析。你看宝玉、黛玉和宝钗这个三角中，黛玉和宝钗这条线的纠缠，一开始有矛盾，后来宝钗做了两个小动作，基本就把黛玉摆平了，对不对？最后矛盾就消解了。而晴雯和袭人的矛盾不仅最后没有消失，而且越来越激烈，最后袭人终于逼死了晴雯。很多人认为晴雯之死就是袭人导致的，没有袭人告状，就没有抄检大观园，没有抄检大观园，晴雯就不会被驱逐出园子，就不会死。甚至有人认为，袭人害死晴雯，比王熙凤害死尤二姐更可怕。当然也有人不同意这样说，但宝玉就是这么想的，他在《芙蓉诔》中说得非常清楚。直到晴雯死后，这个矛盾还没有消除，宝玉把晴雯比成海棠花，袭人还要恶狠狠地说，"那晴雯是个什么东西，……也该先来比我，也还轮不到他"。所以，我觉得这个三角是典型的正三角，是最有张力的三角。

师：所以，晴雯之死，是小说中最重要的一个章回。晴雯死前，宝玉偷偷去看望她，晴雯说了一句很有意思的话："早知如此，我当日也另有个道理。"然后晴雯就把自己的指甲铰下来留给宝玉，又把里面最贴身的衣物脱下来，叫宝玉也把最贴身的衣物脱下来，两个人把内衣换了。这个场景非常震撼人。总的来说，和宝玉精神上相通的，除了黛玉，就是晴雯，而在肉体上唯一跟宝玉有交集的是袭人。而且晴雯和袭人，一个直率坦荡，一个工于心计，一个不甘于做奴才，一个一心就想做好奴才，性格冲突也非常激烈。

师：刚才我们讨论了最重要的三角，最有张力的三角。现在请大家根据自己的理解说说你发现的《红楼梦》中的三角关系之最。有没有同学想到？（学生没有反应）那我提示一下，你们认为最龌龊的三角关系是哪一组？最让人寒心的三角关系是哪一组？

生：我觉得最龌龊的三角是秦可卿、她公公和丈夫贾蓉。

师：这个我是认可的。秦可卿之死是个谜，很多人都认为和她的公公有关，认为她在和公公苟且的时候，被两个丫鬟看到了，就自杀死了。这样看，一个公公和儿媳妇、儿子，这样的关系肯定是比较龌龊的，这个我同意。但这是一个悬案，在小说中没有明显依据。如果以小说的文本为依据的话，最龌龊的三角是哪一组呢？——确实和贾蓉有关系，但是和秦可卿没有关系，跟贾珍也没有关系，你知道和谁有关系？

生：（小声答）王熙凤。

师：是的。在小说中，贾蓉和王熙凤的关系，也是一个疑案，但情节比较隐晦。而贾蓉和另一个女性、另一个男性的关系则更恶心。（学生没有反应）《红楼梦》中有一个很恶心的情景，就是贾蓉和一个女性有纠缠，这个女性吃了果子一口喷在贾蓉脸上，贾蓉却嬉皮笑脸地把脸上的碎渣子慢慢地、一点一点地舔到嘴里吃下去。这个恶心的场景写的是贾蓉和谁？

生：是尤二姐、尤三姐。

师：尤二姐、尤三姐是贾蓉什么人？

生：是他的姨娘。

师：所以，我觉得这是一组最龌龊的三角关系。那么，最让人寒心的三角关系是什么呢？

生：母子间的三角。

师：是的，在传统的中国社会，婆媳矛盾最为普遍，父子矛盾也比较常见，这都有着复杂的文化背景。而母子之间也有着三角关系的纠缠，就显得让人很难接受了。

师：总之，读遍《红楼梦》，处处是三角。从文学角度解读《红楼梦》的人物关系必须从三角关系入手。希望同学们在阅读《红楼梦》时能对小说中的三角关系有自己的发现和解读。叔本华将悲剧分为三类：一种是由恶人造成的，一种由厄运造成的，第三种是由人物关系造成的。这类悲剧，没有恶人，没有厄运，由普通的人物、普通的境遇造成，而这种悲剧最具有震撼力。从三角关系入手解读《红楼梦》的人物关系，我们会发现《红楼梦》的悲剧，正是由普通的人与人之间的关系造成的悲剧。

师：好，今天的课就要结束了。课后请大家完成一个任务：如果要为《红楼梦》中人物的三角关系建一个群，请你为这个群取一个名字并简要说说原因。或者请你从人物关系入手选择一个角度组建一个《红楼梦》的人物群。好，同学们辛苦了，下课。

热点应答：整本书阅读教学的基本策略

一、"指标"引领，任务驱动，在通读和读通中实现让学生真正读书的基本目的

整本书阅读，顾名思义首先要阅读。但学生没有好好读，教师就天花乱坠地教学，在天花乱坠地教学之后，学生还是没有好好读的情况并不鲜见。甚至出现学生书没有好好读，就能考高分的奇怪现象。什么是好好读呢？我们认为就是通读和读通。有的书既要通读又要读通，有的就只要通读。但不管什么书都要通读。

什么是通读，并不难理解，就是学生完完整整地把书好好看了，最好是看个两三遍（我知道这是奢望）。这很好懂，但做到不容易。我发现不少整本书阅读课，学生的表现说明他并没有把书读完，甚至有不少学生和老师都告诉我，书还没有好好看也不会好好

看。其实我是非常想给同学们和老师们上一些整本书阅读的课，但一直还是比较忐忑，因为学生没有读也不准备读，这样上课实在是没有意义。

不少老师问过我，学生没有时间读书，有时间也不愿意读书怎么办。近几年来，校园读书的氛围总的来说比以前好了一些，但绝大多数学校、绝大多数学生看书的时间并不多，他们的学习方式主要还是做题。事实上，不少家长、不少学生、不少老师还是以为做题最靠谱也最踏实。当然，高中尤其是高三，要学生挤出一点时间读书的确是勉为其难，但我们不能因此就放弃。在这种情况下，怎么让学生能基本把一本书比较认真至少是比较完整地看完呢？最有效的办法还是任务驱动。

多年来，我一直坚持整本书的阅读教学。我经常向年轻老师介绍我的做法。我采取的做法比较简单也比较有效，一本20万字左右的书要完成这样几个任务：（1）写一句话推荐词；（2）写一篇300字的内容简介；（3）写一篇3000字的书评或者读后感；（4）不连续摘抄10个片段，每个片段100字左右；（5）选择不连续的10个片段写20处点评。对照今天老师很漂亮的学习任务，我这样的任务有点"老土"，但实际效果很不错。我自己觉得，无论是被动还是主动，只要完成了这样的任务，一本20万字左右的书也"读"得差不多了。如果书的字数多一点，任务会有所增加。

什么是读通呢？就是对一本书的内容，有了比较好的把握。对一本书的整体把握，我觉得有这样几个标志：（1）文学作品把握了作者要表现的主题思想，学术著作把握了作者的主要观点；（2）文学作品把握了主要人物的主要特征，学术著作把握了书中的主要概念和主要判断；（3）文学作品把握了主要情节，学术著作把握了主要概念、主要判断之间的关系；（4）形成了自己对整本书的评判，对书的思想和表达形式有自己认识和评价——喜欢什么不喜欢什么，肯定什么否定什么。

如何让学生把一本书读通呢？主要策略是任务驱动。比如《红楼梦》，我设计了一组任务，让学生完成，如：

◎小说设计了由两条主线构成的网状结构：一条是以贾府为中心，叙述四大家族由盛到衰的过程；一条是以宝黛钗爱情故事为中心，叙述大观园中人物的命运。请选择一条主线，概括其主要阶段，并说说整部小说有几次高潮。

◎《红楼梦》人物众多，关系复杂，小说善于在人物的互动中展现其身份地位和性情气质。选择一个主要人物，以他（她）为核心建立一个"人物群"，并简要分析人物之间的"互动关系"。

◎《红楼梦》采用了先鸟瞰再铺陈展开的写法，前五回在全书中有"架设结构，勾连人物"的关键性作用；同时又善于铺垫照应，"草蛇灰线，伏脉千里"，明暗交织，遥相呼应。请寻找前后文呼应的情节，从前五回中选择一回，简要分析它在全书中的作用。

◎对高鹗续写的《红楼梦》后四十回，历来褒贬不一。有人认为在《红楼梦》的众多续书中高鹗的最切合作者原意，难能可贵；也有人认为高鹗曲解了曹雪芹的创作设想和意图，扭曲了人物性格，改变了人物命运，续写非常失败。你如何评价高鹗续写的《红楼梦》后四十回？请从情节、人物、主题中选择一个角度进行简要分析。

我们相信，通过这样一些任务的完成，基本能达到引导学生通读全书和把书读通的目的。当然，为了促进这些任务的完成和提高任务完成的品质，还要结合这些任务的完成，组织相应的其他学习活动和教学活动，比如：任务一和任务三的完成，可以组织分享和交流；任务二的完成，可以布置图文结合的书面作业；任务四的完成，可以组织读书报告会或者写作小论文。

二、选点切入，以点连线，在多线交汇中体现"整本书阅读"的教学特点

选点切入，就是从书中提炼一些具有提挈价值的话题和问题，引导学生围

绕这些话题和问题阅读思考，完成任务。以点连线，就是由一个核心话题和核心问题，牵引出一组或者一系列相关内容，组成一条条阅读的线条或者链条。多线交汇，就是通过一条条既互相独立又互相联系的阅读线，交汇整合成一个有机的网络或者立体的框架，而这个网络或框架就是全书平面或者立体的呈现。

比如《论语》，从一般阅读来看，书中包含了"仁""义""孝""信""天命""人性""君子""交友""治学""施教""干禄""富贵"等很多核心话题，这些话题都是阅读这本书很好的"点"，可以让学生选择自己感兴趣的话题和问题进行阅读。而这些话题和问题（当然也可以对这些话题进行切分），每一个都可以从书中牵引出一条线，而这一条条线所涉及的内容又是相互关联、交叉的，对这些内容进行整合，就可以从中读出许多丰富的内容，就可以对《论语》进行深度的阅读和理解。当然，也可以跳出这些常见话题和问题开发阅读的点，组织学习的阅读，我教学《论语》的整本书阅读，则是引导学生在《论语》中读人，通过一系列任务完成通读和读通之后，我让学生每人从书中选择一个孔门弟子进行研读。孔子的主要弟子在《论语》中几乎都有涉及，多者如仲由出现了42次。在每个人认真研读的基础上，根据研读的对象进行分组研读，交流每个人眼中的某个弟子，互相分享，互相补充，也互相碰撞，当然我也参与其中，最后分别写出论文，召开论文报告会。在此基础上，再研究孔子伟大而丰富的仁的思想和教育思想。

《红楼梦》的整本书阅读教学，《红楼梦》中的"梦"、《红楼梦》中的神话故事、《红楼梦》中的诗会、《红楼梦》中的人物诗词都是非常好的切入点，每一个点都可以组成一条阅读的线。在我的《红楼梦》整本书阅读教学中，最得意的一个点是"贾宝玉和林黛玉的情话表达"，抓住这个点就可以梳理出宝黛爱情的整个故事，还可以牵带出许多相关故事和人物，更重要的是，可以借此走进两个主要人物的内心世界，深入把握两个人物的性格特征，进而深度理解宝黛爱情的本质和他们的悲剧命运。阅读内容丰富复杂的整本书，如果能够从书中发现系列性、网络化的阅读话题和主题作为阅读的切入点则更有意义。《红楼梦》的整本书阅读教学，我让学生从婆媳关系、夫妻关系、弟兄关系、父子关系、妯娌关系、主仆关系等点切入阅读，然后再进行各组关系的阅读交流，最后再通过对这种种关系的整合来认识封建大家庭和封建社会关系的特点，进而了解封建文化的本质及特征，取得了比较理想的效果。

　　选"点"切入，以"点"连线，其目的都是为了多维度、多层次打通整本书的阅读。这就要把这些"点"以及由"点"串连而成的线，放到整本书中去，从不同角度、不同层次进行解读。比如"宝玉挨打"就不仅仅是串连起前因后果的情节，还要思考宝玉挨打背后的原因，还要探究贾政和宝玉父子冲突、贾母和贾政母子冲突的真正原因，思考这个情节在小说大结构中的地位和作用。

　　比如《论语》阅读中"孔子择婿""孔子的率真""孔子最喜欢的学生"这些选点，不仅要把相关的片段梳理出来，联系起来解读，还要把它们放到对孔子全面认识的框架中进行解读，甚至不仅仅是对孔子一个人的认识。教学《边城》，我用一个"点"几乎牵起了整部小说的主要情节，也牵起了主要人物的命运及他们之间的关系。我的问题是：小说中的爷爷说，车有车路，马有马路，各有各的规矩。请说说小说中谁走的是"车路"，谁走的是"马路"，他们分别是怎么走的。《红楼梦》的整本书阅读教学中，我曾经用这样一系列"点"引导学生的整本书阅读：(1)贾宝玉第一次见到林黛玉，说"这个妹妹我曾见过的"，梳理宝黛相爱过程中，宝玉对黛玉说过的最关键的话，并列出黛玉的反应，说说你对宝黛爱情的认识和理解。(2)在《红楼梦》的人物中，有人认为"晴为黛影，袭为钗副"，即晴雯身上有黛玉的特点，袭人身上有宝钗的性格。你还能在小说中发现哪些人物身上有这样的相似关系？(3)人们常用"三角关系"来说一男二女或一女二男之间相恋相爱的复杂关系，而在《红楼梦》中却有着多种类型的更为复杂的"三角关系"。你觉得哪些人物之间是一种"三角关系"？这些点都比较理想地串连了一条条线，进而打通了整本书的阅读和教学。

三、选段精读，专题研讨，在多维共生中实现任务群的课程价值

从某种意义上说，没有精读的整本书阅读教学都是有问题的。仅仅依靠略读和泛读，绝不能很好地体现整本书阅读的教学价值，更不能达到语文课程标准提出的"整本书阅读与研讨"的教学要求。语文课程标准在介绍"学习任务群1 整本书阅读与研讨"的"学习目标与内容"时明确指出："在阅读过程中，探索阅读整本书的门径，形成和积累自己阅读整本书的经验。重视学习前人的阅读经验，根据不同的阅读目的，综合运用精读、略读与浏览的方法阅读整本书，读懂文本，把握文本丰富的内涵和精髓。"可见，整本书阅读教学必须重视精读。

精读自然要选择整本书中的重要片段和精彩篇章。比如《红楼梦》，"宝玉挨打""黛玉葬花""晴雯撕扇""抄检大观园"等自然都是应该精读的片段。从某种意义上说，这些重要片段和精彩篇章好好读了，学生就有了实实在在的收获。但要能体现整本书阅读与研讨"在阅读过程中，探索阅读整本书的门径，形成和积累自己阅读整本书的经验"的课程要求，选段精读不能仅仅是"段"的阅读，还必须有"本"的意识和"整"的意识，要把这些选段放到全书的背景中进行教学，要追求点与面、形式与内容、艺术与思想、阅读欣赏与表达交流等多维度的共生。比如整本书阅读与研讨的《林黛玉进贾府》的教学，就要能从等级森严的贾府环境、种种人物的个性特征、复杂的人际关系和宝黛之间"木石前盟"的心灵默契，读出宝黛爱情故事必然的悲剧性，不仅要对情节作适当的"前延后伸"，还要对人物命运和人物关系有一定纵向和横向的延伸勾连。不仅仅是像《红楼梦》这样故事复杂、情节完整的文学作品如此，即使像《朝花夕拾》这样由单篇组成的回忆散文集、《论语》这样的语录体也应该如此。

无论从哪个角度看，整本书的教学资源和学习价值比之于单篇都要更加丰富。必须通过专题研讨，才能很好地实现"把握文本丰富的内涵和精髓"这样的课程价值。这或许就是语文课程标准把该任务群的名称定为"整本书阅读与研

讨"而不是"整本书阅读"的一个重要原因。需要注意的是，整本书阅读的研讨专题，无论是由老师确定还是学生自主确定，都应该注意这样一些特点：（1）应该具有带动全书阅读的功能；（2）应该着眼于全书整体性的阅读与欣赏；（3）应该着眼于语文核心素养的综合提高；（4）应该立足学生学习实际，提供适度的研讨空间，设置具体的情境。

《红楼梦》的教学，我们设计了多个研讨专题，让学生选择完成。

◎《红楼梦》的主题历来见仁见智，较有代表性的有三种：其一，爱情悲剧说。小说描写了宝黛爱情的曲折及其悲剧结局，表达了对青春生命的礼赞以及对悲剧命运的深沉叹息。其二，家族盛衰说。小说描写了贾府"忽喇喇似大厦倾""树倒猢狲散"的衰败过程，揭示了传统社会这一"末世"必然走向灭亡的命运。其三，"两个世界"说。一个是以大观园为象征的理想世界，一个是大观园以外的现实世界，这两个世界彼此冲突却又不能完全独立。你如何理解《红楼梦》的主题？

◎《红楼梦》对"大观园"的描写着墨颇多，大观园的破灭，蕴含着丰富的意蕴。有人认为，大观园是诗意、自由、快乐的象征，是曹雪芹创造的青春王国，是他理想的寄托；有人认为，大观园中的理想世界完全摆脱了现实世界的束缚，与现实世界形成鲜明对照；有人认为，大观园虽然美好但无法摆脱现实世界的束缚和笼罩，这样的理想世界只能是一种"理想"；也有人认为，大观园本来就是在现实世界基础之上建立起来的，是现实世界的一个缩影；还有人认为，大观园是理想世界与现实世界之外的第三世界……请围绕"大观园与外部世界"这个话题研读作品，准备一个发言稿参加专题研讨会。

◎鲁迅认为，悲剧就是将人生有价值的东西毁灭给人看。叔本华把悲剧分为三种：一种是由恶人造就的悲剧；一种是由厄运造成的悲剧；一种是由普通人的相互关系造成的悲剧。不同的读者读《红楼梦》读出了不同的悲剧。写一篇读书心得，说说你从《红楼梦》中读出了什么样的悲剧。

我们觉得，这些研讨专题都较好地体现了以上几点要求。通过这些专题的研讨，无论是对文本丰富内涵和精髓的把握，还是对阅读整本书门径的探索，无论是阅读视野的拓展，还是整本书阅读经验的形成和积累，都会得到显著的提高，可以在积累与梳理、阅读与欣赏、表达与交流、阅读与写作、读书与生活等多维度的共生中达成语文课程标准提出的要求。

图书在版编目（CIP）数据

播种核心素养的语文课堂 / 黄厚江著 .
—上海：华东师范大学出版社，2023
ISBN 978-7-5760-4113-2

I. ①播… Ⅱ. ①黄… Ⅲ. ①语文课—课堂教学—教学研究—中小学 Ⅳ. ① G633.302

中国国家版本馆 CIP 数据核字（2023）第 158741 号

大夏书系 | 语文之道

播种核心素养的语文课堂

著　　者	黄厚江
策划编辑	杨　坤
责任编辑	万丽丽
责任校对	杨　坤
装帧设计	奇文云海 · 设计顾问
出版发行	华东师范大学出版社
社　　址	上海市中山北路 3663 号　邮编 200062
网　　址	www.ecnupress.com.cn
电　　话	021-60821666　行政传真 021-62572105
客服电话	021-62865537
邮购电话	021-62869887
地　　址	上海市中山北路 3663 号华东师范大学校内先锋路口
网　　店	http://hdsdcbs.tmall.com/
印 刷 者	北京密兴印刷有限公司
开　　本	700×1000　16 开
印　　张	17.5
字　　数	282 千字
版　　次	2023 年 9 月第一版
印　　次	2023 年 9 月第一次
印　　数	6 100
书　　号	ISBN 978-7-5760-4113-2
定　　价	65.00 元
出版人	王　焰

（如发现本版图书有印订质量问题，请寄回本社市场部调换或电话 021-62865537 联系）